Die Strafzumessung in der Revision

Andreas Hohnel

Die Strafzumessung in der Revision

Springer

Andreas Hohnel
Kanzlei Dr. Andreas Hohnel
Frankfurt am Main, Deutschland

ISBN 978-3-662-66687-6 ISBN 978-3-662-66688-3 (eBook)
https://doi.org/10.1007/978-3-662-66688-3

Die Deutsche Nationalbibliothek verzeichnet diese Publikation in der Deutschen Nationalbibliografie; detaillierte bibliografische Daten sind im Internet über https://portal.dnb.de abrufbar.

Springer ist ein Imprint der eingetragenen Gesellschaft Springer-Verlag GmbH, DE und ist ein Teil von Springer Nature.
Die Anschrift der Gesellschaft ist: Heidelberger Platz 3, 14197 Berlin, Germany

Vorwort

Es war die Aussage des Bundesrichters a. D. Holger Rothfuß: „Die meisten Revisionsrügen haben zur Strafzumessung Erfolg“, die mich dazu bewog, das Buch zu schreiben.

Das Buch erläutert den Strafzumessungsvorgang einschließlich zahlreicher strafschärfender und strafmildernder Strafzumessungskriterien. Auf die jeweilige Darstellung folgt ihre Betrachtung in der Revision anhand umfangreicher aktueller Rechtsprechung. Dabei macht der Verfasser auf typische und außergewöhnliche Fehler im Zusammenhang mit der Rechtsfolgenbestimmung – Freiheitsstrafe, Geldstrafe, Nebenstrafe, Maßregeln der Besserung und Sicherung etc. – aufmerksam. Es enthält natürlich nur eine kleine Auswahl der außerordentlich vielfältigen Fragen, die dieses Thema aufwirft und es richtet sich an den Praktiker, deshalb überragt die Auseinandersetzung mit der Rechtsprechung. Der Rechtsanwender wird zahlreiche Anregungen für die eigene Revisionsschrift finden. Aber auch die Prozessbeteiligten vor dem Tatgericht finden Ideen, um wichtige Strafzumessungsaspekte herauszuarbeiten. Vielfach nimmt erst das Revisionsgericht einen erheblichen Strafzumessungsumstand in den Blick und schreibt ihm eine Bedeutung zu, die das Tatgericht anders bemessen hat. Allein die nicht selten stark divergierenden Strafanträge des Staatsanwalts und des Verteidigers am Schluss einer Hauptverhandlung zeigen, dass die Strafzumessung keine Mathematik ist, sondern starken Wertungen unterliegt und einen Diskurs zur Rechtsanwendung eröffnet.

Der Rechtsfolgenbestimmung ist regelmäßig ein sehr umfangreicher Lebenssachverhalt gegenübergestellt. Zu diesem Lebenssachverhalt gehört das Verhalten des Täters vor, während und nach der Tat. An dieser Stelle können Prozessbeteiligte durch Erklärungen oder tiefgehende kritische Fragen Strafzumessungskriterien in das Verfahren einführen. Die Rechtanwendung im Zusammenhang mit derartigen Erkenntnissen, etwa zu vertypten Milderungsgründen und Regelbeispielen, führt immer wieder zu Urteilsaufhebungen. Auch die unzureichende Darstellung und Begründung der Rechtsfolgen ist häufiger Gegenstand von Urteilsaufhebungen. Die Darstellung und Begründung der Rechtsfolgen im Urteil muss dem Revisionsgericht eine materiell-rechtliche Prüfung ermöglichen und den Voraussetzungen des § 267 StPO gerecht werden. Der Verfasser zeigt auch hier ausgewählte typische Urteilsfehler auf, die den Rechtsanwender in seiner Revisionsrechtfertigung unterstützen können.

Danken möchte ich Holger Rothfuß für seine unbeabsichtigte Anregung. Außerdem danke ich RA Wolfgang Kalf, Bundesanwalt a. D. mit dem ich nach seiner Pensionierung jahrelang meine Kanzlei teilte und der immer ein offenes Ohr für seltene juristische Probleme hatte. Fragen, Anregungen und Kritik nehme ich gern entgegen: kanzlei-ffm@hohnel.de

Frankfurt am Main, Deutschland Andreas Hohnel
8. Juni 2024

Inhaltsverzeichnis

1 Zulässigkeit der Revision

1.1 Statthaftigkeit

Die Revision ist statthaft gegen Urteile der Strafkammern, Schwurgerichte und im ersten Rechtszug ergangene Urteile der OLG, § 333 StPO.[1] Überdies ist die Revision statthaft gegen Berufungsurteile der kleinen Strafkammer des Landgerichts; zuständig ist dabei das OLG, § 121 Abs. 1 Ziff. 1 lit. b GVG. Gegen Urteile des Amtsgerichts ist als Rechtsmittel neben der Berufung die Sprungrevision zum OLG möglich, § 335 StPO, § 121 Abs. 1 Ziff. lit. a GVG. Verlangt die Berufung eine Annahme, weil es sich um eine Bagatelle i. S. v. § 313 StPO handelt, so ist diese indes nicht Voraussetzung einer Sprungrevision.[2] Eine Besonderheit enthält § 55 Abs. 2 S. 1 JGG: Danach ist eine Revision in einer Jugendstrafsache nicht statthaft, wenn eine Berufung wirksam durchgeführt wurde. Deshalb ist im Jugendstrafrecht nach dem erstinstanzlichen Urteil zu entscheiden, welches Rechtsmittel – Berufung oder Revision – erfolgen soll.

1.2 Rechtsmittelberechtigung

Berechtigt zur Einlegung und Führung der Revision sind:

- Der Angeklagte, § 296 Abs. 1 StPO
- Der Verteidiger, § 297 StPO
- Gesetzlicher Vertreter, § 298 Abs. 1 StPO

[1] Ausnahme: § 121 Abs. 1 Nr. 1c GVG. Hat das Landgericht in Erster Instanz entschieden und richtet sich die Revision ausschließlich gegen die Verletzung landesrechtlicher Normen, so ist das OLG (und nicht der BGH) zuständig.

[2] OLG Hamm Urt. v. 11. Mai 2021 – 4 RVs 7/21 Rdn. 14 m. w. N. Die Randnummer (Rdn.) ist stets der Datenbank juris entnommen; BGH Beschl. v. 25. Januar 1995 – 2 StR 456/94 Rdn. 9.

A. Hohnel, *Die Strafzumessung in der Revision*,
https://doi.org/10.1007/978-3-662-66688-3_1

- Staatsanwaltschaft, § 296 Abs. 1, 2 StPO
- Privatkläger, § 390 Abs. 1 StPO
- Nebenkläger, §§ 395 Abs. 4 S. 2, 401 Abs. 1 S. 1 StPO

1.3 Beschwer

Weitere Zulässigkeitsvoraussetzung der Revision ist die Beschwer.[3] Jede nachteilige Entscheidung stellt eine Beschwer dar. Eine Verurteilung beschwert, ein Freispruch beschwert den Verurteilten grundsätzlich nicht. Eine Beschwer ist ebenfalls die Straffreierklärung, z. B. § 199 StGB, die Verwarnung mit Strafvorbehalt, § 59 StGB sowie das Absehen von Strafe, z. B. §§ 139, 157, 158 StGB. Im Rahmen eines Freispruchs kommt eine Beschwer ausnahmsweise in Betracht, wenn die Art der Begründung des Freispruchs eine Grundrechtsverletzung darstellen könnte.[4] Ebenso wenig liegt eine Beschwer vor, wenn der Revisionsführer sich gegen die Unterlassung der Verhängung einer Maßregel nach § 64 StGB richten will.[5]

Der Sprachgebrauch zur Beschwer der Staatsanwaltschaft ist uneinheitlich: Einerseits heißt es, die Staatsanwaltschaft ist stets beschwert, jede rechtsfehlerhafte Entscheidung beschwert; andererseits soll die Staatsanwaltschaft keiner Beschwer bedürfen.[6] Einigkeit besteht, die Staatsanwaltschaft kann zu Ungunsten des Angeklagten Revision einlegen, selbst wenn das Tatgericht dem Antrag der Staatsanwaltschaft gefolgt ist. Die Beschwer ist anhand des angefochtenen Urteils festzustellen; ein Rügevorbringen zur Beschwer ist durch den Revisionsführer nicht erforderlich.[7]

1.4 Frist und Begründung

Die Frist zur Einlegung der Revision beträgt eine Woche, § 341 Abs. 1 StPO. Die Frist beginnt mit der Verkündung des Urteilstenors. Gleiches gilt für den Nebenkläger, wenn er oder sein Rechtsanwalt in der Hauptverhandlung anwesend war, § 401 Abs. 2 S. 1 StPO. Ist der Angeklagte während der Urteilsverkündung abwesend, beginnt die Frist mit Zustellung des Urteils, § 341 Abs. 2 StPO. Die Revision ist bei dem Gericht, dem judex a quo einzulegen, dessen Urteil angefochten werden soll, § 341 Abs. 1 StPO.

[3] BayObLG Beschl. v. 12. September 2019 – 202 StRR 1609/19 Rdn. 3.

[4] BVerfG Nichtannahmebeschl. v. 21. April 2004 – 2 BvR 581/04; BVerfG Beschl. v. 9. März 1976 – 2 BvR 618/75; BVerfG Beschl. v. 8. Oktober 1956 – 1 BvR 205/56.

[5] BGH Beschl. v. 21. September 2022 – 6 StR 365/22 Rdn. 2; BGH Beschl. v. 6. Februar 2019 – 5 StR 538/18.

[6] Detter (2011), Rdn. 8.

[7] Detter (2011), Rdn. 8.

Mit der Zustellung des Urteils beginnt die einmonatige Frist[8] zur Antragsstellung und Revisionsbegründung, § 345 Abs. 1 S. 2 StPO. Da die Notfrist zur Begründung der Revision binnen eines Monats nicht verlängert werden darf,[9] kann dies in Umfangsverfahren den Revisionsführer an die Grenzen des Möglichen führen. Ein mehrere hundert oder gar mehrere tausend Seiten umfassendes Urteil nebst Protokoll soll binnen eines Monats auf seine Richtigkeit geprüft und Rügen erhoben werden. In Österreich wurde die vierwöchige Frist zur Begründung der Revision aus § 285 Abs. 1 Ö – StPO für verfassungswidrig erklärt und aus dem Gesetz gestrichen. Der Verfassungsgerichtshof Wien sah in der Regelung einen Verstoß gegen das Recht auf Vorbereitung der Verteidigung aus Art. 6 Abs. 3b EMRK.[10]

Die Revisionseinlegung muss schriftlich erfolgen und es muss klar sein, wer Revision einlegt.[11] Die Anfechtungserklärung ist bedingungsfeindlich.[12] Falls nicht eindeutig zu erkennen ist, dass das Rechtsmittel der Revision eingelegt sein soll, wird das Schreiben als Berufungseinlegung behandelt, sofern der Instanzenzug eine solche vorsieht. Liegt demgegenüber bloß eine falsche Bezeichnung des Rechtsmittels vor, so ist dies gem. § 300 StPO unschädlich.[13] Der Angeklagte kann auch Revision zu Protokoll der Geschäftsstelle des judex a quo einlegen und begründen. Der inhaftierte Angeklagte darf zudem an dem Amtsgericht Revision einlegen und begründen, in dessen Bezirk die Anstalt liegt, § 299 Abs. 1 StPO, § 24 Abs. 1 Ziff. 1 lit. b RPflG.

Von elementarer Bedeutung für die Rechtsmitteleinlegung sowie die Übermittlung von Anträgen, Begründungen und Erklärungen ist das elektronische Anwaltspostfach beA, § 32d S. 2 StPO. Eine Revision kann vom Verteidiger oder Rechtsanwalt nur über sein persönliches beA., also nicht mehr mittels Fax, eingelegt und begründet werden. Dabei ist folgende Voraussetzung zwingend zu beachten:

„Bei der Übermittlung über das besondere elektronische Anwaltspostfach (§ 32a Abs. 3 Var. 2 StPO i. V. m. § 31a BRAO) muss das Dokument desjenigen Verteidigers oder Rechtsanwalts übertragen werden, dessen Name als Signatur in der Schrift als verantwortende Person aufgeführt ist (…).“[14] Das heißt, der Anwalt muss sein beA verwenden, nicht das eines Kollegen! Andernfalls ist der Antrag, die Begründung etc. unwirksam und dies führt zur Unzulässigkeit.[15] Eine Revisionseinlegung und -begründung in Papierform ist nur noch im Fall einer vorübergehenden technischen Unmöglichkeit der BeA-Übermittlung zulässig; die Unmöglichkeit muss glaubhaft gemacht werden, § 32d S. 3, 4 StPO.

---

[8] Zur Fristberechnung BGH Beschl. v. 26. Mai 2020 – 3 StR 134/20; BGH Beschl. v. 30. August 1989 – 3 StR 195/89; Fristberechnung bei Zustellung an mehrere, BGH Beschl. v. 30. Juli 1968 – 1 StR 77/68.

[9] BVerfG Kammerbeschl. v. 19. Februar 1998 – 2 BvR 1888/97.

[10] Verfassungsgerichtshof Wien, Entscheidung vom 16. März 2000 – G 151/99.

[11] BVerfG Kammerbeschl. v. 4. Juli 2002 – 2 BvR 2168/00.

[12] OLG Zweibrücken Beschl. v. 7. Januar 1994 – 1 Ss 140/93 Rdn. 9.

[13] Zur Auslegung „Einspruch“ und „Widerspruch“ gegen ein Urteil vgl. BGH Beschl. v. 18. Dezember 2006 – 1 StR 161/01.

[14] BGH Beschl. v. 24. Januar 2023 – 6 StR 466/22 Rdn. 4.

[15] BGH Beschl. v. 20. Februar 2024 – 3 StR 475/23 Rdn. 1; BGH Beschl. v. 18. Oktober 2022 – 3 StR 262/22 Rdn. 2.

„Eine Revisionsbegründungsschrift muss nicht handschriftlich unterzeichnet sein, wenn sie gemäß § 32d Satz 2 StPO elektronisch übersandt wird und die Übermittlung über das besondere elektronische Anwaltspostfach (beA) erfolgt. Vielmehr genügt in diesem Fall, dass der Schriftsatz mit einer maschinenschriftlichen Wiedergabe des bürgerlichen Namens des die Revisionsbegründung verantwortenden Verteidigers oder Rechtsanwalts abgeschlossen wird."[16] Das beA ist ein sog. „sicherer Weg" i. S. v. § 32a Abs. 3 StPO.

Vereinzelt legen Verteidiger Revision binnen Wochenfrist ein und erheben sogleich die Sachrüge und/oder Verfahrensrüge, verbunden mit dem Antrag auf Aufhebung des angefochtenen Urteils. Dem hält Detter[17] die Empfehlung entgegen, die Rüge(n) erst in dem Schriftsatz mit der Begründung (nach Urteilszustellung) zu erheben, um einen gegebenenfalls notwendigen Wiedereinsetzungsantrag zu erhalten. Kommt es im Zusammenhang mit der Begründung der Revision zu einer Fristversäumnis, wäre eine Wiedereinsetzung unzulässig, da die mit der Revisionseinlegung erhobene Sachrüge bereits eine zulässige Begründung darstellt.

Die Revision muss begründet werden. Eine Verfahrensrüge muss den Begründungserfordernissen des § 344 Abs. 2 S. 2 StPO genügen; im Rahmen der Sachrüge reicht es zur Begründung aus, diese allgemein zu erheben. Der Rechtsanwalt oder Verteidiger, der die Revision begründet, darf sich von dem Inhalt nicht distanzieren; andernfalls führt sein Vortrag zur Unwirksamkeit. Das BVerfG stellt fest, es spreche grundsätzlich eine Vermutung dafür, dass der Unterzeichner sich den Inhalt des Schreibens zu eigen mache.[18] Redewendungen wie, „auftragsgemäß",[19] die bloße Wiedergabe von Äußerungen des Angeklagten in indirekter Rede ohne eigene Ausführungen[20] oder „der Angeklagte lässt sich wie folgt ein: (es folgt wörtliche Rede des Angeklagten)"[21] genügen nicht, um eindeutig zu erkennen, dass der Rechtsanwalt die Verantwortung für das Geschriebene übernimmt. Derartiges Vorbringen lässt besorgen, der Unterzeichner stehe nicht hinter der Rüge.[22] Die Revision wird dann als unzulässig verworfen.

1.5 Revision gegen Berufungsurteil

Richtet sich die Revision gegen ein Berufungsurteil, so prüft das Revisionsgericht nur die Urteilsfeststellungen des Landgerichts, nicht (mehr) des Amtsgerichts. Richtet sich die Revision gegen ein Berufungsurteil dem eine Beschränkung,

---

[16] BGH Beschl. v. 3. Mai 2022 – 3 StR 89/22 Rdn. 7; BT-Drucks. 18/9416, S. 45.

[17] Detter (2011), Rdn. 29.

[18] BVerfG Kammerbeschl. v. 7. Dezember 2015 – 2 BvR 767/15; vgl. auch BGH Urt. v. 13. August 2014 – 2 StR 573/13.

[19] BGH Beschl. v. 21. Mai 2003 – 3 StR 180/03.

[20] BGH Beschl. v. 21. Mai 2003 – 3 StR 180/03.

[21] OLG Hamm Beschl. v. 27. November 2018 – 4 RVs 156/18.

[22] OLG Hamm Beschl. v. 27. November 2018 – 4 RVs 156/18.

z. B. auf die Strafzumessung, zugrunde liegt, so prüft das Revisionsgericht von Amts wegen, ob die Berufungsbeschränkung nach § 318 StPO wirksam ist.[23] Mit der Erhebung der Sachrüge vermag das Revisionsgericht Prüfungen von Amts wegen vorzunehmen. Stellt das Revisionsgericht fest, die Beschränkung ist unwirksam und entdeckt einen Rechtsfehler, so kann es das Urteil insgesamt aufheben und die Sache an eine andere Kammer des Landgerichts zurückverweisen.[24] Erfolgte die Beschränkung nach § 318 StPO zurecht, prüft das Revisionsgericht ausschließlich in dem dann vorgegebenen Umfang.

Beispiel[25]

Das Amtsgericht hat den Angeklagten wegen Verletzung der Unterhaltspflicht, § 170 StGB verurteilt. Die Urteilsfeststellungen zum Schuldspruch sind jedoch lückenhaft, da Angaben zum Umfang der Unterhaltspflicht fehlen. Der Angeklagte legte Berufung ein und beschränkte diese auf die Strafzumessung. Das Revisionsgericht hob die Entscheidung auf, da die Beschränkung unwirksam war. Der Umfang der Unterhaltspflicht ist eine sog. doppelrelevante Tatsache, sie betrifft die Schuldfrage und die Rechtsfolgenbestimmung, sodass sie nicht isoliert behandelt werden kann (und im übrigen fehlt). Damit sollen kontradiktorische Feststellungen in einem Urteil vermieden werden. ◄

1.6 Rechtsmittelverzicht und Rechtsmittelrücknahme

Ein Rechtsmittelberechtigter kann auch auf Rechtsmittel verzichten, § 302 Abs. 1 StPO. In der Praxis erfolgt dies häufig nach mündlicher Begründung des Urteils noch in der Hauptverhandlung. Ein wirksam erklärter Rechtsmittelverzicht führt zur Unzulässigkeit des Rechtsmittels. Der wirksam erklärte Rechtsmittelverzicht ist unanfechtbar. Ein eingelegtes Rechtsmittel kann auch zurückgenommen werden, § 302 Abs. 1 StPO; derjenige der es eingelegt hat, darf es auch wieder zurücknehmen.[26] Allerdings darf ein vom Verteidiger eingelegtes Rechtsmittel vom Angeklagten zurückgenommen werden.[27] Die wirksam erklärte Rücknahme ist unanfechtbar und unwiderruflich.[28]

[23] BayObLG Beschl. v. 18. März. 2021 – 202 StRR 19/21; vgl. auch BGH Beschl. v. 30. November 1976 – 1 StR 319/76; Paul (2023), § 318 Rdn. 11; gilt auch in der Rechtsbeschwerde wegen Ordnungswidrigkeiten, OLG Bamberg Beschl. v. 3. April 2018 – 3 Ss OWi 330/18.

[24] BayObLG Beschl. v. 18.März 2021 – 202 StRR 19/21 Rdn. 2 ff.

[25] BayObLG Beschl. v. 13. Dezember 2021 – 204 StRR 560/21.

[26] Detter (2011), Rdn. 77.

[27] OLG Koblenz Beschl. v. 13. Oktober 2016 – 2 OLG 4 Ss 150/16; BGH Beschl. v. 11. Mai 2022 – 4 StR 78/22 Verteidiger hat „ohne Erlaubnis“ des Angeklagten Revision eingelegt.

[28] BGH Beschl. v. 25. April 2001 – 5 StR 53/01; BGH Urt. v. 21. April 1999 – 5 StR 714/98.

Eine Ausnahme stellen „schwerwiegende Willensmängel" dar.[29] Nach Abschluss einer konsensualen verfahrensbeendenden Absprache i. S. v. § 257c StPO ist ein Rechtsmittelverzicht unzulässig, § 302 Abs. 1 S. 2 StPO. Auch bei Zweifeln über die Rechtmäßigkeit der Rechtsmittelrücknahme wird die Sache dem Revisionsgericht vorgelegt.[30] Erachtet das Revisionsgericht die Rücknahme für wirksam, stellt es dies in einem Beschluss deklaratorisch fest.[31] Nimmt der Verteidiger ein Rechtsmittel zurück, bedarf er hierfür einer ausdrücklichen Ermächtigung des Angeklagten, § 302 Abs. 2 StPO.

Diese Ermächtigung kann der Angeklagte seinem Verteidiger (fern-)mündlich oder schriftlich erteilen;[32] es besteht kein Formerfordernis.[33] Seitens des Verteidigers genügt die anwaltliche Versicherung gegenüber dem Gericht zur Rücknahme ermächtigt zu sein.[34] Das Ermächtigungserfordernis will gewährleisten, dass der Verteidiger nicht gegen oder ohne den Willen des Angeklagten das Rechtsmittel zurücknimmt und der Angeklagte sodann keine Möglichkeit mehr hat gegen das Urteil vorzugehen; fehlt eine Ermächtigung ist die Rechtsmittelrücknahme unwirksam.[35]

1.7 Beschränkung auf den Rechtsfolgenausspruch

Der Revisionsführer hat die Wahl das Urteil in seiner Gesamtheit oder nur einen Teil anzufechten (Dispositionsbefugnis). Ist er mit dem Schuldspruch einverstanden, nicht jedoch mit der Rechtsfolge, so kann er die Revision auf den Rechtsfolgenausspruch beschränken, § 344 Abs. 1 StPO. Innerhalb der Beschränkung auf den Rechtsfolgenausspruch kann noch einmal differenziert werden. So ist es möglich die Revision auf einzelne Strafen oder Maßregeln zu beschränken. Voraussetzung ist stets, dass der angefochtene Teil isoliert, d. h. unabhängig und widerspruchsfrei von dem nicht angefochtenen Teil, rechtlich überprüft werden kann.[36] Ob das möglich ist, ist eine jeweils von Amts wegen[37] vorzunehmende Prüfung des Einzelfalles.[38] Begrifflich ist wie folgt zu differenzieren: Die Beschränkung auf die Strafzumessung betrifft nur die Strafe (Geldstrafe, Freiheitsstrafe). Die Beschränkung auf die Rechtsfolgen umfasst sämtliche Rechtsfolgen der Entscheidung, z. B. Strafe, Nebenstrafe, Maßregel etc.

---

[29] BGH Beschl. v. 20. August 2013 – 1 StR 305/13; Paul (2023), § 302 Rdn. 13.

[30] BGH Beschl. v. 4. Juli 2023 – 4 StR 171/23 Rdn. 3.

[31] BGH Beschl. v. 20. Februar 2017 – 1 StR 552/16.

[32] BGH Beschl. v. 18. März 2003 – 4 StR 17/03; 2010; BGH Beschl. v. 10. September 2009 – 4 StR 120/09; Schmitt (2024), § 302 Rdn. 28 ff.; bejahendes Nicken BGH Beschl. v. 20. März 2002 – 5 StR 1/02.

[33] BGH Beschl. v. 27. März 2019 – 4 StR 597/18 Rdn. 4.

[34] BGH Beschl. v. 20. Februar 2017 – 1 StR 552/16; BGH Beschl. v. 12. Juli 2000 – 3 StR 257/00.

[35] Paul (2023), § 302 Rdn. 21.

[36] BGH Urt. v. 15. Juli 2020 – 2 StR 288/719; BGH Beschl. v. 26. September 2019 – 5 StR 206/19; BGH Beschl. v. 26. Mai 1967 – 2 StR 129/67; BGH Urt. v. 29. Februar 1956 – 2 StR 25/56.

[37] BGH Beschl. v. 30. November 1976 – 1 StR 319/76.

[38] Gericke (2023), § 344 Rdn. 10.

Eine Beschränkung der Revision auf den Rechtsfolgenausspruch ist jedoch schon unwirksam, wenn das Tatgericht unklare, lückenhafte oder widersprüchliche Feststellungen getroffen hat, sodass der Unrechts- und Schuldgehalt nicht genau bestimmt und deshalb die Rechtsfolgenentscheidung nicht auf eine tragfähige Grundlage gestützt werden kann.[39] Trotz Beschränkung auf den Rechtsfolgenausspruch, prüft das Revisionsgericht, ob ausreichende tatrichterliche Feststellungen getroffen wurden, um darauf aufbauend die Rechtsfolgen zu prüfen und gegebenenfalls zu korrigieren. Ist die Beschränkung auf den Rechtsfolgenausspruch wirksam, werden die Feststellungen des Urteils zum Schuldspruch bindend – nicht jedoch die Feststellungen zum Rechtsfolgenausspruch. Es entsteht eine horizontale Teilrechtskraft. Beachte: Ein Urteil erwächst in Rechtskraft; Feststellungen werden bindend.

Innerhalb der einwöchigen Revisionseinlegungsfrist darf der Revisionsführer eine von ihm bereits getroffene Beschränkung zurücknehmen und die Revision unbeschränkt durchführen.[40]

Beispiel[41]

Der Revisionsführer legt innerhalb der Wochenfrist Revision ein und beschränkt diese auf die Nichtanordnung einer Unterbringung gem. § 64 StGB. Da der Verurteilte durch die Nichtanwendung der Maßregel nach § 64 StGB nicht beschwert ist, ist seine Revision unzulässig. Bemerkt der Revisionsführer seinen Irrtum innerhalb der Wochenfrist, kann er ihn wirksam korrigieren. ◀

Eine unbeschränkt eingelegte Revision darf noch innerhalb der einmonatigen Revisionsbegründungsfrist beschränkt werden. Typischer Fall: Zunächst wird unbeschränkt Revision eingelegt und nachdem das Urteil zugestellt wurde, wird die Revision auf den Rechtsfolgenausspruch beschränkt. In dieser Beschränkung liegt eine Konkretisierung der Revision und nicht etwa ein Teilverzicht oder eine Teilrücknahme.[42]

Typische Fälle der Beschränkung im Rahmen des Rechtsfolgenausspruchs sind:

- Der Revisionsführer wendet sich gegen die Höhe des Tagessatzes.[43] Das Revisionsgericht prüft sodann die Voraussetzungen des § 40 Abs. 2 StGB. Stellt es eine unzutreffende Tagessatzhöhe fest – das Tatgericht hat beispielsweise das Nettoeinkommen unzutreffend berechnet – wird das Urteil „im Ausspruch über die Höhe des Tagessatzes mit den dazugehörigen Feststellungen aufgehoben"[44] und die Sache zurückverwiesen.

---

[39] BGH Beschl. v. 22. Januar 2020 – 2 StR 562/19; KG Berlin Beschl. v. 23. Oktober 2019 – 3 Ss 89/19; Gericke (2023), § 344 Rdn. 10 m. w. N.

[40] BGH Beschl. v. 31. Juli 2012 – 4 StR 238/12 Rdn. 4; BGH Beschl. v. 27. Oktober 1992 – 5 StR 517/92.

[41] BGH Beschl. v. 31. Juli 2012 – 4 StR 238/12 Rdn. 4 auch zu den Anforderungen eines Wiedereinsetzungsantrags.

[42] BGH Beschl. v. 13. Juni 1991 – 4 StR 105/91.

[43] BGH Beschl. v. 30. November 1976, – 1 StR 319/76.

[44] OLG Celle Beschl. v. 5. Juni 2020 – 3 Ss 16/20.

- Der Revisionsführer möchte, dass die Vollstreckung der verhängten Freiheitsstrafe zur Bewährung ausgesetzt wird.[45] Eine Beschränkung auf die Versagung der Bewährungsfähigkeit ist jedoch unwirksam, wenn die Feststellungen des angefochtenen Urteils keine Einschätzung der Prognose zur Wirkung der Verurteilung zulassen.[46]
- Der Revisionsführer rügt, dass die Schuldschwere nach § 57a StGB festgestellt oder nicht festgestellt[47] wurde.[48] Die Prüfung der Schuldschwere nach § 57a StGB kann regelmäßig problematisch werden, wenn eine untrennbare Verbindung zum Schuldspruch und den in diesem Zusammenhang getroffenen Feststellungen besteht.[49] Hat die Revision Erfolg, es wird ein Rechtsfehler bei der Anwendung des § 57a Abs. 1 S. 1 Nr. 2 StGB festgestellt, kann das Revisionsgericht den Strafausspruch über die besondere Schwere der Schuld aufheben und die Sache zurückverweisen.
- Bestimmung der Dauer des Vorwegvollzuges, § 67 Abs. 2 S. 2 StGB[50]
- Der Verurteilte rügt die Anordnung der Sicherungsverwahrung, § 66 StGB.[51] Hier besteht die nahe liegende Möglichkeit, dass ein unmittelbarer Zusammenhang zwischen Sicherungsverwahrung und Freiheitsstrafe vorliegt, der eine Beschränkung ausschließt.[52]
- Auch die Entziehung der Fahrerlaubnis kann isoliert angefochten werden.[53] Der Entzug der Fahrerlaubnis ist eine Maßregel; liegen keine „Wechselwirkungen“ mit dem nicht angefochtenen Teil des Urteils vor, ist die Beschränkung wirksam. Enthält das angefochtene Urteil Feststellungen dazu, dass die Strafe niedriger ausgefallen ist, weil auch eine Entziehung der Fahrerlaubnis erfolgte, dann besteht eine untrennbare Verquickung von Strafe und Maßregel. Es müßte der Rechtsfolgenausspruch insgesamt angefochten werden. Liegt eine solche Wechselwirkung nicht vor, kann der Entzug der Fahrerlaubnis isoliert angefochten werden.[54] Würde eine solche Verbindung bestehen, wäre der Rechtsfolgenausspruch insgesamt und nicht bloß die Entziehung der Fahrerlaubnis aufzuheben.

---

[45] BGH Beschl. v. 21. November 1991 – 4 StR 556/91.

[46] OLG Köln Beschl. v. 30. Juni 2020 – 1 RVs 127/20.

[47] BGH v. Urt. 9. Oktober 2008 – 4 StR 354/08.

[48] BGH v. Urt. v. 30. September 2021 – 4 StR 170/21; Urt. v. 2. März 1995 – 1 StR 595/94; BGH Urt. v. 22. April 1993 – 4 StR 153/93.

[49] BGH Urt. v. 30. September 2021 – 4 StR 170/21; BGH Urt. v. 18. Juni 2014 – 5 StR 60/14.

[50] BGH Beschl. v. 27. Oktober 2009 – 1 StR 515/09; vgl. auch BVerfG Nichtannahmebeschl. v. 6. Dezember 2008 – 2 BvR 1082/08.

[51] BGH Urt. v. 10. April 2013 – 2 StR 1/13; BGH Urt. v. 23. Februar 1994 – 3 StR 679/93.

[52] Vgl. BGH Urt. v. 8. Juli 2005 – 2 StR 120/05; BGH Urt. v. 26. November 2009 – 4 StR 341/09.

[53] BGH Beschl. v. 28. Juni 2001 – 1 StR 229/01.

[54] BGH Beschl. v. 28. Juni 2001 – 1 StR 229/01; BGH Beschl. v. 15. Mai 2001 – 4 StR 306/00; OLG Hamm Beschl. v. 22. Juni 2021 – III-4 RVs 40/21 Rdn. 68.

- Auch die Einziehung kann isoliert angefochten werden.[55] Aber auch hier ist – wie bei den zuvor genannten Beispielen – zu beachten, dass eine isolierte Anfechtung nicht zu einem widersprüchlichen Urteil führen darf. Auch hier darf kein so großer innerer Zusammenhang zwischen Einziehung und dem verbleibenden Teil des Urteils bestehen, der eine Trennung vornehmlich mit dem Strafausspruch unmöglich macht.[56]
- Die Revision darf auch auf eine Verwarnung mit Strafvorbehalt, § 59 StGB beschränkt werden. Zur dogmatischen Begründung wird auf die Zulässigkeit der Beschränkung einer Bewährungsentscheidung verwiesen.[57]

1.8 Überschreitung der Strafgewalt

Neben den allgemeinen Prozessvoraussetzungen und Verfahrenshindernissen[58] ist im Rahmen der Strafzumessung und der Revision die Überschreitung der Strafgewalt, §§ 24, 25, 74 GVG; §§ 34, 41 JGG von Bedeutung. Ein Verfahrenshindernis beachtet jedes Gericht von Amts wegen. Es sollen folgende Konstellationen aufgezeigt sein:

- Verurteilt ein Strafrichter wegen eines Verbrechens, liegt ein Verstoß gegen § 25 GVG (Der Richter beim Amtsgericht entscheidet als Strafrichter über Vergehen) vor. Würde der Verurteilte hiergegen Sprungrevision einlegen, würde das OLG das Urteil aufheben und an das sachlich zuständige Gericht verweisen, § 355 StPO.
- Das Gericht überschreitet seine Strafgewalt. Fall nach BGH Beschl. v. 16. Juni 2009 – Az. 4 StR 647/08: In einer Jugendstrafsache spricht das Amtsgericht frei. Das Berufungsgericht verurteilt zu fünf Jahren Freiheitsstrafe. Dies ist ein Verstoß gegen §§ 108 Abs. 3 S. 1 JGG, 24 Abs. 2 GVG. Das Landgericht hätte nur eine Strafe bis vier Jahre aussprechen dürfen. Die Revision geht nun nicht zum OLG, sondern zum BGH.[59] Die Strafgewaltüberschreitung ist bei einer zulässig erhobenen Rüge von Amts wegen zu prüfen.[60] Der BGH ist danach die Revisionsinstanz und das Urteil des Landgerichts wird wie ein erstinstanzliches Urteil behandelt.[61] Das Revisionsgericht hebt das Urteil des Amtsgerichts auf und prüft

---

[55] BGH Beschl. v. 10. Februar 2021 – 3 StR 486/20; BGH Urt. v. 21. November 2018 – 2 StR 262/18; BGH Urt. v. 22. Dezember 1992 – 1 StR 618/92; vgl. zur Einziehung im Jugendstrafrecht, BGH Beschl. v. 20. Januar 2021 – GSSt 2/20.

[56] BGH Beschl. v. 19. Januar 2021 – 5 StR 418/20; BGH Urt. v. 22. Dezember 1992 – 1 StR 618/92.

[57] BGH Urt. v. 30. November 2017 – 3 StR 385/17.

[58] vgl. zur Unterscheidung von Prozessvoraussetzungen und Verfahrenshindernissen Meyer-Goßner (2011), S. 5 ff.

[59] BGH Beschl. v. 1. Juni 2005 – 1 StR 100/05; BGH Beschl. v. 13. Mai 1982 – 3 StR 129/82; BGH Urt. v. 21. März 1967 – 1 StR 60/67.

[60] BGH Beschl. v. 21. Oktober 1969 – 5 StR 435/69.

[61] BGH Beschl. v. 1. Juni 2005 – 1 StR 100/05; BGH Urt. v. 24. Januar 1957 – 4 StR 515/59; RGSt 75, 304; Zur „Umdeutung“ eines Berufungsurteils in ein erstinstanzliches Urteil siehe BVerfG Nichtannahmebeschl. v. 2. Februar 2006 – 2 BvR 1195/09.

sodann – wie gewöhnlich – die erhobenen Rügen gegen das nun erstinstanzliche Urteil des Landgerichts. Liegen keine Rechtsfehler vor, bleibt das Urteil bestehen. Entdeckt das Revisionsgericht einen Fehler z. B. in der Strafzumessung, wird aufgehoben und an eine andere Kammer des Landgerichts zurückverwiesen.[62]

- Hat das Amtsgericht, anstatt das zuständige Schifffahrtsgericht entschieden, so unterliegt auch dies einer Prüfung von Amts wegen. In der Revision würde die Entscheidung eines unzuständigen Gerichts aufgehoben und an das zuständige Gericht verwiesen werden.[63]
- Von dieser Konstellation zu unterscheiden ist der Fall, in dem ein Jugendrichter anstatt eines Amtsrichters (oder umgekehrt) entscheidet. Dies ist kein von Amts wegen zu prüfendes Verfahrenshindernis. Dieser Fehler ist in der Revision mit dem absoluten Revisionsgrund gem. § 338 Nr. 4 StPO – sachliche Unzuständigkeit des Gerichts – zu beanstanden.[64] Der Jugendrichter wird lediglich als eine andere „Abteilung“ innerhalb des Amtsgerichts betrachtet, sodass dieser Fehler zur Disposition des Revisionsführers gestellt wird.

1.9 Besonderheiten im JGG

Nach einem Strafverfahren vor dem Landgericht in Jugendstrafsachen kann sich der Verurteilte mit dem Rechtsmittel der Revision weiter verteidigen. Nach einer Verurteilung durch das Amtsgericht steht ihm jedoch nur nach § 55 Abs. 2 JGG ein Rechtsmittel zur Seite – entweder Berufung oder Revision (instanzielle Rechtsmittelbeschränkung). In den Motiven des Gesetzgebers heißt es:

> „Im Jugendstrafverfahren besteht ein besonders dringendes Bedürfnis, schnell zu einer rechtskräftigen Entscheidung zu gelangen. Die Strafe hat nur dann die notwendige erzieherische Wirkung, wenn sie der Tat so bald wie möglich folgt. Jede unnötige Verzögerung des Verfahrens verursacht eine Abschwächung der Strafwirkungen.“[65]

Dieses Argument vermag nicht zu überzeugen. Sofern zwei Rechtsmittelinstanzen der Urteilsfindung und damit der Gerechtigkeit dienen, darf die Dauer eines Verfahrens nicht diese bedeutungsvollen Zwecke überragen. Nach einer Berufung Revision einzulegen ist keine „unnötige Verzögerung“; der Gesetzgeber sollte erwägen, die Beschränkung zu streichen.

In der Berufung und der Revision ist § 55 Abs. 1 JGG zu beachten. Danach darf eine Entscheidung, in der lediglich Erziehungsmaßregeln und Zuchtmittel angeordnet wurden, nicht mit der Begründung angefochten werden, das erstinstanzliche Gericht hätte einen anderen Umfang oder eine andere Erziehungsmaßnahme

[62] BGH Beschl. v. 16. Juni 2009 – 4 StR 647/08.

[63] OLG Celle Beschl. v. 16. März 2016 – 2 Ss 199/15.

[64] BGH Beschl. v. 17. Dezember 2019 – 3 StR 376/19.

[65] BT-Drucks. I/3246, S. 46 (damals zu § 40 JGG).

oder ein anderes Zuchtmittel ausurteilen müssen. Nicht erlaubt ist also die Rüge, der Tatrichter hätte nicht diese, sondern jene Weisung i. S. v. § 10 JGG aussprechen dürfen. Zuchtmittel sind nach § 13 JGG, die Verwarnung, die Erteilung von Auflagen sowie der Jugendarrest. Unzulässig ist zudem der Angriff, das Tatgericht habe die Auswahl und Anordnung der Erziehungsmaßregeln dem Familiengericht überlassen, § 55 Abs. 1 JGG.

Vor dem Hintergrund des § 55 Abs. 1 JGG fragen Rechtsmittelgerichte regelmäßig nach dem Angriffsziel, um eine Umgehung der Beschränkung auszuschließen.[66] Im Sprachgebrauch ist zu beachten, dass die Einlegung und nicht die Durchführung der Berufung die Frist nach § 55 JGG in Gang setzt.[67] Zulässig ist demnach stets ein Rechtsmittel gegen eine Jugendstrafe i. S. v. § 17 JGG.[68] Die Revision gegen die Verurteilung zu einer Jugendstrafe kann auch beschränkt werden.[69] Dabei sind die allgemeinen Regeln der isolierten Anfechtung zu beachten.[70] Sind neben der Jugendstrafe Zuchtmittel oder Erziehungsmaßregeln verhängt worden, so gilt § 55 Abs. 1 S. 1 JGG nicht. Gegenüber einem Heranwachsenden gilt die Beschränkung des § 55 Abs. 2 JGG nur, wenn gegen ihn Jugendstrafrecht angewandt wurde, § 109 Abs. 2 JGG.[71] Kam das JGG nicht zur Anwendung, stehen dem Heranwachsenden zunächst die Berufung und sodann noch Revision zur Verfügung. Wurde ein Erwachsener vor einem Jugendgericht verurteilt, stehen diesem ebenfalls Berufung und Revision zur Seite, die Beschränkung des § 55 Abs. 2 JGG gilt im Verhältnis zu Erwachsenen nicht.[72] Dies gilt auch, wenn ein Heranwachsender in der ersten Instanz nach JGG und in der zweiten Instanz nach Erwachsenenstrafrecht verurteilt wurde; er darf sodann noch Revision einlegen.[73]

Grundsätzlich soll sowohl dem Verurteilten als auch der Staatsanwaltschaft einmal die Möglichkeit gegeben werden ein Urteil in einem Verfahren anzufechten. Beginnt das Verfahren vor dem Amtsgericht und legt nur die Staatsanwaltschaft Berufung ein, so dürfte der Verurteilte sodann Revision einlegen; dies gilt auch in umgekehrter Reihenfolge.[74] Legt der Angeklagte Sprungrevision ein und der Staatsanwalt Berufung, so bleibt die Möglichkeit der Revision für den Angeklagten nach Abschluss der Berufung eröffnet, § 335 Abs. 3 StPO.

---

[66] BGH Beschl. v. 21. Juli 2021 – 5 StR 112/21; BGH Beschl. v. 21. April 2020 – 4 StR 67/20; BVerfG Beschl. v. 6. Juli 2007 – 2 BvR 1824/06.

[67] Darauf weist hin OLG Hamm Beschl. v. 21. Mai 2019 – III-5 RVs 65/19 Rdn. 7.

[68] BGH Urt. v. 29. September 1961 – 4 StR 301/61; BGH Urt. v. 15. November 2022 – 1 StR 228/22.

[69] OLG Hamm Beschl. v. 2. Oktober 2014 – III-1 Ws 477/14.

[70] Vgl. zur Untrennbarkeit von Schuldspruch wegen mehrerer Taten und Einheitsjugendstrafe BGH Beschl. v. 24. Oktober 2018 – 4 StR 314/18 Rdn. 2 ff; vgl. zur unterbliebenen Anordnung der Unterbringung in einem psychiatrischen Krankenhaus, § 63 StGB und dem Verhältnis zu § 5 Abs. 3 JGG BGH Beschl. v. 9. September 2015 – 4 StR 334/15 Rdn. 3 ff.

[71] OLG Hamm Beschl. v. 21. Mai 2019 – III 5 RVs 65/19 Rdn. 7.

[72] Zieger und Nöding (2018), Rdn. 226.

[73] OLG Hamm Beschl. v. 21. Mai 2019 III-5 RVs 65/19.

[74] KG Berlin Urt. v. 29. September 2006 – 1 Ss 349/05.

Beispiel

Der Jugendliche A und der Erwachsene B werden vom Amtsgericht – Jugendschöffengericht – wegen einer in mittäterschaftlich begangenen Tat mit gleichwertigen Tatbeiträgen verurteilt. Beide legen Berufung ein, die verworfen wird. Der Erwachsene B legt hiergegen Revision ein. Der Jugendliche A darf das nicht, § 55 Abs. 2 JGG macht eine Revision unzulässig. Das OLG hebt nun die Verurteilung des B auf. Eine Revisionserstreckung auf A ist wegen § 55 Abs. 2 JGG nicht möglich.[75] ◀

Um das Beispiel abzurunden, soll angenommen sein, der Erwachsene wird in der Folge zu einer Freiheitsstrafe verurteilt deren Vollstreckung zur Bewährung ausgesetzt wird und der Jugendliche verbüßt seine Haft. Ungerecht?! Der BGH[76] begründet diese Entscheidung zunächst mit dem Wortlaut des § 357 StPO: „(…) als hätte er gleichfalls Revision eingelegt.“ Da der Jugendliche nach erfolgloser Berufung keine Revision mehr einlegen darf, steht bereits der Wortlaut einer Revisionserstreckung entgegen.[77] Die Revision müsste für den Nichtrevidenten statthaft gewesen sein, anderenfalls kommt eine Erstreckung nicht in Betracht.[78] Neben zahlreichen anderen Argumenten spreche auch der Zweck des § 55 Abs. 2 JGG gegen eine Erstreckung. Dieser liege in „der Verfahrensbeschleunigung, um die erzieherische Wirkung der jugendstrafrechtlichen Sanktion zu gewährleisten.“[79] Diesem Argument soll BT-Drucks. I/4437, S. 9 entgegengehalten werden:

> „Hat der Jugendliche erst die innere Beziehung zu seiner Verfehlung verloren, so empfindet er die verspätete Vollziehung von Maßnahmen oder Jugendstrafe nicht mehr als einleuchtende Reaktion auf seine Tat, sondern als ein mehr oder weniger unverständliches Übel, dem er sich notgedrungen beugen muss. Danach würde der mit der Maßnahme angestrebte Erziehungserfolg stark beeinträchtigt, wenn nicht gar vereitelt.“

Wie sieht wohl die innere Beziehung und der Erziehungserfolg aus, wenn der Erwachsene eine Bewährungsstrafe erhält und der (14-Jährige) Jugendliche ein Fehlurteil absitzen muss. Einer solchen Verfahrenssituation könnte wie folgt vorgebeugt werden: Nach der Verurteilung durch das Amtsgericht (Jugendrichter, Jugendschöffengericht) legt der Jugendliche Sprungrevision und der Erwachsene Berufung ein. Das Verfahren wird gemäß § 2 Abs. 2 JGG i. V. m. § 335 Abs. 3 S. 1 StPO mit der Berufung fortgeführt und der Jugendliche behält nach der Berufung sein Recht Revision einzulegen.[80]

---

[75] BGH Beschl. v. 9. Mai 2006 – 1 StR 57/06 Rdn. 20 ff.

[76] BGH Beschl. v. 9. Mai 2006 – 1StR 57/06 Rdn. 19.

[77] BGH Beschl. v. 9. Mai 2006 – 1 StR 57/06 Rdn. 18; a. A. von Prittwitz (2007), S. 52.

[78] BGH Beschl. v. 9. Mai 2006 – 1 StR 57/06.

[79] BGH Beschl. v. 9. Mai 2006 – 1 StR 57/06 Rdn. 27 unter Hinweis auf BT-Drucks. I/3264, S. 46.

[80] OLG Koblenz Beschl. v. 25. August 2014 – 3 Ss 100/14 Rdn. 8; BGH Beschl. v. 19. März 1974 – 5 StR 12/74.

1.10 Nebenklage

Eine zentrale Vorschrift im Revisionsverfahren für den Nebenkläger ist § 400 Abs. 1 StPO. Danach darf der Nebenkläger das Urteil nicht mit dem Ziel eine andere Rechtsfolge zu verhängen (1. Alt.) anfechten. Außerdem darf er es nicht mit dem Ziel angreifen, dass der Angeklagte wegen einer Gesetzesverletzung verurteilt wird, die nicht zum Anschluss des Nebenklägers berechtigt (2. Alt.). Aus diesem Grund muss aus dem Revisionsantrag oder der Revisionsbegründung klar hervorgehen, dass ein erlaubtes Ziel Gegenstand der Nebenklagebeschwerde ist, anderenfalls ist die Revision unzulässig.[81] Antrag und Begründung sind der Auslegung zugänglich.[82] Die Revision der Nebenklage erstreckt sich lediglich auf die Prüfung, ob ein nebenklagefähiges Delikt zutreffend angewandt oder nicht angewandt wurde.[83] Unzulässig ist also, Revision einzulegen mit der Begründung, die Strafe sei zu niedrig ausgefallen. Ebenso ist es unzulässig die Feststellung der besonderen Schwere der Schuld i. S. v. § 57a Abs. 1 S. 1 Ziff. 2 StGB zu erstreben – auch dies wäre lediglich eine andere Rechtsfolge und daher ein Verstoß gegen § 400 Abs. 1 StPO.[84] Gleiches gilt für die Nebenklagerevision mit dem Ziel ein weiteres Mordmerkmal anzunehmen.[85] Unzulässig ist auch das Rügevorbringen, es sei „allgemeines Strafrecht" und nicht Jugendstrafrecht i. S. v. § 105 Abs. 1 Ziff. 1 JGG anzuwenden; auch dies richtet sich gegen den Rechtsfolgenausspruch.[86]

Zulässig ist die Revision des Nebenklägers, wenn sie eine Änderung des Schuldspruchs erstrebt.[87] Dies ist z. B. der Fall, wenn der Nebenkläger mit der Sachrüge eine Verurteilung wegen versuchten Mordes statt nur wegen gefährlicher Körperverletzung erstrebt.[88] Vor diesem Hintergrund wird auch deutlich, dass die bloße Erhebung der allgemeinen Sachrüge ohne weitere Begründung zur Unzulässigkeit führt, „denn einem solchen Revisionsvorbringen ist nicht zu entnehmen, dass das Urteil mit dem Ziel einer Änderung des Schuldspruchs wegen einer anderen oder einer weiteren Gesetzesverletzung angegriffen wird, die zum Anschluss als Nebenkläger berechtigt."[89] Das Revisionsgericht prüft also Strafvorschriften, die zur Nebenklage berechtigen und „(…) dieselbe Zielrichtung haben wie das Delikt, dessen Nichtanwendung der Nebenkläger in zulässiger Weise beanstandet (…)."[90] Hat

[81] BGH Beschl. v. 28. Juni 2022 – 3 StR 123/22 Rdn. 2; BGH Urt. v. 28. Januar 2021 – 3 StR 297/20 Rdn. 8; BGH Beschl. v. 8. April 2020 – 3 StR 606/19 Rdn. 3; BGH Beschl. v. 12. Mai 2020 – 3 StR 393/19 Rdn. 4.

[82] BGH Beschl. v. 15. März 2022 – 2 StR 431/21 Rdn. 1.

[83] BGH Urt. v. 12. März 1997 – 3 StR 627/95 Rdn. 15.

[84] BGH Beschl. v. 28. Juni 2022 – 3 StR 123/22 Rdn. 3.

[85] BGH Beschl. v. 6. Dezember 2018 – 4 StR 387/18 Rdn. 2.

[86] BGH Beschl. v. 28. Februar 2007 – 2 StR 509/06 Rdn. 1.

[87] BGH Beschl. v. 12. Mai 2020 – 3 StR 393/19 Rdn. 4 ff.

[88] BGH Urt. v. 2. Februar 2022 – 2 StR 41/21 Rdn. 7.

[89] BGH Beschl. v. 12. Mai 2020 – 3 StR 393/19 Rdn. 4.

[90] BGH Urt. v. 28. Januar 2021 – 3 StR 279/20 Rdn. 15

nur der Nebenkläger Revision eingelegt und ist diese unbegründet, so führt dies nicht dazu, dass das Revisionsgericht etwa nach § 301 StPO analog die Strafzumessung überprüfen darf.[91]

Zu beachten ist ferner, dass der Nebenkläger nicht zu Gunsten des Angeklagten Revision einlegen darf.[92] Hierzu zählt auch das Ziel, den Angeklagten nach § 63 StGB unterzubringen und den Angeklagten (daher) freizusprechen.[93] Sofern der Nebenkläger Verfahrensrügen erhebt, müssen sich diese am Maßstab des § 400 Abs. 1 StPO messen lassen; es darf dadurch keine Umgehung stattfinden.[94] Ein Beweisantrag im Zusammenhang mit einem nebenklagefähigen Delikt kann grundsätzlich auch in der Revision behandelt werden. Für Beweisanträge der Nebenklage gelten die allgemeinen Ablehnungsgründe;[95] allerdings darf – wie gezeigt – keine Umgehung des § 400 Abs. 1 StPO erfolgen. Der Nebenkläger darf die fehlerhafte Behandlung eines Beweisantrages der Staatsanwaltschaft rügen, auch wenn er sich in der Hauptverhandlung dem Antrag nicht angeschlossen hat. Dies folgt aus der regelmäßig identischen Interessenslage von Staatsanwaltschaft und Nebenklage.[96] Auch für den Nebenkläger gilt, dass das Urteil auf dem gerügten Verfahrensfehler beruhen muss.[97] Bemerkenswert ist in diesem Zusammenhang, dass die Nebenklagebefugnis nicht entfällt, wenn im Verlauf der Hauptverhandlung[98] deutlich wird, dass der Nebenkläger einen Freispruch anstrebt, etwa durch die Stellung von Anträgen oder dies aus seinem Prozessverhalten deutlich wird.[99] Erfolgt sodann eine Verurteilung, darf der Nebenkläger nicht Revision zugunsten des Angeklagten einlegen. Es gilt das Prinzip, dass die Anschlussbefugnis zur Nebenklage und die Rechtsmittelberechtigung des Nebenklägers unterschiedlich zu beurteilen sind.[100]

In einem Verfahren vor dem LG Koblenz[101] hat die Kammer während der Hauptverhandlung den Beschluss über die Zulässigkeit des Anschlusses als Nebenkläger aufgehoben und die beiden Nebenkläger sowie die Rechtsanwältin des Sitzungssaales verwiesen, weil die Kammer die Rechtsauffassung vertreten hat, die Neben-

---

[91] BGH Urt. v. 2. Februar 2022 – 2 StR 41/21 Rdn. 14 ff. Aufgabe der bisherigen Senatsrechtsbesprechung; vgl. auch abweichende Rechtsprechung und Meinungen in Rdn. 15; vgl. Allgayer (2023), § 400 Rdn. 5, siehe dort auch die umfangreiche Darstellung gegenteiliger Rechtsprechung.

[92] BGH Beschl. v. 12. Juli 1990 – 4 StR 247/90.

[93] BGH Beschl. v. 9. Februar 2021 – 3 StR 214/20 Rdn. 1 f.

[94] BGH Beschl. v. 9. Februar 2021 – 3 StR 214/20 Rdn. 1 f.

[95] BGH Urt. v. 7. April 2011 – 3 StR 497/10 Rdn. 11.

[96] BGH Urt. v. 24. Juli 1998 – 3 StR 78/98 Rdn. 11.

[97] BGH Urt. v. 12. März 1997 – 3 StR 627/96 Rdn. 12.

[98] Der BGH hat es bisher offengelassen, ob eine Nebenklagebefugnis nicht besteht, wenn bereits vor der Hauptverhandlung deutlich wird, der Nebenkläger verfolge einen Freispruch, BGH Beschl. v. 1. September 2020 – 3 StR 214/20 Rdn. 13.

[99] BGH Beschl. v. 1. September 2020 – 3 StR 214/20 Rdn. 5 ff.

[100] BGH Beschl. v. 1. September 2020 – 3 StR 214/20 Rdn. 8; BT-Drucks. 10/5305, S. 14; BT-Drucks. 16/3640, S. 54.

[101] LG Koblenz Beschl. v. 31. Januar 2020 – 2070 Js 50135/19; vgl. auch BGH Beschl. v. 1. September 2020 – 3 StR 214/20 Rdn. 2.

klage dürfe keinen Freispruch verfolgen. Der Bundesgerichtshof hat dies als unzutreffend eingeordnet; die Anschlussberechtigung bleibt auch bei dem Ziel eines Freispruches bestehen.[102] Die Nebenkläger und die Rechtsanwältin wurden also zu Unrecht aus dem Sitzungssaal entfernt.

Literatur

Allgayer, A. (2023). *Karlsruher Kommentar zur StPO*, 9. Aufl.

Detter, K. (2011). *Revision im Strafverfahren.*

Gericke, J. (2023). *Karlsruher Kommentar zur StPO*, 9. Aufl.

Meyer-Goßner, L. (2011). *Prozessvoraussetzungen und Prozesshindernisse.*

Paul, C. (2023). *Karlsruher Kommentar zur StPO*, 9. Aufl.

von Prittwitz, C. (2007). Scheinbegünstigung und Scheinfürsorge, zur Erstreckung begünstigender Revisionsentscheidungen auf frühere nach JGG verurteilte Mitangeklagte, §§ 357 StPO, 55 Abs. 2 JGG. *StV*, 52.

Schmitt, B. (2024). *Meyer-Goßner, Lutz/Schmitt, Bertram Kommentar zur Strafprozessordnung*, 67. Aufl.

Zieger, M., & Nöding, T. (2018). *Verteidigung in Jugendstrafsachen*, 7. Aufl.

[102] BGH Beschl. v. 1. September 2020 – 3 StR 214/20 Rdn. 3 f.

Der Strafzumessungsvorgang 2

2.1 Der Strafzumessungsvorgang in drei Schritten

Die Strafzumessung wird in drei Schritten vollzogen:[1]

1. Schritt: Der Strafrahmen ist zu bestimmen.
2. Schritt: Innerhalb des festgestellten Strafrahmens ist der Spielraum für die festzulegende Strafe zu bestimmen.
3. Schritt: Festlegung der Strafe

Im ersten Schritt ist der Strafrahmen zu bestimmen. Dieser ergibt sich aus dem Grundtatbestand oder der Qualifikation des verwirklichten Straftatbestandes. Bei der Bestimmung des Strafrahmens sind zudem minder schwere Fälle, besonders schwere Fälle sowie vertypte Milderungsgründe, die zu Strafrahmenverschiebungen nach § 49 Abs. 1 oder Abs. 2 StGB führen können, zu beachten. Derartige Feststellungen sind geeignet, den Strafrahmen erheblich zu verändern. So kann eine Beihilfe zum versuchten Mord im Zustand verminderter Schuldfähigkeit zu einem geminderten Strafrahmen von einem Monat bis zu acht Jahren fünf Monaten Freiheitsstrafe führen, statt zu einer lebenslänglichen Freiheitsstrafe. Nach Art. 12 EGStGB könnte u. U. an die Stelle einer Freiheitsstrafe sogar Geldstrafe treten.[2]

Überdies können vertypte Milderungsgründe zum Wegfall der Regelwirkung eines besonders schweren Falles führen: Ein Diebstahl in einem besonders schweren Fall sieht einen Strafrahmen von drei Monaten bis zu zehn Jahren vor, §§ 242, 243 StGB. Entfällt die Regelwirkung etwa aufgrund eines Täter-Opfer-Ausgleichs, § 46a StGB gilt der Strafrahmen des § 242 StGB – Geldstrafe oder Freiheitsstrafe bis fünf Jahre.

[1] Vgl. Meyer-Goßner und Appl (2021), Rdn. 422 ff.; Ruppert (2023), S. 157 ff. zu den „Grundzügen der Strafzumessung“

[2] Dieses Beispiel stammt aus Schäfer et al. (2017), Rdn. 918, Fn. 32.

A. Hohnel, *Die Strafzumessung in der Revision*,
https://doi.org/10.1007/978-3-662-66688-3_2

Steht der Strafrahmen fest, ist sodann in einem zweiten Schritt der Spielraum zu bestimmen. Das heißt, der Tatrichter bestimmt innerhalb des gesetzlichen Strafrahmens einen Spielraum, innerhalb dessen die Strafe in einem dritten Schritt festzulegen ist. Die sog. Spielraumtheorie oder auch Schuldrahmentheorie geht davon aus, dass es nicht nur eine richtige Strafe, eine sog. Punktstrafe (Ausnahme: lebenslänglich bei Mord oder Völkermord) gibt, sondern innerhalb des Spielraums jede Strafbestimmung zutreffend sein kann.[3] Der Spielraum legt die Unter- und Obergrenze der schuldangemessenen Strafe fest.[4] Diese beiden Grenzen dürfen nicht überschritten werden.[5] Der angewandte Spielraum muss im Urteil nicht dargestellt werden. Die Bestimmung des Spielraums erfolgt durch die Anwendung der sog. Grundlagenformel des § 46 Abs. 1 S. 1 StGB, die Schuld ist die Grundlage der Strafzumessung.

Ferner sind sämtliche Strafzumessungsumstände schärfend oder mildernd in den Blick zu nehmen, um den Spielraum festzulegen. Dabei darf nicht gegen das Doppelverwertungsverbot des § 46 Abs. 3 StGB verstoßen werden.

Schließlich ist in einem dritten Schritt die Strafe konkret festzulegen. An dieser Stelle sind auch generalpräventive[6] oder spezialpräventive[7] Faktoren einzubeziehen. Sodann erfolgt die Auseinandersetzung mit der Strafart: Geldstrafe oder Freiheitsstrafe. Entscheidet sich der Tatrichter für eine Geldstrafe, ist zunächst die Anzahl der Tagessätze und dann die Höhe des Tagessatzes zu bestimmen. Soll eine Freiheitsstrafe ausgesprochen werden, ist zu klären, ob die Vollstreckung zur Bewährung ausgesetzt werden kann.[8] Unzulässig ist die Bestimmung einer Freiheitsstrafe, deren Höhe sich an der Fähigkeit zur Bewährung ausgesetzt zu werden, orientiert.[9] Die Strafhöhenbestimmung und die Frage der Bewährung dürfen nicht vermengt werden.[10] Rechtsfehlerfrei ist es jedoch im Rahmen dieses Prüfungspunktes die Wirkungen der Strafe für das künftige Leben des Angeklagten nach § 46 Abs. 1 S. 2 StGB auf die Bewährungsfähigkeit oder die Bedeutung einer Inhaftierung zu bedenken.[11]

2.2 Bestimmung des Strafrahmens

Im Folgenden soll die Findung des Strafrahmens dargestellt werden. Die Bestimmung des Strafrahmens eines Grundtatbestandes oder einer Qualifikation ist häufig problemlos; demgegenüber ist die Anwendung von Regelbeispielen und ver-

---

[3] BGH Beschl. v. 11. August 2009 – 3 StR 175/09 Rdn. 23; gegen die sog. Punktstrafe vgl. BGH Beschl. v. 13. September 1976 – 3 StR 313/76; Güntke (2018), S. 384; Meier (2015), S. 443.

[4] Kett-Straub und Kudlich (2021), S. 88; gilt auch für Ordnungswidrigkeiten OLG Düsseldorf Urt. v. 13. Mai 2014 – 4 Kart 8/10 Rdn. 268.

[5] St. Rspr. seit BGH Urt. v. 10. November 1954 – 5 StR 476/54.

[6] BGH Beschl. v. 21. Juli 1983 – 2 StR 121/83 Rdn. 5.

[7] BGH Urt. v. 17. September 1980 – 2 StR 355/80.

[8] Kett-Straub und Kudlich (2021), S. 112 f.

[9] BGH Urt. v. 4. Dezember 2018 – 1 StR 255/18 Rdn. 31.

[10] BGH Urt. v. 7. Februar 2012 – 1 StR 525/11 Rdn. 40 f.

[11] BGH Urt. v. 4. Dezember 2018 – 1 StR 255/18 Rdn. 31.

typten Milderungsgründen i. S. v. § 49 StGB sowie ihr Verhältnis zueinander immer wieder Gegenstand von Revisionsentscheidungen.

In der Regel kommt für einen Erwachsenen eine Geld- oder Freiheitsstrafe in Betracht. Die Geldstrafe liegt zwischen fünf und 360 Tagessätzen, § 40 Abs. 1 S. 2 StGB. Die Tagessatzhöchstzahl einer Gesamtgeldstrafe beträgt 720, § 54 Abs. 2 S. 2 StGB. Die zeitige Freiheitsstrafe reicht von einem Monat bis zu 15 Jahren, § 38 Abs. 2 StGB. Dieser Rahmen gilt für eine Freiheitsstrafe, ebenso wie für eine Gesamtfreiheitsstrafe. Das Gesetz unterscheidet zwischen Grundtatbeständen, Qualifikationen sowie Privilegierungen einerseits und Strafzumessungsregeln andererseits. Sind die Tatbestandsmerkmale des Grundtatbestandes, der Qualifikation oder der Privilegierung[12] erfüllt, ist die darin genannte Rechtsfolge zugrunde zu legen.

Demgegenüber enthalten zahlreiche Gesetze Strafschärfungen für besonders schwere Fälle oder Strafmilderungen für minder schwere Fälle. Der Unterschied zu den vorgenannten Tatbeständen liegt darin begründet, dass der Tatrichter bei der Strafzumessungsregel einen Beurteilungsspielraum hat, zu dem ein irreversibler Bereich gehört. So heißt es in § 243 Abs. 1 S. 2 StGB: „Ein besonders schwerer Fall liegt in der Regel vor, wenn (…).“ Das heißt der Tatrichter muss nicht zwingend die Rechtsfolge anordnen, selbst wenn die Voraussetzungen des Regelbeispiels gegeben sind.[13] Liegen die Voraussetzungen eines Regelbeispiels vor, entsteht eine Vermutung für das Vorliegen eines besonders schweren Falles mit erhöhter Strafandrohung. Diese Vermutung ist widerlegbar, wenn die Gesamtwürdigung ergibt, dass der erhöhte Strafrahmen unangemessen ist.[14] Grundsätzlich ist zu unterscheiden:

- Unbenannter besonders schwerer Fall, z. B. § 212 Abs. 2 StGB
- Benannter besonders schwerer Fall, z. B. § 243 Abs. 1 StGB
- Unbenannter minder schwerer Fall, z. B. § 30a Abs. 3 BtMG
- Benannter minder schwerer Fall, z. B. § 213 StGB

Beispiel

Handelt jemand mit Betäubungsmitteln in nicht geringer Menge und führt dabei einen Gegenstand mit sich, der zur Verletzung von Personen geeignet und bestimmt ist, so beträgt die Freiheitsstrafe mindestens fünf Jahre, § 30a Abs. 2 Ziff. 2 BtMG. Gäbe es Abs. 3 des § 30a BtMG (minder schwerer Fall, sechs Monate bis zehn Jahre) nicht, müsste der Einundzwanzigjährige, der im unverschlossenen Handschuhfach seines PKW einen Teleskopschlagstock aufbewahrt und auf dem Beifahrersitz eine Bauchtasche mit 200 g Marihuana, das zum Verkauf bestimmt ist, legt, mit mindestens fünf Jahren Freiheitsstrafe sanktioniert werden – dies auch bei einem geständigen Ersttäter. Dieses fiktive Beispiel ist ein Beleg für die große praktische und rechtsstaatliche Bedeutung von Strafzumessungsregeln. ◀

[12] § 283c StGB setzt den Tatbestand gegenüber § 283 Abs. 1 Nr. 1 StGB (Bankrott) herab. Die §§ 247, 248a StGB privilegieren im Antragserfordernis.

[13] Fischer (2024), § 243 Rdn. 2.

[14] BGH Beschl. v. 10. Januar 2024 – 2 StR 477/23 Rdn. 8.

Die Regelbeispiele der besonders schweren Fälle unterliegen dem Bestimmtheitsgebot aus Art. 103 Abs. 2 GG.[15] So ist etwa ein Pkw keine Waffe im Sinne des besonders schweren Falles nach § 113 Abs. 2 S. 2 Ziff. 1 StGB; der Wortsinn steht dem entgegen.[16] Die Regelbeispielstechnik hat auch Bedeutung für strafprozessuale Maßnahmen. Der Verdacht einer Steuerhinterziehung i. S. v. § 370 AO führt nur zur Gestattung einer Abhörmaßnahme nach § 100a StPO, wenn der Verdacht eines besonders schweren Falles i. S. v. § 370 Abs. 3 S. 2 Ziff. 5 AO (Bande) vorliegt.

Grundsätzlich bleiben Verjährungsvorschriften von Schärfungen und Milderungen unberührt, § 78 Abs. 4 StGB.[17] Eine Ausnahme[18] bildet jedoch § 376 Abs. 1 AO in der Fassung vom 21. Dezember 2020. Danach beträgt die Verjährung für besonders schwere Fälle der Steuerhinterziehung i. S. v. § 370 Abs. 3 S. 2 Ziff. 1 bis 6 AO 15 Jahre.

Es ist eine banale Erkenntnis, dass ein minder schwerer Fall zu niedrigerer und ein besonders schwerer Fall zu höherer Strafe führt. Bemerkenswert ist indes, dass ein System zur Prägung dieses Mehr und Weniger im Verhältnis zum Normalstrafrahmen fehlt.

Beispiele

- Hochverrat gegen den Bund, § 81 Abs. 1 StGB sieht eine Freiheitsstrafe nicht unter zehn Jahren oder lebenslange Freiheitsstrafe vor. In minder schweren Fällen ist die Freiheitsstrafe dem Rahmen von einem bis zu zehn Jahren zu entnehmen, § 81 Abs. 2 StGB. Der minder schwere Fall liegt hier unter dem Normalstrafrahmen.
- Häufig kommt es jedoch zu Überschneidungen: § 244 Abs. 1 StGB sieht einen Strafrahmen von sechs Monaten bis zu zehn Jahren Freiheitsstrafe vor. In einem minder schweren Fall, § 244 Abs. 3 StGB beträgt der Rahmen der Freiheitsstrafe drei Monate bis fünf Jahre. In diesem minder schweren Fall werden die Mindeststrafe und die Höchststrafe herabgesetzt. Gleiches gilt für die schwere Körperverletzung gem. § 226 Abs. 1 StGB. Der Grundtatbestand sieht Freiheitsstrafe von einem Jahr bis zu zehn Jahren vor. In einem minder schweren Fall liegt die Freiheitsstrafe zwischen sechs Monaten und fünf Jahren, § 226 Abs. 3 1. HS StGB.
- § 100 Abs. 1 StGB sieht für friedensgefährdende Beziehungen eine Strafe nicht unter einem Jahr Freiheitsstrafe vor. In minder schweren Fällen ist die Freiheitsstrafe von einem Jahr bis zu fünf Jahren, § 100 Abs. 3 StGB. Hier lässt der minder schwere Fall die Mindeststrafdrohung von einem Jahr unberührt, allerdings führt seine Anwendung zur „Deckelung" der Strafhöhe. ◄

[15] BVerfG Beschl. v. 1. September 2008 – 2 BvR 2238/07.

[16] BVerfG Beschl. v. 1. September 2008 – 2 BvR 2238/07.

[17] Zum Ruhen der Verjährung und besonders schweren Fällen vgl. § 78b Abs. 4 StGB.

[18] BGH Beschl. v. 10. März 2022 -1 StR 515/21 Rdn. 3; Fischer (2024), § 78 Rdn. 7 f.

Interessant ist auch die Strafregelung in § 145d StGB (Vortäuschen einer Straftat). § 145d Abs. 1 StGB sieht in seinem Grundtatbestand eine Geldstrafe oder Freiheitsstrafe bis zu drei Jahren vor. § 145d Abs. 3 S. 1 StGB enthält eine Qualifikation, die einen Strafrahmen von drei Monaten bis zu fünf Jahren eröffnet. § 145d Abs. 4 StGB wiederum regelt den minder schweren Fall der Qualifikation aus Abs. 3. Dieser minder schwere Fall sieht wiederum eine Geldstrafe oder Freiheitsstrafe bis zu drei Jahren vor. Damit entspricht der minder schwere Fall der Qualifikation der Strafe des Grundtatbestandes.

Für die Regelungen der besonders schweren Fälle zeichnet sich ein ebenso uneinheitliches Bild:

Beispiele

- § 129 Abs. 1 S. 1 StGB (Bildung einer kriminellen Vereinigung) sieht eine Geldstrafe oder eine Freiheitsstrafe bis zu fünf Jahren vor. Liegt ein besonders schwerer Fall i. S. v. § 129 Abs. 5 StGB vor, ist die Mindeststrafe auf sechs Monate erhöht, die Höchststrafe verbleibt bei fünf Jahren.
- § 212 Abs. 1 StGB sieht eine Strafe nicht unter fünf Jahren vor. Demgegenüber führt der besonders schwere Fall zur lebenslangen Freiheitsstrafe.
- häufig überschneiden sich auch in einem besonders schweren Fall die Strafrahmen wie etwa beim Diebstahl nach § 242 Abs. 1 StGB und seinem besonders schweren Fall i. S. v. § 243 Abs. 1 StGB.[19] ◀

Um einen besonders schweren Fall anzunehmen, hat der Gesetzgeber in einer Vielzahl von Fällen die sog. Regelbeispielstechnik angewandt. Dabei werden verschiedene Umstände wie z. B. Tatbegehungsweisen oder Tätereigenschaften beschrieben, die eine höhere Strafe auslösen. Die Regelbeispiele sind „wie ein Tatbestandsmerkmal zu behandeln."[20] Der BGH[21] bezeichnet sie als tatbestandsähnlich, „weil sie einen gegenüber dem Tatbestand erhöhten Unrechts- und Schuldgehalt typisieren." Eine solche Einordnung führt zur Annahme der Möglichkeit des Versuchs eines Regelbeispiels.[22]

Ein minder schwerer Fall liegt vor, wenn „das gesamte Tatbild einschließlich aller subjektiven Momente und der Täterpersönlichkeit vom Durchschnitt der erfahrungsgemäß vorkommenden Fälle in einem so erheblichen Maß abweicht, dass die Anwendung dieses Strafrahmens geboten erscheint." Für die Prüfung der Frage ist eine Gesamtbetrachtung erforderlich, bei der alle Umstände heranzuziehen und zu würdigen sind, die für die Wertung der Tat und des Täters in Betracht kommen, „gleichgültig, ob sie der Tat selbst innewohnen, sie begleiten, ihr vorausgehen oder

[19] Vgl. Zur Kritik an einer fehlenden Systematik der Strafrahmenbestimmung Meyer-Goßner und Appl (2021), Rdn. 508.

[20] BGH Beschl. v. 6. August 2019 – 1 StR 305/19 Rdn. 3; BGH Beschl. v. 18. November 1985 – 3 StR 291/85.

[21] BGH Beschl. v. 28. Juli 2010 – 1 StR 332/10; BGH Beschl. v. 18. November 1985 – 3 StR 291/85 Rdn. 12.

[22] BGH Beschl. v. 24. Oktober 2023 – 2 StR 338/23 Rdn. 1, 11; BGH Beschl. v. 18. November 1985 – 3 StR 291/85.

nachfolgen"[23] „Auch wenn dies nicht bedeutet, dass jeder derartige Umstand der ausdrücklichen Erörterung in den Urteilsgründen bedarf und die Nichterörterung stets einen Rechtsfehler begründet, so ist das Gericht doch verpflichtet, in den Urteilsgründen die für die Strafrahmenwahl bestimmenden Umstände darzulegen."[24]

Der Revisionsführer prüft demgemäß zwei Fragen:

1. Was ist der Durchschnittsfall und liegt eine Abweichung „nach unten" vor?
2. Ist die Darstellung der Annahme oder Ablehnung zutreffend?

Die Überprüfung des Urteils erfolgt an dieser Stelle aufgrund der Sachrüge.[25] Um den Durchschnittsfall eines Straftatbestandes zu bestimmen, ist das „Gesamtspektrum aller strafzumessungsrelevanten Umstände"[26] maßgebend. Den Durchschnitt, den „Regelfall der Alltagskriminalität" bestimmt die Rechtsprechung anhand der „erfahrungsgemäß vorkommenden Fälle."[27] In der Praxis führt dies zu folgender nach wie vor gültiger Beobachtung: „Der Regelfall der Alltagskriminalität" erreicht nur einen „geringen Schweregrad", der regelmäßig eine Strafe in der unteren Hälfte des Strafrahmens nach sich zieht.[28]

Die Urkundenfälschung, § 267 Abs. 1 StGB eröffnet einen Strafrahmen von Geldstrafe bis zu einer Freiheitsstrafe von fünf Jahren. Erfahrungsgemäß kommt es sehr selten vor, dass jemand (nur) wegen Urkundenfälschung eine Freiheitsstrafe verbüßt; der Regelfall im Alltag führt zu einer Geldstrafe oder einer bewährungsfähigen Freiheitsstrafe. Damit sind Tatbegehungsweisen der Urkundenfälschung erfasst, die im unteren Bereich der möglichen Strafe liegen und gleichzeitig den Durchschnittsfall kennzeichnen. Dadurch entsteht ein Raum, der eine Verhängung von zwei bis fünf Jahren eröffnet, für Fälle in denen die Tat „nach oben" vom Durchschnitt abweicht und noch nicht auf den besonders schweren Fall – sechs Monate bis zehn Jahre – aus § 267 Abs. 3 StGB zurückgegriffen werden muss.

Etwas anderes gilt für den Totschlag, § 212 Abs. 1 StGB. Dieser sieht Freiheitsstrafe von fünf bis 15 Jahren vor. Erfahrungsgemäß liegen bei § 212 Abs. 1 StGB die Strafen in der oberen Hälfte des vorgesehenen Rahmens.[29] Mithin prägt auch hier das „Gesamtspektrum" den Durchschnittsfall.[30] Zur Klarstellung sei angemerkt, der „Durchschnittsfall" ist nicht mit einem sog. „normativen Normalfall" zu verwechseln. Während der Durchschnittsfall anerkannt ist, lehnt die Rechtsprechung

---

[23] BGH Beschl. v. 5. November 2020 – 4 StR 201/20 Rdn. 8; BGH Beschl. v. 14. Mai 2019 – 3 StR 503/18.

[24] BGH Beschl. v. 5. November 2020 – 4 StR 201/20 Rdn. 8.

[25] BGH Beschl. v. 5. November 2020 – 4 StR 201/20.

[26] BGH Beschl. v. 18. August 1999 – 1 StR 186/99 Rdn. 22; BGH Beschl. v. 10. April 1987 – GSSt 1/86 Rdn. 21 ff.

[27] BGH Beschl. v. 18. August 1999 – 1 StR 186/99 Rdn. 22.

[28] BGH Beschl. v. 18. August 1999 – 1 StR 186/99.

[29] BGH Beschl. v. 18. August 1999 – 1 StR 186/99.

[30] Vgl. zum Durchschnittsfall Schäfer et al. (2017), Rdn. 1168 f.

die Existenz eines normativen Normalfalles ab.[31] Überdies bemisst sich der Maßstab zur Bestimmung des Durchschnittsfalles an „allen denkbaren Fällen“ eines jeden Tatbestandes.[32] Der Durchschnittsfall richtet sich also nicht etwa nach den am häufigsten vorkommenden Fällen. Dass dieser Maßstab uneingeschränkt gilt, zeigt folgende Entscheidung:[33]

§ 30 Abs. 1 Ziff. 4 BtMG stellt die Einfuhr von Betäubungsmitteln in nicht geringer Menge unter Strafe. Die Angeklagte hatte Kokain in ihrem Körper versteckt. Das Tatgericht hat einen minder schweren Fall i. S. v. § 30 Abs. 2 BtMG abgelehnt, da es sich um einen „geradezu idealtypischen Drogenkurierfall“ handelt. Der Strafausspruch wurde aufgrund der Sachrüge aufgehoben, da nicht der typische Drogenkurierfall oder der typische Bodypacker maßgeblich ist, sondern der Durchschnittsfall aller Fälle der Einfuhr von Betäubungsmitteln.

Eine Abweichung vom Durchschnittsfall soll im Zusammenhang mit § 316 StGB vorliegen, wenn die Trunkenheitsfahrt mit einem Elektroroller begangen wird. Geschwindigkeit und Gewicht des Elektrorollers weichen vom durchschnittlichen Bild einer Trunkenheitsfahrt ab, sodass eine Gefährdung geringer sein soll mit der Konsequenz, dass die Regelvermutung zur Entziehung der Fahrerlaubnis nach § 69 Abs. 2 S. 2 StGB widerlegt werden kann.[34]

Ein besonders schwerer Fall liegt vor, wenn „das gesamte Tatbild einschließlich aller subjektiven Momente und der Täterpersönlichkeit vom Durchschnitt der erfahrungsgemäß gewöhnlich vorkommenden Fälle in einem Maße abweicht, das die Anwendung des Ausnahmestrafrahmens geboten ist.“[35]

Die Regelbeispielstechnik erlaubt dem Tatrichter auch einen besonders schweren Fall anzunehmen, wenn die Begehungsweise nicht in den aufgezählten Beispielen enthalten ist.[36] Ebenso ist es möglich einen besonders schweren Fall abzulehnen, obwohl ein Regelbeispiel erfüllt wurde. Die Regelbeispiele stellen somit keinen abgeschlossenen Katalog dar.[37] Allerdings bilden sie einen Maßstab zur Orientierung und Einordnung sonstiger Begehungsweisen.[38]

Fehler im Zusammenhang mit der Feststellung oder Ablehnung eines minder schweren Falles oder besonders schweren Falles sind mit der Sachrüge angreifbar; der Umgang mit einem Regelbeispiel ist eine Rechtsfrage.[39] Demgegenüber ist die Einordnung eines besonders schweren Falles außerhalb eines geschriebenen Regelbeispiels eine Wertung des Tatrichters im Rahmen der Strafzumessung. Diese ist ein-

---

[31] BGH Urt. v. 5. Januar 2023 – 5 StR 386/22 Rdn. 25; grundlegend BGH Beschl. v. 10. April 1987 – GSSt 1/86.

[32] BGH Beschl. v. 13. September 1976 – 3 StR 313/76 Rdn. 7.

[33] BGH Beschl. v. 19. März 2015 – 2 StR 35/15.

[34] AG Hamburg Urt. v. 17. Dezember 2021 – 248a Cs 318/21.

[35] BGH Urt. v. 17. September 1980 – 2 StR 355/80 Rdn. 16; st Rspr seit BGH Urt. v. 28. Februar 1952 – 4 StR 936/51; BGH Urt. v. 28. Februar 1979 – 3 StR 24/79.

[36] z. B. BGH Urt. v. 21. April 1970 – 1 StR 45/70 Rdn. 12.

[37] BGH Urt. v. 17. September 1980 – 2 StR 355/80.

[38] BGH Urt. v. 28. Februar 1979 – 3 StR 24/79.

[39] Schäfer et al. (2017), Rdn. 1530.

geschränkt der Revision zugänglich; es können nur Abwägungsfehler zur Aufhebung führen.[40] Will der Tatrichter von der Regel absehen, gelten zwei Prüfungsschritte:[41]

- Feststellung, dass ein besonders schwerer Fall vorliegt, weil ein Regelbeispiel verwirklicht wurde. Diese Subsumtion ist wie ein Tatbestandsmerkmal revisibel.
- Begründung, warum von der Regel abgesehen wird und der erhöhte Strafrahmen gerade nicht zur Anwendung kommen soll. Diese Wertung wird in der Revision nur auf Fehler im Zusammenhang mit der Abwägung überprüft.[42]

Grundsätzlich ist zu vermuten, dass mit der Verwirklichung des Regelbeispiels auch der erhöhte Strafrahmen zur Anwendung kommt. Allerdings soll den Fällen Rechnung getragen werden können, in denen zahlreiche Milderungsgründe vorliegen, die eine Kompensation gerecht erscheinen lassen.[43] Außerdem kann ein besonders schwerer Fall ausgeschlossen sein, wenn zwar ein oder mehrere Regelbeispiele verwirklicht wurden, allerdings ein (oder mehrere) vertypte Milderungsgründe i. S. v. § 49 StGB eventuell in Verbindung mit sonstigen allgemeinen Milderungsgründen einen besonders schweren Fall ausschließen.[44] Aus den Urteilsfeststellungen muss hervorgehen, dass sich das Tatgericht dieser Option bewusst war.[45] Enthalten die Feststellungen jedoch keine Indizien für ein Abweichen vom Regelstrafrahmen, bedarf die Anwendung des Regelstrafrahmens nur die Feststellung, dass ein solches Regelbeispiel verwirklicht wurde. Bietet der Sachverhalt indes keine Veranlassung einen besonders schweren Fall zu prüfen, so ist die Nichterörterung kein Rechtsfehler; ob sich eine Auseinandersetzung aufdrängt, ist stets eine Frage des Einzelfalles.[46]

Unbenannte Strafschärfungsgründe enthalten gerade keine konkretisierenden Beispiele; vielmehr hat die Rechtsprechung Grundsätze und Kriterien für ihre Anwendung entwickelt. So gilt etwa für den besonders schweren Fall des Totschlags, der eine lebenslange Freiheitsstrafe auslöst, folgendes:[47]

§ 212 Abs. 2 StGB „setzt voraus, dass das in der Totschlagstat zum Ausdruck kommende Verschulden des Täters so außergewöhnlich groß ist, dass die Ahndung aus dem Normalstrafrahmen von bis zu 15 Jahren nicht mehr ausreicht. Die Schuld muss ebenso schwerwiegen wie die eines Mörders. Dafür genügt nicht schon die bloße Nähe der die äußere und innere Seite der Tötungstat kennzeichnenden Umstände zu gesetzlichen Mordmerkmalen. Fehlen die Voraussetzungen der in § 211 Abs. 2 StGB abschließend aufgezählten Mordmerkmale, so darf dies nicht dadurch

[40] BGH Beschl. v. 28. Juni 2022 – 6 StR 511/21 Rdn. 9; BGH Beschl. v. 5. Mai 2011 – 1 StR 116/11.

[41] BGH Urt. v. 14. Dezember 2023 – 3 StR 225/23; BGH Beschl. v. 5. Mai 2011 – 1 StR 116/11.

[42] BGH Beschl. v. 28. Juni 2022 – 6 StR 511/21 Rdn. 9.

[43] BGH Beschl. v. 5. Mai 2011 – 1 StR 116/11.

[44] BGH Beschl. v. 28. Juni 2022 – 6 StR 511/21 Rdn. 9; BGH Beschl. v. 12. November 2015 – 2 StR 369/15; BGH Urt. v. 5. März 2014 – 4 StR 583/13; OLG Frankfurt Beschl. v. 28. Oktober 2016 – 1 Ss 80/16.

[45] OLG Frankfurt Beschl. v. 28. Oktober 2016 – 1 Ss 80/16 Rdn. 17.

[46] BGH Urt. v. 14. Oktober 2021 – 4 StR 95/21 Rdn. 9 ff.

[47] BGH Urt. v. 14. Oktober 2021 – 4 StR 95/21.

unterlaufen werden, dass der Täter nach § 212 Abs. 2 StGB gleichwohl wie ein Mörder bestraft wird (...) Es müssen vielmehr schulderhöhende Gesichtspunkte hinzukommen, die besonders gewichtig sind (...) und das Minus welches sich im Zurückbleiben des Tötungsdelikts hinter den Mordmerkmalen zeigt, durch ein Plus an Verwerflichkeit auszugleichen vermögen (...). Das Vorliegen derartiger Umstände hat das Tatgericht im Rahmen einer Gesamtwürdigung von Tat und Täter zu beurteilen (...). Hierbei sind allerdings die wesentlichen Strafzumessungsgründe der Tötungstat selbst zu entnehmen. Umstände des Vor- und Nachtatgeschehens können nur mit geringerem Gewicht und nur insoweit herangezogen werden als sie sichere Rückschlüsse auf eine die Tatschuld steigernde besonders verwerfliche Einstellung des Täters bei der Tat zulassen (...).“[48]

2.3 § 267 Abs. 2 StPO

Im Rahmen der Darstellung der Annahme oder Ablehnung eines minder schweren oder besonders schweren Falles sind § 267 Abs. 2 und 3 StPO zu beachten.

§ 267 Abs. 2 StPO gilt für benannte Strafzumessungsmodifikationen. Damit sind im Wesentlichen Tatbestände gemeint, die auf § 49 StGB verweisen. Wurden derartige Umstände wie z. B. Beihilfe, § 27 Abs. 2 StGB, Versuch, § 23 Abs. 2 StGB oder verminderte Schuldfähigkeit, § 21 StGB in der Hauptverhandlung behauptet, muss sich das Urteil dazu verhalten, ob diese Umstände vorliegen oder nicht.[49] Zu den Umständen i. S. v. § 267 Abs. 2 StPO gehören:

Strafausschließungsgründe wie z. B. Rechtfertigungsgründe, Schuldausschließungsgründe und Strafaufhebungsgründe. Zu den weiteren Umständen zählen auch solche, die die Strafbarkeit verringern,[50] privilegieren[51] oder erhöhen,[52] § 267 Abs. 2 StPO. Wurde etwa in der Hauptverhandlung das Vorliegen der Voraussetzungen einer Notwehr behauptet, so muss sich das Urteil hierzu verhalten. Ebenso muss sich das Urteil zu einer behaupteten Schuldunfähigkeit nach § 20 StGB äußern.[53] Zu den Umständen, die eine Strafbarkeit erhöhen, gehören u. a. sämtliche Qualifikationsmerkmale wie z. B. die Gewerbsmäßigkeit, die Amtsträgereigenschaft oder das Handeln aus Gewinnsucht.[54]

Unter „Behaupten“ i. S. v. § 267 Abs. 2 StPO fällt jede Erklärung, die darauf ausgerichtet ist, einen solchen Umstand auf den Angeklagten zu beziehen.[55] Die Behauptung kann vom Angeklagten, seinem Verteidiger oder der Staatsanwaltschaft auf-

[48] BGH Urt. v. 14. Oktober 2021 – 4 StR 95/21 Rdn. 10.

[49] BayObLG Beschl. v. 9. Dezember 2021 – 202 StRR 136/21 Rdn. 3.

[50] BGH Beschl. v. 27. Oktober 2015 – 3 StR 363/15 Rdn. 6; BayObLG Beschl. v. 9. Dezember 2021 – 202 StRR 136/21 Rdn. 3 ff.

[51] Schmitt (2024), § 267 Rdn. 15.

[52] Schmitt (2024), § 267 Rdn. 15.

[53] OLG Koblenz Beschl. v. 15. Juni 2021 – 4 OLG 32 Ss 88/21 Rdn. 10.

[54] BGH Urt. v. 24. Juni 1952 – 2 StR 56/52; vgl. zu den besonderen Umständen i. S. v. § 267 Abs. 2 StPO die umfassende Aufzählung Schmitt (2024), § 263 Rdn. 4 ff.

[55] Meyer-Goßner und Appl (2021), Rdn. 406.

gestellt worden sein. In der Revision kann der Nachweis einer solchen Behauptung z. B. durch das Sitzungsprotokoll erfolgen. In Verfahren vor dem Amtsgericht dürfte das Wortprotokoll unproblematisch den Beweis liefern. Aber auch aus dem gesamten Verlauf der Hauptverhandlung vermögen entsprechende Schlüsse gezogen werden, etwa aus Beweisanträgen, verlesenen Urkunden oder Sachverständigengutachten.[56] Die Feststellungen zu den Umständen i. S. v. § 267 Abs. 2 StPO sind nach ihrer Behauptung in der Hauptverhandlung in dem schriftlichen Urteil zu begründen.[57] Dem Revisionsgericht ist es verwehrt durch eine eigene Beweiserhebung festzustellen, ob derartige Umstände in der Hauptverhandlung behauptet wurden; dies würde eine unzulässige Rekonstruktion der Hauptverhandlung bedeuten.[58]

2.4 § 267 Abs. 3 StPO

§ 267 Abs. 3 S. 1 2. HS StPO verlangt, dass das Urteil die Umstände anführt, die für die Strafzumessung bestimmend gewesen sind. Während § 267 Abs. 1 StPO sich auf die Tatbestandsmerkmale und § 267 Abs. 2 StPO auf die gesetzliche Regelung zum ausschließen, vermindern oder erhöhen der Strafbarkeit beziehen, betrifft § 267 Abs. 3 S. 1 2. HS StPO die Strafzumessung. Zu den bestimmenden Umständen der Strafzumessung gehören die Strafzumessungstatsachen und die Strafzumessungserwägungen. Trifft das Tatgericht die Feststellung, der „Angeklagte vermittelte den Eindruck als betrachte er das Geschehene als irgendein geschichtliches Ereignis“[59] und relativiert es damit den Wert der gezeigten Reue, dann könnte hierin ein Verstoß gegen den Zweifelsgrundsatz gesehen werden, da der „Eindruck“ nur eine Vermutung beschreibt.[60] Sind die Strafzumessungserwägungen lückenhaft, etwa weil das Tatgericht in der Strafzumessung nicht mildernd berücksichtigt hat, das die Beute vom Angeklagten zurückgegeben wurde, kann das Urteil wegen dieser Lücke aufgehoben werden.[61]

Die Strafzumessung verlangt eine Gesamtschau „der Tat und der Persönlichkeit des Angeklagten.“[62] Demgemäß gibt es keinen festen Kanon der abzuarbeitenden Voraussetzungen; vielmehr sind die individuellen Gesichtspunkte herauszuarbeiten und darzustellen. Dabei bietet § 46 StGB eine entscheidende Orientierung. Der Begriff „anführen“ in § 267 Abs. 1 S. 1 StPO steht auch für eine Begründung der Abwägung. Nachdem die Tatsachen festgestellt wurden, die dem Urteil zugrunde liegen, müssen diese gegeneinander abgewogen werden. Diese Abwägung und ihr

[56] Meyer-Goßner und Appl (2021), Rdn. 406.

[57] Meyer-Goßner und Appl (2021), Rdn. 407.

[58] BGH Urt. v. 2. November 1982 – 5 StR 622/82 Rdn. 4; Bartel (2014), S. 81 ff.

[59] BGH Beschl. v. 5. April 2001 – 4 StR 106/01 Rdn. 5.

[60] BGH Beschl. v. 5. April 2001 – 4 StR 106/01 Rdn. 5.

[61] OLG Oldenburg Beschl. v. 29. August 2017 – 1 Ss 172/17 Rdn. 9.

[62] BGH Urt. v. 5. Mai 2022 – 3 StR 412/21 Rdn. 26; BGH Beschl. v. 23. Januar 2024 – 3 StR 455/23 Rdn. 10; BGH Urt. v. 26. April 2007 – 4 StR 557/06 Rdn. 7; BGH Urt. v. 27. Juni 2001 – 1 StR 179/01 Rdn. 4 Aufhebung wegen unterlassener Gesamtschau von Tat und Persönlichkeit des Angeklagten.

Ergebnis sind im Urteil darzustellen. Auch diese Verpflichtung des Tatgerichts in der langen Vorschrift des § 267 StPO dient der revisionsrechtlichen Prüfung; es soll Kontrolle stattfinden und das Urteil und seine Strafe sollen legitimiert werden.[63] Dabei sind auch in den Erwägungen nur die wesentlichen – also nicht sämtliche – Umstände darzustellen.[64]

Eine weitere Orientierung zur Bestimmung des Inhalts und des Umfangs der Abwägung und Darstellung bietet die Rechtsprechung wie folgt: Danach seien solch wesentliche Umstände anzunehmen, wenn sie „für die Beurteilung des Unrechts- und Schuldgehalts und damit der Schwere der Tat von besonderer Bedeutung sind" und „deren Einbeziehung in die Strafzumessungserwägungen deshalb nahe lag."[65]

Die Begründungsanforderungen werden sodann in § 267 Abs. 3 S. 2 und 3 StPO konkretisiert. Die Annahme eines minder schweren Falles muss begründet werden. Entsprechendes gilt für die Verhängung einer Freiheitsstrafe unter sechs Monaten.[66] Wird in der Hauptverhandlung ein Antrag gestellt, der Verurteilung einen minder schweren Fall zugrunde zu legen, so löst dieser Antrag auch eine Begründungspflicht aus, wenn der Tatrichter diesen Antrag ablehnt, d. h. einen minder schweren Fall verneint. An dieser Stelle bietet das Gesetz dem Verteidiger in der Instanz die Gelegenheit eine Begründungspflicht schon mit Blick auf die Revision zu statuieren! Enthält der Sachverhalt Anhaltspunkte für das Vorliegen eines minder schweren Falles, sollte der Verteidiger darauf achten, dass dieser Antrag schriftlich oder mündlich zu Protokoll gelangt. § 267 Abs. 3 S. 3 StPO gibt dem Tatgericht auf zu begründen, warum es trotz Vorliegens eines besonders schweren Falles diesen nicht dem Urteil zugrunde legen will. Umgekehrt gilt: Liegen die Voraussetzungen des Regelbeispiels eines besonders schweren Falles nicht vor und sieht das Gericht gleichwohl einen besonders schweren Fall, der nicht im Katalog der Regelbeispiele aufgezählt ist, so ist diese Wertung eingehend darzulegen und zu begründen.[67]

Ein Verstoß gegen § 267 Abs. 3 StPO führt in der Revision in der Regel mit der Sachrüge zur Aufhebung des Urteils. Fehlen bestimmende Umstände ist die Strafzumessung lückenhaft; das Revisionsgericht kann die Rechtsfolgenentscheidung nicht hinreichend prüfen.[68] Es wird daneben die Ansicht vertreten, ein Darstellungsmangel nach § 267 Abs. 3 StPO enthalte eine „Doppelnatur", das heißt, es ist sowohl eine Verfahrensrüge als auch eine Sachrüge möglich.[69]

---

[63] Reichenbach (2016), S. 19 ff.

[64] Schäfer et al. (2017), Rdn. 1352.

[65] KG Berlin Beschl. v. 28. Januar 2020 – (6) 121 Ss 192/19 (29/19) Rdn. 7; KG Berlin Beschl. v. 8. März 2013 – (4) 161 Ss 21/13 (28/13) Rdn. 11; BGH Beschl. v. 21. September 2005 – 5 StR 263/05 Rdn. 7; BGH Urt. v. 7. Juli 1983 – 4 StR 222/83 Rdn. 4.

[66] Fehllt die Erörterung, kann aufgehoben werden BGH Beschl. v. 23. Januar 2024 – 3 StR 455/23 Rdn. 8 ff.

[67] Schmitt (2024), § 267 Rdn. 21.

[68] BGH Beschl. v. 27. September 2011 – 3 StR 296/11 Rdn. 3; gilt auch für § 267 Abs. 1 S. 1 StPO OLG Hamm Beschl. v. 19. November 2020 – III – 4 RVs 129/20 Rdn. 16.

[69] BGH Beschl. v. 5. April 2000 – 3 StR 58/00 Rdn. 5; BGH Urt. v. 30. September 1952 – 2 StR 675/51 Rdn. 4.

2.5 Besondere gesetzliche Milderungsgründe

Im Allgemeinen Teil sowie im Besonderen Teil des StGB verweisen verschiedene Normen auf § 49 Abs. 1 oder Abs. 2 StGB. § 49 StGB ist eine Regelung zur Bestimmung des Strafrahmens.[70] In den Verweisungsnormen heißt es entweder, die Strafe *ist* gem. § 49 Abs. 1 StGB zu mildern, so in §§ 27 Abs. 2 S. 2, 28 Abs. 1, 30 Abs. 1 S. 2 StGB oder die Strafe *kann* gem. § 49 Abs. 1 StGB gemildert werden. So in §§ 13 Abs. 2, 17 S. 2, 21, 23 Abs. 2, 46a, 46b Abs. 1 S. 1, 239a Abs. 4 S. 1, 239b Abs. 2 StGB; § 31 S. 1 BtMG.

Für § 49 Abs. 2 StGB gilt, dass sowohl die Verweisungsnorm als auch § 49 Abs. 2 StGB die Milderung in das Ermessen des Gerichts stellt, z. B. §§ 23 Abs. 3, 30 Abs. 1 S. 3 i. V. m. 23 Abs. 3, 157 Abs. 2, 158 Abs. 1, StGB. Weitere Verweise auf §§ 49 Abs. 2 StGB enthalten §§ 98 Abs. 2 S. 1, 129 Abs. 7, 129a Abs. 6 StGB.

Straftatbestände, die eine tätige Reue vorsehen, verweisen ebenfalls auf § 49 Abs. 2 StGB. Die tätige Reue ist z. B. in §§ 83a, 306e, 314a, 320, 330b StGB normiert.

Die Anwendung des § 49 Abs. 1 StGB führt zu einer Minderung, die die Höchst- und die Mindeststrafe herabsetzt. Dabei kommt es zu folgenden Verschiebungen:

§ 49 Abs 1 Ziff. 1 StGB: An die Stelle von lebenslanger Freiheitsstrafe tritt Freiheitsstrafe nicht unter drei Jahren. Für die Beihilfe zu Mord, §§ 211, 27 Abs. 1 StGB gilt dann beispielsweise ein Strafrahmen von drei Jahren bis zu lebenslanger Freiheitsstrafe.

Bei allen anderen Strafandrohungen kommt es zu einer Herabsetzung der Mindest- und der Höchststrafe, § 49 Abs. 1 Ziff. 2, 3 StGB; hier wird der Strafrahmen insgesamt herabgesetzt.[71] Es entstehen mithin die nachstehenden Strafrahmen. Dabei ist zu beachten, dass mehrfache Milderungen möglich sind.

Ursprünglicher Strafrahmen	Milderung nach § 49 Abs. 1 StGB	Erneute Milderung nach § 49 Abs. 1 StGB
lebenslang	3 J bis 15 J	6 M bis 11 J 3 M
lebenslang oder 10 J bis 15 J	3 J bis 15 J oder 2 J bis 11 J 3 M	6 M bis 11 J 3 M oder 6 M bis 8 J 5 M
10 J bis 15 J	2 J bis 11 J 3 M	6 M bis 8 J 5 M
5 J bis 15 J	2 J bis 11 J 3 M	6 M bis 8 J 5 M
3 J bis 15 J	6 M bis 11 J 3 M	1 M bis 8 J 5 M
2 J bis 15 J	6 M bis 11 J 3 M	1 M bis 8 J 5 M
1 J bis 15 J	3 M bis 11 J 3 M	1 M bis 8 J 5 M
1 J bis 10 J	3 M bis 7 J 6 M	1 M bis 5 J 7 M
1 J bis 5 J	3 M bis 3 J 9 M	1 M bis 2 J 9 M
6 M bis 10 J	1 M bis 7 J 6 M	1 M bis 5 J 7 M
6 M bis 5 J	1 M bis 3 J 9 M	1 M bis 2 J 9 M
3 M bis 10 J	1 M bis 7 J 6 M	1 M bis 5 J 7 M

(Fortsetzung)

[70] BT-Drucks. V/4095, S. 24.

[71] Beachte die Ausnahmen in § 46b Abs. 1 StGB im Zusammenhang mit der Hilfe zur Aufklärung oder Verhinderung von schweren Straftaten.

Ursprünglicher Strafrahmen	Milderung nach § 49 Abs. 1 StGB	Erneute Milderung nach § 49 Abs. 1 StGB
3 M bis 5 J	1 M bis 3 J 9 M	1 M bis 2 J 9 M
bis 10 J	bis 7 J 6 M	bis 5 J 7 M
bis 5 J	bis 3 J 9 M	bis 2 J 9 M
bis 3 J	bis 2 J 3 M	bis 1 J 8 M
bis 2 J	bis 1 J 6 M	bis 1 J 1 M
bis 1 J	bis 9 M	bis 6 M 3 Wochen
bis 6 M	bis 4 M 2 Wochen	bis 3 M 1 Woche
nur Geldstrafe nach § 40 Abs. 1 (5 bis 360 Tagessätze)	5 bis 270 Tagessätze	5 bis 202 Tagessätze

Die Anwendung des § 49 Abs. 2 StGB steht im Ermessen des Gerichts. So verweist z. B. § 157 Abs. 2 StGB auf § 49 Abs. 2 StGB; bereits die Verweisungsnorm greift auf, dass die Milderung im Ermessen steht.

§ 49 Abs. 2 StGB lässt das Höchstmaß unberührt. Allerdings wird die an sich vorgesehene Strafe auf das gesetzliche Mindestmaß herabgesetzt. Ferner könnte in geeigneten Fällen Freiheitsstrafe durch Geldstrafe ersetzt werden. Nach § 38 Abs. 2 StGB beträgt das Mindestmaß einer Freiheitsstrafe einen Monat. Das Mindestmaß einer Geldstrafe beträgt fünf Tagessätze, § 40 Abs. 1 S. 2 StGB. Der Strafrahmen, in der die tat- und schuldangemessene Strafe zu finden ist, wird auf diese Weise erheblich vergrößert.

Die obligatorische Strafrahmenverschiebung, etwa im Fall der Beihilfe nach § 27 StGB, wirft wenig Schwierigkeiten auf. Demgegenüber stellt sich die Frage, unter welchen Voraussetzungen eine fakultative Strafrahmenverschiebung vorzunehmen ist. Das Vorliegen eines vertypten Milderungsgrundes „indiziert" seine Anwendung.[72] Das heißt, die Schuld wiegt weniger schwer, wenn die Voraussetzungen einer solchen Milderung vorliegen. Gleichwohl sind Abweichungen möglich,[73] es gelten auch hier die allgemeinen Grundsätze der Strafzumessung.[74] Die Strafrahmenwahl verlangt eine „Gesamtwürdigung aller für die Wertung von Tat und Täter in Betracht kommenden Umstände, gleichgültig, ob sie der Tat innewohnen, sie begleiten, ihr vorausgehen oder nachfolgen."[75]

Fehler im Zusammenhang mit der Anwendung eines vertypten Milderungsgrundes sind mit der Sachrüge anzugreifen; gleiches gilt, wenn mehrere vertypte Milderungsgründe sowie ein Zusammentreffen mit einem besonders schweren Fall oder einem minder schweren Fall vorliegt.[76] Das Gericht ist nicht verpflichtet stets

[72] Kett-Straub und Kudlich (2021), § 49 Rdn. 5.

[73] BayObLG Urt. v. 9. Oktober 2020 – 202 StRR 58/20.

[74] Kett-Straub und Kudlich (2021), § 49 Rdn. 5.

[75] KG Berlin Beschl. v. 2. August 2021 – 121 Ss 81/21; BGH Beschl. v. 18. Dezember 219 – 2 StR 512/19.

[76] BGH Beschl. v. 1. Februar 2023 – 5 StR 498/22; BGH Urt. v. 24. November 2022 – 3 StR 64/22 Rdn. 18, 31; BGH Beschl. v. 22. November 2022 – 5 StR 402/22.

die mildeste Möglichkeit anzunehmen; es ist jedoch verpflichtet im Urteil darzustellen, dass es die verschiedenen Möglichkeiten mit den verschiedenen Strafrahmen gesehen hat.[77] Dabei sind die verschiedenen Kombinationen darzustellen und zu prüfen.[78] Schließlich ist die vorgezogene Variante zu begründen.[79] Treffen vertypte Milderungsgründe mit einem minder schweren Fall zusammen, so gilt folgende Prüfungsreihenfolge:

Steht der Grundtatbestand fest, ist ein minder schwerer Fall zu prüfen. Der minder schwere Fall kann bejaht werden aufgrund allgemeiner Milderungsgründe. Reichen die allgemeinen Milderungsgründe nicht aus, ist der vertypte Milderungsgrund zur Begründung eines minder schweren Falles heranzuziehen.[80] Geben allein die allgemeinen Milderungsgründe Anlass einen minder schweren Fall anzunehmen, so ist in einem weiteren Schritt zu prüfen, ob eine vertypte Milderung nach § 49 Abs. 1 StGB vorgenommen werden muss oder kann.[81] Im Fall einer obligatorischen Milderung führt diese zwangsläufig zu einer zweiten Strafrahmenverschiebung, z. B. Beihilfe zu einem minder schweren Fall des Totschlags, §§ 213, 27 StGB.

Kommt eine fakultative Minderung in Betracht, ist über ihre Anwendung zu entscheiden. In der Regel indiziert das Vorliegen eines fakultativen Milderungsgrundes auch eine Strafrahmenverschiebung, sodass es zu einer weiteren Strafrahmenverschiebung kommt, z. B. Versuch eines Totschlages in einem minder schweren Fall, §§ 213, 22, 23 StGB.

Auch kann ein vertypter Milderungsgrund in Verbindung mit sonstigen Milderungsgründen einen besonders schweren Fall – der an sich Vorliegen würde – entfallen lassen. Dabei ist aus revisionsrechtlicher Sicht bedeutsam, dass das Urteil erkennen lässt, dass das Gericht dies bedacht hat.[82] Die Kombinationsmöglichkeiten sind sehr umfangreich und vielschichtig.[83] Aus revisionsrechtlicher Sicht lohnt sich hier stets eine tiefgehende Prüfung der Rechtsanwendung und ihrer Darstellung im Urteil.

2.6 Zusammentreffen von Milderungsgründen

In einem Sachverhalt können bestimmte Tatsachen gleichzeitig einen minder schweren Fall und einen vertypten Milderungsgrund, § 49 StGB belegen. Solch ein Umstand, der geeignet ist zwei Strafrahmen zu prägen, darf jedoch zur Strafrahmenwahl nur einmal herangezogen werden, § 50 StGB. Eine Doppelverwertung oder

[77] BGH Beschl. v. 16. Januar 2024 – 5 StR 506/23 Rdn. 9.

[78] BGH Beschl. v. 9. Mai 2023 -5 StR 98/23 Rdn. 2; BGH Beschl. v. 8. November 2022 – 5 StR 287/22 Rdn. 5 Prüfungsreihenfolge.

[79] KG Berlin Beschl. v. 2. August 2021 – 121 Ss 81/21; BGH Beschl. v. 18. Dezember 2019 – 2 StR 512/19; BGH Beschl. v. 4. Juni 2015 – 5 StR 201/15; BGH Beschl. v. 11. August 1987 – 3 StR 341/87.

[80] BGH Beschl. v. 12. März 2019 – 2 StR 17/19; BGH Beschl. v. 4. April 2017 – 3 StR 516/16.

[81] BGH Beschl. v. 12. März 2019 – 2 StR 17/19; BGH Beschl. v. 16. November 2017 – 2 StR 404/17.

[82] OLG Frankfurt Beschl. v. 28. Oktober 2016 – 1 Ss 80/16.

[83] Vgl. zu den zahlreichen Möglichkeiten Schäfer et al. (2017), Rdn. 928 ff., 1152 ff.

Doppelmilderung soll eine unangemessen milde Strafe verhindern.[84] Es darf also nicht zuerst ein minder schwerer Fall begründet werden, weil der Täter im Zustand verminderter Schuldfähigkeit gem. § 21 StGB gehandelt hat und sodann eine zweite Strafrahmenverschiebung gemäß § 49 Abs. 1 StGB vorgenommen werden, weil der Täter im Zustand verminderter Schuldfähigkeit gem. § 21 StGB gehandelt hat. Das Urteil darf entweder § 21 StGB heranziehen, um einen minder schweren Fall zu begründen oder es darf nach § 21 StGB i. V. m. § 49 Abs. 1 StGB eine Strafrahmenverschiebung vornehmen. Dabei ist zu beachten, § 50 StGB gilt nur für die Strafrahmenbestimmung.[85] D. h. nach der Bestimmung des Strafrahmens findet innerhalb des Strafrahmens die Strafzumessung i. e. S. statt. Dabei dürfen wiederum sämtliche Umstände vor, während und nach der Tat Berücksichtigung finden. Die Strafzumessung verlangt eine Gesamtbetrachtung des Falles. Hierzu gehört auch die Berücksichtigung der Tatsachen, die zur Anwendung eines vertypten Milderungsgrundes – wenngleich „mit verringertem Gewicht“[86] – geführt haben.

So führt etwa eine Beihilfe zu einer obligatorischen Strafrahmenverschiebung, § 27 StGB i. V. m. § 49 Abs. 1 StGB. Innerhalb des so gefundenen Rahmens könnte in der Strafzumessung mildernd angeführt werden, dass die Förderung der fremden Haupttat nur überaus gering war. § 50 StGB gilt auch für die Gesamtstrafenbildung.[87] Ein vertypter Milderungsgrund i. S. v. § 49 StGB vermag auch herangezogen werden, um einen besonders schweren Fall abzulehnen. In einer solchen Konstellation ist dieser vertypte Milderungsgrund verbraucht, eine weitere Milderung nach § 49 StGB kommt nicht mehr in Betracht. Wird etwa ein besonders schwerer Fall des Totschlages, § 212 Abs. 2 StGB mit der Begründung abgelehnt, der Täter habe im Zustand verminderter Schuldfähigkeit, § 21 StGB gehandelt, so hat der vertypte Milderungsgrund den besonders schweren Fall „neutralisiert“; damit hat § 21 StGB den Strafrahmen geprägt, eine zweite Milderung ist dann wegen § 50 StGB ausgeschlossen.[88] Liegen mehrere vertypte Milderungsgründe vor, so kann ein vertypter Milderungsgrund zur Annahme eines minder schweren Falles herangezogen werden und ein weiterer vertypter Milderungsgrund zu einer zweiten Strafrahmenverschiebung führen.[89] Hinsichtlich dieser Konstellation spielt § 50 StGB keine Rolle.

---

[84] BT-Drucks. IV/650, S. 187; Das Doppelverwertungsverbot aus § 46 Abs. 3 StGB regelt die Verwertung von gesetzlichen Tatbestandsmerkmalen bei der Strafzumessung im eigentlichen Sinne, § 50 StGB bezieht sich demgegenüber auf einen Umstand zur Strafrahmenwahl, siehe BGH Urt. v. 12. Januar 2016 – 1 StR 414/15.

[85] BGH Beschl. v. 18. Dezember 2019 – 2 StR 512/19.

[86] BGH Beschl. v. 18. Dezember 2019 – 2 StR 512/19.

[87] BGH Beschl. v. 23. Oktober 2019 – 1 StR 355/19.

[88] BGH Beschl. v. 27. Februar 1986 – 1 StR 31/86; offen gelassen in BGH Beschl. v. 18. Dezember 2019 – 2 StR 512/19; offen gelassen in BGH Beschl. v. 11. September 2003 – 2 StR 230/03.

[89] BGH Beschl. v. 3. Juli 1981 – 3 StR 210/81, versuchter Totschlag bei verminderter Schuldfähigkeit.

Literatur

Bartel, L. (2014). *Das Verbot der Rekonstruktion der Hauptverhandlung*. Diss.

Güntke, G.-F. (2018). Die Spielraumtheorie – Dominanz einer „unwissenschaftlichen" Strafzumessungslehre? *ZIS*, 384.

Kett-Straub, G., & Kudlich, H. (2021). *Sanktionenrecht*, 2. Aufl.

Meier, B.-D. (2015). Nachtatverhalten und Strafzumessung. *GA*, 443.

Meyer-Goßner, L., & Appl, E. (2021). *Die Urteile in Strafsachen*, 30. Aufl.

Reichenbach, C. (2016). *Die Anforderungen an die Strafzumessungsbegründung im Urteil*. Diss.

Ruppert, F. (2023). Die Rechtsfolgen der Tat. In Y. Li & F. Ruppert (Hrsg.), *Die Strafzumessung in Steuerstrafsachen im Lichte der Strafzumessungsgrundsätze*.

Schäfer, G., Sander, G., & van Gemmeren, G. (2017). *Praxis der Strafzumessung*, 6. Aufl.

Schmitt, B. (2024). *Meyer-Goßner, Lutz/Schmitt, Bertram Kommentar zur Strafprozeßordnung*, 67. Aufl.

Strafzumessungskriterien 3

3.1 Einleitung

Grundlage der Strafzumessung ist die Schuld des Täters, § 46 Abs. 1. S. 1 StGB. Bei der Strafzumessung wägt das Gericht die für und gegen den Angeklagten sprechenden Umstände ab, § 46 Abs. 2 S. 1 StGB. Dieser Vorgang unterliegt revisionsrechtlicher Kontrolle. Für die Revision bedeutsam ist dies, sofern „Zumessungserwägungen in sich fehlerhaft sind“ oder „wenn sich die Strafe von ihrer Bestimmung, gerechter Schuldausgleich zu sein, soweit nach oben oder unten löst, dass ein grobes Missverhältnis von Schuld und Strafe offenkundig ist.“[1]

§ 46 Abs. 1 S. 1 StGB beinhaltet die sog. Strafzumessungsschuld. Dieser liegt „das Maß der Vorwerfbarkeit bei der Verwirklichung des tatbestandsmäßigen Unrechts“ zugrunde.[2] Die Schuld in diesem Sinne ist demnach nichts statisches, sondern eine variable Größe, die zwischen „groß und klein“ zu finden ist. Dieses Maß gilt es im Prozess herauszuarbeiten und im Urteil zu bestimmen sowie darzustellen.

Der Schuldbegriff i. S. v. § 46 Abs. 1 S. 1 StGB ist von der Schuld als Strafbarkeitsvoraussetzung im dreigliedrigen Deliktsaufbau (Tatbestand, Rechtswidrigkeit, Schuld) zu unterscheiden. An dieser Stelle wird auch von „Strafbegründungsschuld“[3] gesprochen. Auch zu diesem Schuldbegriff gehört die Vorwerfbarkeit.[4] „Wer weiß, dass das wozu er sich in Freiheit entschließt, unrecht ist, handelt schuldhaft, wenn er es gleichwohl tut.“[5] Es wird danach gefragt, ob der Täter schuldfähig ist oder ob Entschuldigungsgründe vorliegen. Ist er schuldunfähig oder liegen

---

[1] BGH Urt. v. 24. November 2021 – 2 StR 158/21 Rdn. 9; BGH Beschl. v. 11. Januar 2011 – 3 StR 441/10.

[2] Schäfer et al. (2017), Rdn. 575.

[3] Meier (2019), S. 190.

[4] BGH Beschl. v. 18. März 1952 – GSSt 2/51.

[5] BGH Beschl. vom 18. März 1952 – GSSt 2/51 Rdn. 15; LG Hamburg Urt. v. 9. März 1976 – (90) 2/75 Rdn. 168.

A. Hohnel, *Die Strafzumessung in der Revision*,
https://doi.org/10.1007/978-3-662-66688-3_3

Entschuldigungsgründe vor, so scheidet eine Strafbarkeit aus. Dieser Schuldbegriff beschreibt das „Ob"; die Strafzumessungsschuld das „Wie".[6] Die Gründe zur Schuldausschließung sind im Gesetz abschließend genannt, während die Kategorien und Kriterien zur Strafzumessungsschuld offen sind. Dies wird u. a. an dem Begriff „namentlich" in § 46 Abs. 2 S. 2 StGB deutlich; dort werden für die Bestimmung der Strafzumessungsschuld bedeutsame Kriterien genannt – abschließend ist diese Aufzählung jedoch nicht. Hier liegt also eine Aufgabe für den Verteidiger in der Instanz, das individuelle Gepräge von Tat und Täter herauszuarbeiten. In der Revision gilt es, das Urteil dahingehend zu überprüfen, ob den Belangen der Strafzumessungsschuld Rechnung getragen wurde oder ob einzelne Aspekte unzureichend oder gar nicht bedacht wurden. Eine solche Lücke in der Argumentationskette der Urteilsfeststellungen kann mit der Sachrüge beanstandet werden.[7]

Für die Bestimmung der Strafzumessungsschuld ist die Unterteilung in Handlungsunwert und Erfolgsunwert von großer Bedeutung.[8] Der Handlungsunwert kennzeichnet „die Art und Weise der Tatbegehung".[9] Während der Erfolgsunwert das „Ausmaß der Gefährdung oder Verletzung des Schutzobjekts" bestimmt.[10] Beispiele: Eine vertragliche Leistung nicht zu erbringen, kann einen geringeren Handlungsunwert haben als aktives Tun.[11]

Der Erfolgsunwert einer Körperverletzung ist die Gesundheitsbeschädigung.[12] Beide Werte stehen gleichberechtigt nebeneinander.[13] Bei der Bestimmung des Handlungsunwertes im Rahmen der Strafzumessungsschuld kann es zu Berührungen oder Überschneidungen mit der Strafbegründungsschuld kommen. Die verminderte Schuldfähigkeit ist z. B. zum einen Gegenstand der Prüfung der Strafbegründungsschuld, andererseits ist sie auch wesentlich für den Handlungsunwert innerhalb der Strafzumessungsschuld.

Verwirklicht eine Handlung gleichzeitig einen Straftatbestand und eine Ordnungswidrigkeit, so verdrängt die Straftat die Ordnungswidrigkeit, § 21 Abs. 1 S. 1 OWiG. Allerdings vermag die verdrängte Ordnungswidrigkeit strafschärfend berücksichtigt werden, insbesondere wenn sie gegenüber dem Straftatbestand ein eigenes Unrecht enthält.[14] Dies ist etwa im Verhältnis des Straftatbestandes der unrichtigen Darstellung gesellschaftsrechtlicher Verhältnisse gem. § 400 Abs. 1 S. 1

[6] Meier (2019), S. 190.

[7] BGH Urt. v. 22. März 2022 – 1 StR 425/21 Rdn. 6 ff.; BGH Urt. v. 8. November 1999 – 5 StR 632/98 Rdn. 145 f.

[8] Schäfer et al. (2017), Rdn. 576 ff.

[9] Meier (2019), S. 191.

[10] Meier (2019), S. 191.

[11] BGH Urt. v. 3. März 2022 – 5 StR 228/21 Rdn. 31.

[12] BGH Beschl. v. 31. August 2022 – 2 StR 281/22 Rdn. 4.

[13] Schäfer et al. (2017), Rdn. 578.

[14] BGH Beschl. v. 11. Dezember 2008 – 3 StR 533/08; vgl. auch BGH Beschl. v. 15. Oktober 1970 – 4 StR 322/70 Rdn. 9; zum Verhältnis von § 266a StGB zu einer Ordnungswidrigkeit im Steuerrecht BGH Beschl. v. 10. November 2009 – 1 StR 283/09.

Ziff. 1 AktG zur Ordnungswidrigkeit der Kurs- und Marktmanipulation aus § 39 Abs. 1 Ziff. 1 WpHG i. V. m. § 20a Abs. 1 S. 1 Ziff. 1 WpHG a. F. der Fall.[15]

Ein weiteres Beispiel: Ein Drogenkurier führt unter dem Einfluss von Cannabis in einem Pkw Heroin nach Deutschland ein. Dies ist gleichzeitig eine Straftat gem. § 30 Abs. 1 Ziff. 4 BtMG und eine Ordnungswidrigkeit i. S. v. § 24a Abs. 2 StVG. Aufgrund der inneren Verbindung des Tatgeschehens scheidet eine eigenständige Verurteilung wegen der Fahrt aus. Die Regelung des § 30 BtMG ist – in Ansehung des § 21 Abs. 1 S. 1 OWiG – lex specialis gegenüber der Ordnungswidrigkeit. Allerdings darf die Ordnungswidrigkeit strafschärfend in die Strafzumessung einfließen.[16] Eine Strafschärfung durch eine Ordnungswidrigkeit scheidet aus, wenn sie lediglich der Norminterpretation dient. Wird eine fahrlässige Tat bejaht unter Zugrundelegung einer Norm deren Verstoß wiederum bebußt ist, so darf diese Norm nicht straferschwerend Niederschlag finden. Verursacht ein Straßenverkehrsteilnehmer eine fahrlässige Körperverletzung in Folge einer Vorfahrtsmissachtung, so dient die StVO der Konkretisierung des Tatbestandsmerkmals des § 229 StGB; die Ordnungswidrigkeit ist damit Teil des strafrechtlichen Vorwurfs.[17]

3.2 Persönliche und wirtschaftliche Verhältnisse

Um die Strafzumessungsschuld festzustellen, bedarf es der Berücksichtigung der persönlichen und wirtschaftlichen Verhältnisse des Täters,[18] § 46 Abs. 1 S. 2, Abs. 2 S. 2 StGB. Zu den persönlichen Verhältnissen gehören Angaben zum Lebenslauf; regelmäßig sind die schulische und berufliche Ausbildung sowie familiäre Verhältnisse bedeutsam. Die persönlichen Verhältnisse sind wesentliche „Anknüpfungstatsachen für die Strafzumessung."[19] Sie geben Auskunft über die Täterpersönlichkeit und sind daher auch regelmäßig in die Beweiswürdigung einzubeziehen.[20]

Fehlen im Urteil Feststellungen zu den persönlichen und wirtschaftlichen Verhältnissen oder sind diese nur unzureichend festgestellt, so ist das Urteil lückenhaft und kann aufgrund einer Sachrüge aufgehoben werden.[21] Solche Feststellungen sind im Falle einer Verurteilung und eines Freispruchs zu treffen. Der Umfang der Feststellungen kann jedoch – einzelfallabhängig – variieren.[22]

[15] BGH Urt. v. 16. Dezember 2004 – 1 StR 420/03 Rdn. 61; vgl. zum Unrechtsgehalt der Kurs- und Marktpreismanipulation Hohnel (2013), § 38 Rdn. 3 ff.

[16] BGH Beschl. v. 11. Dezember 2008 – 3 StR 533/08 Rdn. 3.

[17] Mitsch (2018), § 21 Rdn. 14.

[18] BGH Beschl. v. 10. April 1987 – GSSt 1/86 Rdn. 11.

[19] BGH Urt. v. 2. Februar 2017 – 4 StR 423/16 Rdn. 10.

[20] Bruns und Güntge (2019), S. 246

[21] BGH Urt. v. 2. Februar 2017 – 4 StR 423/16; BGH Beschl. v. 7. Dezember 1990 – 3 StR 289/90; OLG Köln Beschl. v. 24. März 2009 – 83 Ss 13/09 zu den Ermittlungen von Sachbezügen eines Sozialhilfeempfängers.

[22] Zu den Feststellungen der persönlichen Verhältnisse in einem freisprechenden Urteil: BGH Urt. v. 11. März 2021 – 3 StR 183/20 Rdn. 11; BGH Urt. v. 24. November 2016 – 4 StR 235/16 Rdn. 18 ff.

Fehlende Feststellungen zu den persönlichen und wirtschaftlichen Verhältnissen können nicht nur zur Aufhebung des Strafausspruches, sondern auch zur Aufhebung des Schuldspruches führen:[23] Ein sechzigjähriger, bestreitender, nicht vorbestrafter Mann soll ein 16 Jahre altes Mädchen vergewaltig haben. In diesem Fall lag eine schwierige Beweislage vor. Zur Beurteilung der Glaubwürdigkeit des Angeklagten wären ausführliche Feststellungen zu seinem Werdegang erforderlich gewesen. Der Mangel führte zur Aufhebung des Schuldspruchs, da die Beweiswürdigung lückenhaft war.[24] Feststellungen zu den wirtschaftlichen Verhältnissen sind auch bei der Bemessung einer Adhäsionsentscheidung erforderlich.[25]

Sofern erforderliche Feststellungen in den Urteilsgründen fehlen, entspricht dies auch nicht den Anforderungen des § 267 Abs. 1 StPO.[26] Zur Bestimmung der wirtschaftlichen Verhältnisse gehören naturgemäß das Einkommen sowie Unterhaltsverpflichtungen; diese sind auch für die Bemessung der Geldstrafe relevant.[27]

Schweigt der Angeklagte zu seinen persönlichen und wirtschaftlichen Verhältnissen, so ist das Tatgericht verpflichtet, sich mittels anderer Quellen um die gewünschten Erkenntnisse zu bemühen.[28] Sollte der Angeklagte z. B. bereits einmal verurteilt worden sein, könnten die dort getroffenen Feststellungen in dem neuen Prozess einbezogen werden. Der Strafausspruch würde aufgehoben werden, wenn das angefochtene Urteil nicht erkennen ließe, dass das Tatgericht derartige Anstrengungen unternommen hat.[29]

Die persönlichen und wirtschaftlichen Verhältnisse sind geeignet, das Maß der Schuld mitzubestimmen. Sie sind individuell festzustellen und wirken sich individuell auf die Rechtsfolge aus. Wenn zwei das Gleiche machen, können sie unterschiedlich bestraft werden. So kann die berufliche Laufbahn des Angeklagten für die Strafzumessung Bedeutung erlangen, wenn sie in einer engen Beziehung zur Tat steht oder wenn ein Berufsverbot gem. § 70 StGB in Betracht kommt.[30] Der Beruf, das damit verbundene Wissen und die Fertigkeiten dürfen strafschärfend herangezogen werden, „wenn der Beruf und die aus ihm erwachsenden beruflichen Pflichten in einer unmittelbaren Beziehung zu der vorgeworfenen Tat stehen.“[31] Dies wurde verneint bei einem Tierarzt, der privat Tiere misshandelte, § 17 TierSchG.[32]

[23] BGH Urt. v. 1. März 1990 – 4 StR 47/90.

[24] BGH Urt. v. 1. März 1990 – 4 StR 47/90.

[25] BGH Beschl. v. 27. März 1987 – 2 StR 106/87 Rdn. 5 f.

[26] BGH Beschl. v. 11. Januar 1995 – 4 StR 750/94 Rdn. 9.

[27] Schäfer et al. (2017), Rdn. 1384; KG Berlin Beschl. v. 3. März 2023 – 161 Ss 212/22 Rdn. 30; AG Frankfurt Urt. v. 31. Januar 2023 – 943 Ds 7140 Js 235012/22 Rdn. 15.

[28] BGH Urt. v. 23. September 2004 – 3 StR 214/04; BGH Beschl. v. 7. Dezember 1990 – 3 StR 289/90; BVerfG stattgebender Kammerbeschl. v. 15. November 2023 – 1 BvR 52/23 zur Durchsuchung beim Angeklagten, um seine wirtschaftlichen Verhältnisse zu ermitteln.

[29] BGH Beschl. v. 7. Dezember 1990 – 3 StR 289/90.

[30] Bruns und Güntge (2019), S. 247.

[31] OLG Zweibrücken Urt. v. 22. Juni 2020 – 1 OLG 2 Ss 73/19 Rdn. 10.

[32] OLG Zweibrücken Urt. v. 22. Juni 2020 – 1 OLG 2 Ss 73/19; vgl. zu Rechtsanwalt, Organ der Rechtspflege und Strafzumessung: OLG Hamm Beschl. v. 14. Juli 2009 – 2 Ss 197/09.

Eine Sachrüge ist zu erheben, wenn Feststellungen zu den persönlichen Verhältnissen fehlen, etwa weil der Angeklagte geschwiegen hat und der Tatrichter es unterlassen hat, auf andere Weise entsprechende Erkenntnisse zu gewinnen.[33] Die persönlichen und wirtschaftlichen Verhältnisse sind im Übrigen in die Beantwortung der Frage der Strafaussetzung zur Bewährung einzubeziehen. Daher ist es erforderlich in der Berufungshauptverhandlung die Entwicklung des Angeklagten seit der erstinstanzlichen Verurteilung festzustellen, namentlich wenn zwischen den Verhandlungen ein Zeitraum von einem Jahr und fünf Monaten liegt.[34] Auch im Revisionsverfahren können noch Veränderungen der persönlichen und wirtschaftlichen Verhältnisse vorgetragen werden, da die wirtschaftlichen Verhältnisse im Zeitpunkt der Entscheidung maßgeblich sind.[35]

3.3 Vorleben und Vorstrafen

§ 46 Abs. 2 StGB nennt zur Bestimmung der Strafzumessungsschuld das Vorleben des Täters. Das straffreie Vorleben des Angeklagten ist ein wesentlicher Strafzumessungsgrund i. S. v. § 267 Abs. 3 S.1 StPO, der strafmildernd zu berücksichtigen ist.[36] Demgegenüber wirken sich Vorstrafen regelmäßig strafschärfend aus.[37] Eine Vorstrafe ist eine Verurteilung, die vor Begehung der neuerlich abzuurteilenden Tat erfolgt ist und demnach auch nicht i. S. v. § 55 StGB gesamtstrafenfähig ist.[38]

Durch eine Vorstrafe wurde dem Täter bereits eine Warnung ausgesprochen. An sich spielt die zurückliegende Tat im Zeitpunkt der neuen Tat keine Rolle. Auch berührt eine Vorstrafe nicht den Erfolgsunwert; für die Schadenshöhe spielt es keine Rolle, ob der Schaden von einem Ersttäter oder einem Wiederholungstäter verursacht wurde. Allerdings verlangt § 46 Abs. 2 StGB die Berücksichtigung des Vorlebens sowie eventuell bestehender Vorstrafen. Dies ermöglicht im Rahmen einer Gesamtschau von Tat und Täter die angemessene Schuldbestimmung.[39] Die Auseinandersetzung mit den Vorstrafen im Urteil hängt stets vom Einzelfall ab. Das Maß der Erörterung von Vorstrafen hängt von ihrer Bedeutung für die zu treffende Entscheidung ab.[40] Urteilt das Gericht über einen Angeklagten, der als Mitglied einer Bande, die fortgesetzt Autos

[33] BGH Beschl. v. 29. September 1998 – 5 StR 480/98 Rdn. 4; zum Verhältnis Sachrüge und Aufklärungsrüge nach § 244 Abs. 2 StPO bei unzureichenden Feststellungen persönlicher und wirtschaftlicher Verhältnisse BGH Beschl v. 29. September 1998 – 5 StR 480/98 Rdn. 6.

[34] OLG Stuttgart Beschl. v. 25. Januar 1991 – 3 Ss 6/91.

[35] BGH Beschl. v. 10. April 1987 – GSSt 1/86 Rdn. 23.

[36] BGH Beschl. v. 6. Juni 2023 – 4 StR 133/23 Rdn. 5f; BGH Beschl. v. 23. März 2022 – 6 StR 61/22 Rdn. 2.

[37] BGH Urt. v. 4. Januar 2024 – 5 StR 540/23 Rdn. 21; BGH Beschl. v. 23. März 2023 – 5 StR 21/23 Rdn. 9.

[38] Erhard (1991), S. 31.

[39] BVerfG Beschl. v. 16. Januar 1979 – 2 BvL 4/77; OLG Karlsruhe Beschl. v. 14. April 2003 – 3 Ss 54/03 Rdn 6 ff.

[40] OLG Köln Beschl. v. 2. Juni 2017 – 1 RVs 117/17 Rdn. 7.

gestohlen haben soll, so ist eine Vorstrafe, wegen Diebstahls einer Radkappe, allenfalls kurz zu erwähnen. Sollen jedoch die zahlreichen, gewichtigen Vorstrafen herangezogen werden, um eine besonders hohe Strafe zu begründen, so muss das Urteil sich intensiv mit ihnen auseinandersetzen. Dazu gehört auch die zusammengefasste Mitteilung des Sachverhalts, der den Vorstrafen zugrunde liegt.[41] Geht es um die Entscheidung, ob eine Freiheitsstrafe (noch) zur Bewährung ausgesetzt werden kann, dürfen die Vorstrafen zur Beurteilung der Kriminalprognose herangezogen werden. Auch bei der Feststellung der Schwere der Schuld i. S. v. § 57a StGB ist eine Auseinandersetzung mit den Vorstrafen notwendig. Für die Bestimmung der Schwere der Schuld i. S. v. § 57a StGB gelten die Regeln über die Bestimmung der Strafzumessungsschuld aus § 46 Abs. 1 StGB.[42] Vorstrafen können auch besondere Umstände i. S. v. § 47 Abs. 1 StGB (kurze Freiheitsstrafe) begründen.

Eine im Bundeszentralregister getilgte oder tilgungsreife Vorstrafe, darf nicht mehr zum Nachteil des Angeklagten verwertet werden.[43] § 51 Abs. 1 BZRG statuiert ein Verwertungsverbot in der vorbezeichneten Konstellation. Dieses Verwertungsverbot erfasst nur Verurteilungen; Freisprüche oder Einstellungen sind hiervon ausgeschlossen. Die Erkenntnisse eines freisprechenden Urteils dürfen auch noch nach vielen Jahren, z. B. im Rahmen der Beweiswürdigung, herangezogen werden.[44]

Die Rechtsprechung unterscheidet zwischen einschlägigen[45] und nicht einschlägigen[46] Vorstrafen. Die einschlägige Vorstrafe entfaltet eine größere strafschärfende Wirkung als die nicht einschlägige. Die „Einschlägigkeit" erfolgt durch einen Abgleich mit der Deliktsbenennung des Besonderen Teils des StGB.[47] Allerdings erscheint die Auslegung weitläufig: Eine Vorstrafe wegen Raubes wurde als einschlägig angesehen, als der Täter wegen Nichtanzeige eines geplanten Raubes nach § 138 Abs. 1 Ziff. 7 StGB verurteilt wurde.[48] Auch soll eine Verurteilung wegen Beleidigung einschlägig sein, wenn in einem neueren, späteren Verfahren eine Volksverhetzung angeklagt ist.[49]

Seit Inkrafttreten des Cannabisgesetzes (CanG) am 1. April 2024 ist es Personen, die das 18. Lebensjahr vollendet haben, gestattet, bestimmte näher in § 3 CanG aufgeführte Mengen Cannabis, zu besitzen. Durch diese Gesetzesänderung

---

[41] BGH Urt. v. 18. April 1996 – 1 StR 134/96; KG Berlin (3) 121 Ss 170/21 Rdn. 16; OLG Köln Beschl. v. 2. Juni 2017 – 1 RVs 117/17 Rdn. 8.

[42] Fischer (2024), § 57a Rdn. 11.

[43] BGH Beschl. v. 27. September 2022 – 2 StR 61/22 Rdn. 5; BGH Beschl. v. 25. Januar 2012 – 5 StR 526/11 Rdn. 2.

[44] BGH Beschl. v. 17. Januar 2021 – 4 StR 528/20 Rdn. 18.

[45] Zur Beachtung des Übermaßverbotes bei einschlägigen Vorstrafen: OLG Karlsruhe Beschl. v. 14. April 2003 – 3 Ss 54/03.

[46] BGH Urt. v. 27. Februar 2020 – 4 StR 552/19 Rdn. 14; BGH Urt. v. 19. Februar 2008 – 5 StR 512/07 Rdn. 13.

[47] OLG Köln Beschl. v. 2. Juni 2017 – 1 RVs 117/17 Rdn. 6.

[48] OLG Köln Beschl. v. 2. Juni 2017 – 1 RVs 117/17 Rdn. 6.

[49] OLG Köln Beschl. v. 2. Juni 2017 – 1 RVs 117/17 Rdn. 8.

sind Vorstrafen, die nach neuer Gesetzeslage nicht mehr ausgesprochen würden, tilgungsreif. Dies wiederum bedeutet, dass sie auch nicht mehr strafschärfend – als Vorstrafen – herangezogen werden dürfen.

Seit dem Jahr 2020 ist zudem zu unterscheiden, ob die Vorstrafe durch einen Strafbefehl oder ein Urteil erfolgte. Ein Strafbefehl hat eine geringere Warnfunktion als ein Urteil.[50] Eine mündliche Hauptverhandlung ist stärker geeignet, einen Täter zu beeindrucken als ein „Papierwechsel" (Strafbefehl). Demgemäß ist eine Vorstrafe durch einen Strafbefehl in einem weiteren Verfahren weniger strafschärfend als eine Vorstrafe durch ein Urteil.

3.4 Nachtatverhalten

Grundlage der Strafzumessung ist die Schuld des Täters. Diese bemisst sich indes nicht nur nach den Verhältnissen im Zeitpunkt der Tat, sondern bezieht auch das Vor- und Nachtatverhalten ein, § 46 Abs. 2 S. 2 StGB. Das Vor- und Nachtatverhalten muss allerdings einen „Zusammenhang mit der Tat"[51] aufweisen.[52] Ob ein solcher Zusammenhang vorliegt, ist eine Frage des Einzelfalles. Verschiedene wiederkehrende Konstellationen sollen im Folgenden angesprochen sein.

3.4.1 Spurenbeseitigung

Grundsätzlich darf die (versuchte) Spurenbeseitigung am Tatort nicht strafschärfend ins Gewicht fallen.[53] Etwas anderes gilt jedoch, wenn durch die Spurenbeseitigung neues Unrecht geschaffen wird oder „weitergehende Ziele" verfolgt werden.[54] Nicht strafschärfend ist es demnach nach einem Tötungsdelikt die Leiche zu vergraben oder Beweismittel zu vernichten,[55] selbst wenn die Beseitigung „umsichtig und kaltblütig"[56] vorgenommen wird.

Ein Beispiel für strafschärfende Spurenbeseitigung enthält folgende Entscheidung:[57] Der Täter versuchte den Leichnam seines von ihm getöteten Kindes auszugraben und ins Ausland zu verbringen, um einen anderen Todesort vorzuspiegeln

---

[50] BGH Beschl. v. 26. August 2020 – 2 StR 197/20 Rdn. 11; bestätigt in BGH Beschl. v. 26. Mai 2021 – 2 StR 119/21.

[51] BGH Urt. v. 16. April 2014 – 2 StR 608/13 Rdn. 22.

[52] BGH Urt. v. 16. April 2014 – 2 StR 608/13 Rdn. 22; BGH Beschl. v. 27. Januar 2011 – 2 StR 493/10 Rdn. 16 ff.; BGH Urt. v. 9. Februar 2017 – 1 StR 415/16 Rdn. 12, entsprechendes gilt für das Vortatverhalten.

[53] BGH Beschl. v. 27. Juli 2021 – 6 StR 313/21 Rdn. 2

[54] BGH Urt. v. 27. Januar 2011 – 2 StR 493/10 Rdn. 17; BGH Beschl. v. 27. Februar 2019 – 4 StR 419/18 Rdn. 6

[55] BGH Beschl. v. 27. Juli 2021 – 6 StR 313/21 Rdn. 2.

[56] BGH Beschl v. 15. März 2018 – 4 StR 469/17 Rdn. 14

[57] BGH Urt. v. 27. Januar 2011 – 2 StR 493/10.

und um sich so unechte Papiere ausstellen zu lassen. Diese Überlegungen setzen sich „erneut über strafrechtliche Verbote hinweg" und dokumentieren eine rechtsfeindliche Haltung.[58]

3.4.2 Teilschweigen

Das Schweigen oder Teilschweigen des Angeklagten in der Hauptverhandlung darf nicht strafschärfend verwertet werden.[59] Ein Teilschweigen kann vielmehr in der Beweiswürdigung eine bedeutende Rolle zum Nachteil des Angeklagten spielen; es kann von „indizieller Bedeutung" sein.[60] Demgegenüber darf die fehlende Bereitschaft des Angeklagten den Sachverhalt aufzuklären, etwa durch freiwillige zeitnahe Abgabe einer Speichelprobe, nicht nachteilig in die Feststellungen zum Tatverdacht einbezogen werden.[61] Dies folgt aus der Selbstbelastungsfreiheit.[62]

Unzulässig ist es ebenfalls, aus dem Zeitpunkt der Einlassung Nachteile für den Angeklagten zu begründen. Prozessual zulässiges Verhalten darf nicht straferschwerend sanktioniert werden. Die Urteilsfeststellung, es hätte „nahegelegen" den Alibizeugen schon früher – schon im Ermittlungsverfahren, nicht erst im Verlauf der Hauptverhandlung „zu benennen", läuft dem Grundsatz der Selbstbelastungsfreiheit zuwider[63] und führt zur Aufhebung. Der Angeklagte darf bestimmen, ob und wann er sich einlässt ohne Nachteile befürchten zu müssen.[64] Gleiches gilt für den Zeitpunkt der Stellung eines Beweisantrages.[65]

3.4.3 Verteidigungsverhalten

Für den Angeklagten besteht im Strafprozess nicht die Pflicht die Wahrheit zu sagen;[66] er darf schweigen, leugnen,[67] sich „uneinsichtig" und „fast schon trotzig" zeigen[68] sowie die Aussage eines Zeugen angreifen. Dies gilt jedoch nicht uneinge-

[58] BGH Urt. v. 27. Januar 2011 – 2 StR 493/10 Rdn. 17 f.

[59] BGH Beschl. v. 22. Mai 2013 – 4 StR 151/13 (nemo tenetur).

[60] BGH Beschl. v. 5. Oktober 2010 – 3 StR 370/10 Rdn. 2; BGH Urt. v. 26. Mai 1992 – 5 StR 122/92 Rdn. 17; BGH Beschl. v. 21. Dezember 2021 – 3 StR 380/21 Rdn. 12 f zu Verteidigererklärung und schweigen.

[61] BGH Urt. v. 21. Januar 2004 – 1 StR 364/03 Rdn. 7 ff.

[62] BGH Urt. v. 21. Januar 2024 – 1 StR 364/03 Rdn. 7.

[63] BGH Beschl. v. 17. September 2015 – 3 StR 11/15 Rdn. 3; vgl. auch BGH Beschl. v. 1. Juni 2022 – 1 StR 139/22 Rdn. 12 ff.

[64] BGH Beschl. v. 17. September 2015 – 3 StR 11/15 Rdn. 5.

[65] In die Begründung dieses Ergebnisses ist auch einzubeziehen, dass ein Verteidiger einen Beweisantrag sogar gegen den Willen des Angeklagten stellen darf. Mithin darf auch dieses Verhalten nicht strafschärfend herangezogen werden, vgl. BGH Beschl. v. 17. September 2015 – 3 StR 11/15 Rdn. 6.

[66] Schäfer et al. (2017), Rdn. 674; BGH Beschl. v. 9. Mai 2023 – 5 StR 87/23 Rdn. 3 ff.

[67] BGH Beschl. v. 13. September 2023 – 4 StR 48/23 Rdn. 6.

[68] BGH Beschl. v. 20. März 2024 – 6 StR 572/23 Rdn. 8.

schränkt. Das Verteidigungsverhalten darf strafschärfend gewertet werden, wenn es „Ausdruck einer besonders verwerflichen Einstellung des Täters“ ist.[69] Bei der Beurteilung des Verhaltens ist dem Tatrichter ein Beurteilungsspielraum eingeräumt, der einen irreversiblen Teil enthält.[70] Zulässiges Verteidigungsverhalten darf nicht strafschärfend gewertet werden.[71] Andernfalls läge eine „Beeinträchtigung des Rechts auf Verteidigung“ und des nemo-tenetur-Grundsatzes vor.[72] Kritik an zulässigem Verteidigungsverhalten könnte sogar die Besorgnis der Befangenheit begründen. Eine zu missbilligende Verteidigung kommt jedoch in Betracht, wenn diese mit einer Verleumdung, Herabwürdigung oder der Verdächtigung einer besonders verwerflichen Handlung verbunden ist.[73] Gleiches gilt, wenn der Angeklagte eine andere Person beschuldigt, die mit der Tat in keinerlei Zusammenhang steht. Demgegenüber darf der Angeklagte die Schuld wider besseres Wissen einem Mitangeklagten zuschieben.[74] Strafschärfend darf das Verteidigungsverhalten gewertet werden, wenn der Täter einen anderen zu einer falschen Aussage verleitet oder angestiftet hat.[75] Nicht strafschärfend ist die bloße Duldung der Falschaussage eines Zeugen.[76] Soll ein Verhalten als unzulässig strafschärfend gewertet werden, so ist dieses konkret im Urteil zu benennen.[77] Wechselndes Aussageverhalten kann zur Ablehnung einer Strafrahmenverschiebung bei Vorliegen eines vertypten Milderungsgrundes führen.[78]

3.4.4 Geständnis

Ein positives Nachtatverhalten ist das Geständnis; es wirkt sich regelmäßig strafmildernd aus[79] und gehört zu den bestimmenden Strafzumessungsgründen des § 267 Abs. 3 StPO. Beruht das Geständnis jedoch nicht auf einem „echten Reue- und Schuldgefühl“, soll ihm keine strafmildernde Wirkung zukommen.[80] Dem soll

[69] BGH Beschl. v. 3. Januar 2024 – 5 StR 449/23 Rdn. 21; BGH Beschl. v. 30. Januar 2020 – 4 StR 630/19.

[70] BGH Beschl. v. 22. März 2007 – 4 StR 60/07 Rdn. 4.

[71] BGH Beschl. v. 4. November 2008 – 3 StR 336/08 Rdn. 3.

[72] BGH Beschl. v. 22. Mai 2013 – 4 StR 151/13 Rdn. 5.

[73] BGH Beschl. v. 30. Januar 2020 – 4 StR 630/19.

[74] BGH Beschl. v. 22. März 2007 – 4 StR 60/07 Rdn. 4; vgl. auch BGH Beschl. v. 30. Januar 2020 – 4 StR 630/19.

[75] BGH Beschl. v. 4. Dezember 2003 – 4 StR 439/03 Rdn. 3.

[76] BGH Beschl. v. 21. Mai 2019 – 5 StR 231/19 Rdn. 2.

[77] BayObLG Beschl. v. 7. November 2023 – 201 ObOWi 1115/23 Rdn. 23.

[78] BGH Urt. v. 23. Januar 2024 – 1 StR 189/23 Rdn. 28; BGH Urt. v. 29. September 2021 – 2 StR 313/20 Rdn. 30.

[79] BGH Beschl. v. 20. Februar 2024 – 1 StR 30/24 Rdn. 6; ebenso ein Teilgeständnis BGH Beschl. v. 15. November 2023 – 2 StR 327/23 Rdn. 13.

[80] BGH Urt. v. 3. Juli 2019 – 2 StR 589/18 Rdn.15; BGH Urt. v. 2. Februar 2019 – 4 StR 481/16 Rdn. 19.

entgegengetreten werden. Auch im Falle eines Geständnisses ohne Reue übernimmt der Angeklagte Verantwortung für seine Tat. Dies ist ein wesentlicher Bestandteil eines Geständnisses und für Opfer oftmals von großer Bedeutung. Außerdem kann durch ein Geständnis einem Zeugen die Aussage in der Verhandlung erspart werden bzw. die Vernehmung kann weniger intensiv erfolgen. Bekanntlich kann eine Aussage ein erneutes Trauma auslösen oder einer Aufarbeitung entgegenstehen. Deshalb sollen in einem Geständnis und in der Reue zwei Strafmilderungsgründe gesehen werden.[81]

Nicht selten wird aufgrund eines Geständnisses die Vollstreckung einer Freiheitsstrafe zur Bewährung ausgesetzt, die ohne Geständnis vollstreckt worden wäre. Das Wort Geständnis ist im Gesetz nicht definiert. § 254 Abs. 1 StPO erlaubt die Verlesung von Erklärungen des Angeklagten in der Beweisaufnahme über ein Geständnis, wenn sie in einem richterlichen Protokoll festgehalten wurden. Danach ist ein „Geständnis in diesem Sinne (…) das Zugestehen der Tat oder einzelner Tatsachen, die für die Entscheidung zur Schuld- oder Rechtsfolgenfrage erheblich sein können (…).“[82] § 362 Ziff. 4 StPO nennt als Wiederaufnahmegrund ein glaubwürdiges Geständnis des Freigesprochenen. Danach muss das Geständnis kein „volles Schuldbekenntnis“ sein; es muss „den äußeren Tatbestand einer Straftat, und zwar der früher angeklagten oder einer damit iS des § 264 zusammenhängenden, insgesamt umfassen; dass einzelne Tatbestandsmerkmale eingeräumt werden genügt nicht (…).“[83] RGSt 54, 126 definierte Geständnis wie folgt: „Im Strafverfahren ist Geständnis demgemäß das Eingestehen der den Gegenstand der Untersuchung bildenden Tat, ein Schuldbekenntnis, dass u. U. eine Beweisaufnahme entbehrlich macht (…).“

Auch eine Verständigung i. S. v. § 257c Abs. 2 S. 2 StPO hat ein Geständnis zu enthalten.[84] Ebenso ist ein Geständnis im Zusammenhang mit dem Täter-Opfer-Ausgleich, § 46a StPO von entscheidender Bedeutung.[85] Erklärt der Beschuldigte in seiner polizeilichen Vernehmung, er habe die zugrunde liegende Tat begangen oder erklärt er in der Hauptverhandlung, der Anklagevorwurf stimme, so hat er ein Geständnis abgelegt. Gleichwohl hat der Fall damit nicht sein Ende gefunden. Aufgrund der Instruktionsmaxime, § 244 Abs. 2 StPO muss der Tatrichter den wahren Sachverhalt von Amts wegen aufklären. Einem Geständnis, dessen Inhalt und Richtigkeit der freien Beweiswürdigung durch das Tatgericht[86] unterliegt, kommt dabei eine wichtige Funktion zu. Die Motive für ein falsches Geständnis sind vielfältig. Liegt dem Geständnis eine Nötigung zugrunde? Will der Angeklagte eine andere Person schützen oder will er in den Genuss einer konsensualen Verfahrens-

[81] so wohl auch BVerfG Nichtannahmebeschl. v. 14. Mai 2021 – 2 BvR 1336/20 Rdn. 3 unter Bezugnahme auf LG Hannover Beschl. v. 16. Juni 2020 – 63 Qs 26/20; vgl. zum Streit: Schäfer et al. (2017), Rdn. 679.

[82] Schmitt (2024), § 254 Rdn. 2.

[83] Schmitt (2024), § 362 Rdn. 5.

[84] vgl. BVerfG stattgebender Kammerbeschl. v. 20. Dezember 2023 – 2 BvR 2103/20.

[85] BGH Beschl. v. 12. Januar 2021 – 4 StR 139/20 Rdn. 8.

[86] BGH Beschl. v. 12. Januar 2021 – 4 StR 139/20 Rdn. 8.

absprache, § 257c StPO kommen, um aufgrund der aufgezeigten Sanktionsschere – mit Geständnis Bewährung, ohne Haftvollzug – ein für ihn günstiges Ergebnis erzielen?[87] Um dies festzustellen muß eine Beweisaufnahme durchgeführt werden bis sich das Tatgericht von der Richtigkeit oder Unrichtigkeit des Geständnisses überzeugt hat.[88]

Ein Geständnis kann jederzeit widerrufen werden. Dieses Verhalten fließt in die Beweiswürdigung ein.[89] Auch der Geständniswiderruf ist auf seine Glaubhaftigkeit zu prüfen.[90] § 254 StPO regelt, dass das Geständnis nicht verlesen werden darf; es sei denn der Angeklagte hat es gegenüber einem Richter abgegeben und der Inhalt wurde protokolliert. Zudem wird der Vernehmungsbeamte als Zeuge zu hören sein. Dabei ist dem Beweiswert eines Zeugen vom Hörensagen Rechnung zu tragen.

Ein Widerruf ist stets der Frage ausgesetzt, ob in dem Geständnis bislang unbekanntes Täterwissen zutage getreten ist. Ein Revisionsvorbringen mit der Behauptung der Tatsache, der Tatrichter habe einem falschen Geständnis Glauben geschenkt, wäre ein unzulässiger Eingriff in die Beweiswürdigung. Einem im Rahmen einer Absprache widerrufenen Geständnis folgt ein Verwertungsverbot aus § 257c Abs. 4 StPO.[91]

Ein wirksames Geständnis wirkt sich sodann strafmildernd aus, weil es

- den Rechtsfrieden fördert[92]
- eine Genugtuung für den Verletzten sein kann[93]
- die Tataufklärung erleichtert, also prozessökonomisch ist[94]
- Zeugen, vornehmlich dem Opfer, eine erneute Aussage erspart[95]
- die Distanzierung des Täters von der Tat zeigt[96]

Auch einem Teilgeständnis kommt strafmildernde Wirkung zu, den Wert eines Teilgeständnisses bemisst der Tatrichter.[97]

Von dem Geständnis ist die Reue zu trennen. Ein Geständnis kann – wie zuvor dargestellt – auch ohne ersichtliche Reue abgelegt werden und entfaltet seine Wir-

[87] Vgl. zu dem letzten Motiv: BVerfG Nichtannahmebeschl. v. 29. April 2021 – 2 BvR 1543/20.

[88] OLG Celle Beschl. v. 4. April 2024 – 2 ORs 17/24 Rdn. 11 f; BVerfG stattgebender Kammerbeschl. v. 20. Dezember 2023 – 2 BvR 2103/20 Rdn. 46 ff., 67 ff.

[89] OLG Hamm Beschl. v. 24. Februar 2015 – 1 Ws 32/15 Rdn. 12.

[90] BGH Beschl. v. 22. Juli 2009 – 5 StR 238/09 Rdn. 7.

[91] Vgl. zur Unverwertbarkeit eines Geständnisses BGH Beschl. v. 17. Februar 2021 – 5 StR 484/20.

[92] BGH Urt. v. 2. Februar 2017 – 4 StR 481/16 Rdn. 19; BGH Urt. v. 28. August 1997 – 4 StR 240/97 Rdn. 41.

[93] Schäfer et al. (2017), Rdn. 679.

[94] LG Aachen Urt. v. 10. März 2021 – 95 KLs 4/20 Rdn. 132.

[95] BGH Beschl. v. 24. August 2021 – 3 StR 256/21 Rdn. 2; BGH Beschl. v. 5. Mai 2021 – 6 StR 200/21 Rdn. 2; LG Köln Urt. v. 25. Februar 2022 – 102 KLs 17/20 Rdn. 379.

[96] BGH Urt. v. 14. September 2022 – 5 StR 194/22 Rdn. 11.

[97] BGH Urt. v. 24. November 2021 – 4 StR 175/22 Rdn. 19; BGH Urt. v. 14. September 2022 – 5 StR 194/22 Rdn. 25; BGH Beschl. v. 23. März 2021 – 1 StR 52/21 Rdn. 8 f.

kung.[98] Die Reue ist ein weiterer Strafmilderungsgrund, dem eine eigenständige Wirkung zukommt.[99] Im Idealfall ist das Geständnis von Reue getragen. Dem Geständnis kommt eine geringere Strafmilderung zu, wenn es lediglich aus prozesstaktischen Gründen abgelegt wurde.[100] Ob dies der Fall ist, kann sich aus dem sonstigen Prozessverhalten ergeben. Als Indiz kommt in Betracht, dass der Angeklagte das Geständnis durch seinen Verteidiger verlesen lies, zur Sache schwieg und im Rahmen der persönlichen Verhältnisse versuchte, Mitleid zu erwecken.[101]

Von dem Geständnis als Strafzumessungsgesichtspunkt ist das Geständnis im Rahmen der Beweiswürdigung zu trennen. So kann beispielsweise die Verurteilung eines Angeklagten maßgeblich aufgrund eines Geständnisses einer anderen Person erfolgen. Diese Person kann Mittäter, Teilnehmer oder Zeuge sein. In dieser Konstellation bestehen „gesteigerte Anforderungen an die Darlegung und die Beweiswürdigung."[102] Ist das Geständnis im Rahmen einer Absprache gemäß § 257c StGB erfolgt, muss der Tatrichter Feststellungen zum Zustandekommen und zum Inhalt der Absprache[103] treffen.[104] Dies gilt auch, wenn ein Täter rechtskräftig verurteilt wurde und er nun im Prozess als Zeuge auftritt. Hier wird zu Bedenken sein, der Zeuge könnte sein Geständnis wiederholen, um sich nicht einem Verfahren wegen des Verdachts einer Falschaussage auszusetzen.[105] Dies gilt umso mehr, wenn damit ein Bewährungswiderruf verbunden sein könnte. Fehlen im angefochtenen Urteil Feststellungen zum Zustandekommen, zum Motiv und zur Glaubhaftigkeit eines fremden Geständnisses, so ist die Beweiswürdigung lückenhaft und das Urteil wäre aufgrund einer erfolgreichen Sachrüge aufzuheben.[106]

3.4.5 Untersuchungshaft

Eine vollzogene Untersuchungshaft stellt für den Angeklagten grundsätzlich keinen Strafmilderungsgrund dar.[107] Erfolgt eine Verurteilung zu einer Freiheitsstrafe, wird die Untersuchungshaft von Gesetzes wegen auf die zu verbüßende Freiheitsstrafe angerechnet, § 51 Abs. 1 S. 1 StGB.

[98] Schäfer et al. (2017), Rdn. 679.

[99] BGH Urt. 29. Juni 2023 – 3 StR 56/23 Rdn. 7, 16.

[100] BGH Beschl. v. 24. Mai 2022 – 4 StR 72/22 Rdn. 7.

[101] BGH Beschl. v. 8. Mai 2007 – 1 StR 193/07; vgl. auch BGH Beschl. v. 24. Mai 2022 – 4 StR 72/22 Rdn. 7.

[102] BGH Beschl. v. 17. März 2021 – 2 StR 21/21 Rdn. 11.

[103] Schmitt (2024), § 257 Rdn. 17a.

[104] BGH Beschl. v. 17. März 2021 – 2 StR 21/21 Rdn. 11.

[105] BGH Beschl. v. 17. März 2021 – 2 StR 21/21 Rdn. 11; BGH Urt. v. 29. September 2021 – 2 StR 313/20 Rdn. 32; BGH Beschl v. 13. Oktober 2011 – 1 StR 407/11 Rdn. 9.

[106] BGH Beschl. v. 29. Januar 2020 – 1 StR 471/19 Rdn. 5.

[107] BGH Urt. v. 28. September 2022 – 2 StR 127/22 Rdn. 21; BGH Urt. v. 2. Dezember 2020 – 6 StR 241/20 Rdn. 14; BGH Urt. v. 20. August 2013 – 5 StR 248/13 Rdn. 3.

Eine Ausnahme soll vorliegen, wenn die Untersuchungshaft mit „ungewöhnlichen Beschwernissen“ verbunden war.[108] Derartige Umstände müssten festzustellen sein, will man den Vollzug strafmildernd werten.[109] Selbst erstmaliger Vollzug oder Krankheit in der Untersuchungshaft wirken sich erst strafmildernd aus, wenn Beschwernisse aufgetreten sind, die das übliche Maß deutlich überschreiten.[110] Eine Strafmilderung im Zusammenhang mit der Verbüßung von Untersuchungshaft kommt in Betracht, wenn eine besondere Haftempfindlichkeit damit begründet wird, dass der Angeklagte bereits sechs Monate Untersuchungshaft bis zur Verurteilung verbüßt hat und er bislang strafrechtlich nicht in Erscheinung getreten ist.[111] Es ist also nicht die Untersuchungshaft an sich strafmildernd, sondern das Verhältnis der sechsmonatigen Untersuchungshaft zum Nichtvorbestraftsein.[112] Ebenso kann ein schlechter Gesundheitszustand während fünf monatiger Untersuchungshaft strafmildernd wirken.[113] Die Entscheidung hat die damit einhergehenden „besonderen Belastungen“ festgestellt, die vor dem Tatgericht herauszuarbeiten sind. Weitere Ausnahmen sind denkbar im Zusammenhang mit einer überlangen Verfahrensdauer[114] sowie besondere persönliche Verhältnisse und lange Untersuchungshaft.[115]

Eine weitere Ausnahme besteht für den Fall, dass der Verurteilte durch sein Nachtatverhalten Anlass zu der Feststellung gibt, dass eine Anrechnung nicht gerechtfertigt wäre, § 51 Abs. 1. S. 2 StGB. Dies ist z. B. möglich, wenn der Täter versucht, das Verfahren böswillig zu verschleppen.[116] Oder er versucht sich Vorteile im Hinblick auf die Strafvollstreckung durch Verlängerung der Untersuchungshaft zu sichern. Zu den Ausnahmen zählen auch Flucht[117] sowie ihr Versuch und ihre Vorbereitung; allerdings muss die Handlung zu einer „Verschleppung des Verfahrens“ geführt haben[118] und sie muss vom Willen der Verschleppung getragen

[108] BGH Urt. 28. März 2013 – 4 StR 467/12 Rdn. 25; BGH Urt. v. 29. September 2021 – 2 StR 313/20 Rdn. 32; BGH Beschl. v. 13. Oktober 2011 – 1 StR 407/11 Rdn. 9; BGH Urt. v. 19. Dezember 2002 – 3 StR 401/02 Rdn. 8.

[109] BGH Urt. v. 21. September 2021 – 2 StR 313/20 Rdn. 33; BGH Urt. v. 26. Oktober 2017 – 4 StR 259/17 Rdn. 4; BGH Urt. v. 19. Dezember 2002 – 2 StR 401/02 Rdn. 8.

[110] BGH Urt. v. 2. März 2023 – 4 StR 298/22 Rdn. 28; BGH Beschl. v. 13. Oktober 2011 – 1 StR 407/11 Rdn. 9.

[111] BGH Urt. v. 24. März 2015 – 5 StR 6/15 Rdn. 8.

[112] BGH Urt. v. 4. Februar 2021 – 4 StR 457/20 Rdn. 12; BGH Urt. v. 24. März 2015 – 5 StR 6/15 Rdn. 8.

[113] BGH Urt. v. 27. Februar 2020 – 4 StR 552/19 Rdn. 12; BGH Beschl. v. 13. Oktober 2011 – 1 StR 407/11.

[114] BGH Urt. v. 25. Juni 2005 – 1 StR 149/05 Rdn. 7; BGH Urt. v. 1. März 2005 – 5 StR 499/04 Rdn. 7

[115] BGH Urt. v. 13. Februar 2001 – 1 StR 565/00 Rdn. 4.

[116] BGH Urt. v. 23. Juli 1970 – 4 StR 241/70 Rdn. 16; BGH Beschl. v. 22. Oktober 2019 – 4 StR 227/19 Rdn. 21.

[117] BGH Beschl. v. 6. Juli 2023 – 2 StR 8/23 Rdn. 5.

[118] BGH Urt. v. 23. Juli 1970 – 4 StR 241/70 Rdn. 16; BGH Beschl. v. 23. Februar 1999 – 4 StR 49/99.

sein.[119] Eine Anrechnung ist auch bei im Ausland verbüßter Untersuchungshaft oder Freiheitsentziehung anzuordnen. Dabei kann es sein, dass das Gericht angesichts der Haftumstände im Ausland einen anderen Maßstab anlegt, § 51 Abs. 4 S. 2 StGB; d. h. es erfolgt eine „Umrechnung". Für in Thailand verbüßte Abschiebungshaft gilt ein Anrechnungsmaßstab von 1:3.[120] Für Mitgliedsstaaten der Europäischen Union sowie der Schweiz wird in der Regel der Maßstab 1:1 angelegt.[121]

Von einer Anrechnung i. S. v. § 51 Abs. 4 S. 2 StGB kann abgesehen werden, wenn die Maßnahme im Ausland nicht erheblich belastend war, etwa wenn der Angeklagte im einem Jugendstrafverfahren aufgrund eines Europäischen Haftbefehls in Litauen mit einer elektronischen Fußfessel bis zur Auslieferung nach Deutschland unter Hausarrest gestellt wurde.[122] Zudem ist stets zu klären und dies muss im Urteil lückenlos dargestellt werden, dass die Freiheitsentziehung im Ausland den Gegenstand des Strafverfahrens in Deutschland bildet oder gebildet hat.[123] Es gilt der Grundsatz der Verfahrenseinheit.[124] In die Betrachtung ist der Unterschied zwischen der im Ausland verbüßter Auslieferungshaft und Abschiebehaft einzubeziehen.[125] Eine Abschiebehaft könnte aufgrund verfahrensfremder Umstände, die gerade nicht den Gegenstand des § 51 StGB bilden, vorgelegen haben.[126] Das Gericht muß den Anrechnungsmaßstab im Urteil benennen – dies „unterbleibt häufig versehentlich."[127] Die fehlende Anordnung darf in der nächsten Tatsacheninstanz ergänzt werden. In der Revision könnte das Gericht eine eigene Entscheidung nach § 354 Abs. 1 StPO treffen. Dies kommt indes nur in Betracht, wenn die Urteilsfeststellungen im Hinblick auf die Bestimmung des Anrechnungsmaßstabes vollständig dargelegt wurden; ist dies nicht der Fall, hebt das Revisionsgericht das Urteil auf und verweist die Sache zurück.[128] Ein rechtskräftiges Urteil gilt auch bei fehlender Anrechnung; eine Berichtigung ist nicht mehr möglich.[129] Die Revision kann auf den sog. Anrechnungsausspruch beschränkt werden; diese Rechtsfrage ist sodann aufgrund der Sachrüge zu prüfen.[130]

---

[119] BGH Beschl. v. 22. Oktober 2019 – 4 StR 227/19 Rdn. 21.

[120] BGH Beschl. v. 24. März 2020 – 6 StR 8/20 Rdn. 1.

[121] OLG München Beschl. v. 26. Oktober 2020 – 2 Ws 1103/20; BGH Beschl. v. 6. Juli 2023 – 2 StR 8/23 Rdn. 5 explizit für Kroatien 1:1.

[122] BGH Beschl. v. 25. April 2018 – 1 StR 65/18.

[123] Vgl. zum funktionalen Zusammenhang zwischen freiheitsentziehender Maßnahme im Ausland und dem Gegenstand des Strafverfahrens in Deutschland BVerfG Kammerbeschl. v. 15. Mai 1999 – 2 BvR 116/99; Thüringer Oberlandesgericht Urt. v. 12. Juni 2023 – 3 St 2 BJs 368/19 Rdn. 4.

[124] BGH Urt. v. 1. Juli 2021 – 3 StR 473/20 Rdn. 10.

[125] BGH Urt. v. 1. Juli 2021 – 3 StR 473/20 Rdn. 10; BGH Beschl. v. 5. August 2020 – 3 StR 231/20 Rdn. 11; BVerfG Beschl. v. 14. Januar 2005 – 2 BvR 1825/03.

[126] BGH Urt. v. 1. Juli 2021 – 3 StR 473/20 Rdn. 10 f; vgl. zur möglichen Nichtanrechnung von Aufenthalten im Flüchtlingslager und im türkischen Gewahrsam BGH Beschl. v. 18. Oktober 2022 – AK 31/22 Rdn. 28.

[127] Schäfer et al. (2017), Rdn. 1539a.

[128] BGH Beschl. v. 9. Januar 2020 – 4 StR 580/19 Rdn. 6.

[129] OLG München Beschl. v. 26. Oktober 2020 – 2 Ws 1103/20.

[130] BGH Urt. v. 1. Juli 2021 – 3 StR 473/20 Rdn. 1.

Ist der Revisionsführer mit dem vom Gericht getroffenen Maßstab für die erlittene Freiheitsentziehung im Ausland nicht einverstanden, so ist das ausgeübte Ermessen im Rahmen des § 51 Abs. 4 S. 2 StGB zu prüfen. Der Bundesgerichtshof[131] hat im Rahmen der Ermessensprüfung an dieser Stelle entscheidend ein Urteil des Reichsgerichts einbezogen. Dort heißt es:

> „(...) daß der inländische Richter die Art der Anrechnung nach seinem Ermessen zu bestimmen habe, (...)" und „(...) daß der Richter bei Schätzung des im Auslande erlittenen Strafübels und bei Umsetzung desselben in ein dem inländischen Strafsysteme zu entnehmendes Äquivalent den aus der Vergleichung des ausländischen mit dem inländischen Strafsysteme sich ergebenden Maßstab nicht außer Acht zu lassen hat."[132]

Das bedeutet: Der Tatrichter muss sich in seiner Ermessensentscheidung mit dem ausländischen Strafsystem und den konkreten Verhältnissen in dem ausländischen Gefängnis auseinandersetzen, und es mit deutschen Gegebenheiten vergleichen. Fehlt eine solche Erörterung, könnte das Urteil aufgehoben werden.[133]

3.4.6 Asservate

Der Verzicht auf Asservate kann strafmildernd wirken, denn es handelt sich um eine freiwillige Leistung des Angeklagten.[134] Dies gilt auch für den freiwilligen Verzicht auf sichergestelltes Bargeld, selbst wenn eine Einziehungsentscheidung im Raum steht.[135] Eine Strafmilderung wegen eines Verzichts kommt nicht in Betracht, wenn der Angeklagte die Sache „ohnehin nicht behalten darf."[136] Dies gilt etwa für Betäubungsmittel. Auch ohne Verzicht kann eine Strafmilderung in Betracht kommen: Die Einziehung einer (werthaltigen) Sache, etwa eines PKW, hat „den Charakter einer Nebenstrafe" und kann daher die Strafe reduzieren.[137]

3.5 Verschuldete Auswirkungen der Tat

Nach § 46 Abs. 2 S. 2 StGB sind die verschuldeten Auswirkungen der Tat bei der Strafzumessung zu berücksichtigen; diese sind in jedem Strafverfahren individuell festzustellen.[138] Fehlende Angaben zu den Auswirkungen der Tat können als

---

[131] BGH Beschl. v. 8. Dezember 1981 – 1 StR 648/81 Rdn. 3; BGH Beschl. v. 9. Januar 2020 – 4 StR 580/19 Rdn. 6.

[132] RGSt 35, 41, 43 f.

[133] vgl. auch BGH Beschl. v. 9. Januar 2020 – 4 StR 580/19 Rdn. 6.

[134] BGH Urt. v. 24. November 2021 – 2 StR 158/21; BGH Urt. v. 27. Februar 2020 – 4 StR 552/19.

[135] BGH Urt. v. 4. Februar 2021 – 4 StR 457/20 Rdn. 11; BGH Urt. v. 27. Februar 2020 – 4 StR 552/19 Rdn. 13.

[136] BGH Urt. v. 17. Januar 2024 – 5 StR 339/23 Rdn. 14; BGH Urt. v. 24. November 2021 – 2 StR 158/21 Rdn. 12.

[137] BGH Beschl. v. 20. Dezember 2023 – 4 StR 188/23.

[138] BGH Urt. v. 5. Januar 2023 – 5 StR 386/22 Rdn. 12.

schlich-rechtlicher Fehler zur Aufhebung führen.[139] Die Folgen der Tat können strafmildernd oder strafschärfend sein. Strafmildernd ist in diesem Zusammenhang etwa der Verlust von Beamtenbezügen auf Seiten des Täters.[140] § 11 Abs. 1 Ziff. 5 StGB definiert als rechtswidrige Tat eine solche, die den Tatbestand eines Strafgesetzes verwirklicht. Mithin bedeutet „Auswirkung", etwas, das seinen Ursprung, seine erste Bewegung in der Tat findet, aber über den eigentlichen Taterfolg hinausreicht. Als Auslegungshilfe vermag eine Parallele zu § 153 Abs. 1 S. 2 StPO gezogen werden. Danach kann ein Verfahren eingestellt werden, wenn u. a. die durch die Tat verursachten Folgen gering sind.

Die verschuldeten Auswirkungen kennzeichnen den Erfolgsunwert einer Tat.[141] Damit sind sowohl tatbestandliche wie auch außertatbestandliche Folgen gemeint. Außertatbestandliche Folgen sind nur zu berücksichtigen, wenn sie vom Strafzweck der verletzten Norm umfasst sind. Die Folgen müssen erstens vom Täter verursacht worden sein und zweitens müssen sie für ihn voraussehbar gewesen sein.[142] Liegen beide Voraussetzungen vor, kommt eine Strafschärfung in Betracht. „Normale Tatfolgen" sind weder mildernd noch schärfend einzustellen. Erst ein „erhöhtes Maß"[143] oder ein unterdurchschnittliches Maß können die Rechtsfolgenbestimmung entscheidend prägen.[144] Regelmäßig treten nach Straftaten psychische Folgen auf Seiten des Opfers auf. Diese können strafschärfend berücksichtigt werden, insbesondere wenn sie „länger andauern oder gar noch andauern."[145] „Alpträume" und „ständige Angst" nach einer räuberischen Erpressung sind beispielsweise als Folgen der Tat straferschwerend zu berücksichtigen, da sie über das Maß der typischen Folgen hinausgehen.[146] Die Feststellung, der Täter eines Tötungsdeliktes habe „Glück und Zukunft der Familie", „insbesondere der Eltern zerstört" darf nicht strafschärfend gewertet werden, da dies zum „regelmäßigen Erscheinungsbild eines vollendeten Tötungsdelikts" gehört.[147]

Dabei gilt auch der Grundsatz in dubio pro reo.[148] Kann die Ursächlichkeit oder Vorhersehbarkeit nicht zweifelsfrei festgestellt werden, scheidet eine Strafschärfung aus.[149] Es reicht aus, dass die Folgen „nach Art und Gewicht im Wesentlichen

---

[139] BayObLG Beschl. v. 9. April 2020 – 205 StRR 1779/19 Rdn. 46.

[140] BGH Beschl. v. 28. Juni 2023 – 6 StR 413/22 Rdn. 6.

[141] BGH Urt. v. 14. November 2019 – 3 StR 561/18 Rdn. 34.

[142] BGH Beschl. v. 25. September 1990 – 4 StR 359/90 Rdn. 12; BGH Beschl. v. 17. Juni 2020 – 6 StR 132/20; BGH Beschl. v. 25. März 2020 – 6 StR 10/20.

[143] BGH Beschl. v. 24. November 2022 – 4 StR 328/22 Rdn. 3.

[144] BGH Urt. v. 5. Januar 2023 – 5 StR 386/22 Rdn. 23 ff. typische Folgen einer Vergewaltigung, Istanbul-Konvention.

[145] BGH Beschl. v. 14. Januar 2020 – 4 StR 265/19 Rdn. 5; zur strafschärfenden Belastungsreaktion nach einer Vergewaltigung LG Aachen Urt. v. 11. März 2020 – 60 KLs 9/19.

[146] BGH Urt. v. 17. Juli 2019 – 5 StR 637/18 Rdn. 19.

[147] BGH Beschl. v. 18. Juli 1986 – 2 StR 330/86 Rdn. 4; BGH Urt. v. 4. April 2023 – 1 StR 488/22 Rdn. 13; BGH Beschl. v. 3. Februar 2004 – 4 StR 403/03 Rdn. 5.

[148] BGH Beschl. v. 28. August 2018 – 4 StR 320/18 Rdn. 5.

[149] BGH Beschl. v. 16. Januar 2018 – 4 StR 597/17 Rdn. 12; BGH Beschl. v. 20. August 2003 – 2 StR 285/03 Rdn. 4.

vorausgesehen werden konnten“[150]; sie müssen also „nicht in allen Einzelheiten“[151] voraussehbar gewesen sein. Zur Bestimmung der Voraussehbarkeit für den Täter im Rahmen der Strafzumessung werden regelmäßig objektive Umstände aufgezählt, die den Schluss begründen, die Auswirkungen seien voraussehbar gewesen.[152] Dies erweckt den Eindruck als seien sie in dieser Situation für jedermann voraussehbar gewesen. Allerdings werden auch Umstände berücksichtigt, die subjektiv sind, d. h. es wird das spezielle Wissen des Täters ebenfalls einbezogen. Vor diesem Hintergrund ist es unzulässig eine „zum Nachteil des Angeklagten auf bloße Vermutungen hinsichtlich möglicherweise auftretender Folgen der Tat, gestützte Strafzumessung“[153] vorzunehmen.

Die subjektive Vorhersehbarkeit auf der Tatbestandsseite richtet sich nach einem „individuell-persönlichen Wissens- und Erfahrungsstand.“[154] Auf der Rechtsfolgenseite kann jedoch gesagt werden, es sei „allgemein bekannt“,[155] dass Tat X die Folge Y auslösen kann. Ein solcher Erfahrungssatz macht eine Beweiserhebung entbehrlich.[156] Eine Definition der Vorhersehbarkeit der Folgen der Tat i. S. v. § 46 Abs. 2 S. 2 StGB findet sich nicht. Allerdings dürfte dieser Begriff in enger Anlehnung an die Voraussehbarkeit im Zusammenhang mit einem Fahrlässigkeitsdelikt ausgelegt werden.[157] Zur Vorhersehbarkeit gehört nicht nur der Verlauf den der Täter vorhergesehen hat, sondern auch die Ausmaße, die er hätte voraussehen können.[158] Hier verdichten sich Hypothesen zu einem Rechtsbegriff mit tatbestandsähnlichem Charakter; dies dürfte vereinzelt Anlass zu Diskussionen in der Instanz und der Revision geben.

3.6 Hasskriminalität

2015 wurden in § 46 Abs. 2 StGB die Worte „besonders auch rassistische, fremdenfeindliche und sonstige Menschenverachtende“ eingefügt. 2021 wurde noch das Wort „antisemitisch“ in § 46 Abs. 2 StGB aufgenommen.[159] Zwar fanden derartige Motive schon zuvor unter den Merkmalen „Beweggründe und Ziele des Täters“ Berücksich-

[150] BGH Beschl. v. 18. März 2015 – 3 StR 7/15 Rdn. 5; BGH Beschl. v. 29. August 2006 – 1 StR 285/06.

[151] BGH Urt. v. 28. April 1981 – 1 StR 121/81 Rdn. 3; BGH Beschl. v. 9. Februar 2010 – 4 StR 492/09.

[152] BGH Beschl. v. 29. August 2006 – 1 StR 285/06.

[153] BGH Beschl. v. 4. März 2020 – 2 StR 352/19 Rdn. 25.

[154] BGH Urt. v. 30. Juni 1982 – 2 StR 226/82.

[155] BGH Beschl. v. 10. August 2000 – 1 StR 328/00.

[156] Zur Aufhebung eines Urteils wegen eines nicht existierenden Erfahrungssatzes zur Vorhersehbarkeit in der Strafzumessung BGH Urt. v. 17. Juli 2019 – 5 StR 637/18 Rdn. 19.

[157] BGH Beschl v. 5. Mai 2021 – 4 StR 19/20 Rdn. 11; OLG Stuttgart Beschl. v. 20. Februar 2008 – 4 Ws 37/08 Rdn. 13.

[158] KG Berlin Beschl. v. 18. Oktober 2021 – 4 Ws 87/21 Rdn. 26; BGH Urt. v. 28. August 1984 – 1 StR 427/84.

[159] Gesetz zur Bekämpfung des Rechtsextremismus und der Hasskriminalität vom 30. März 2021, BGBl. I, S. 447.

tigung, allerdings sollte die sog. Hasskriminalität eine besondere Bedeutung finden. Die Ergänzung hat lediglich „klarstellende Bedeutung."[160] Zur sog. Hasskriminalität gehören Delikte, „die sich gegen eine Person allein oder vorwiegend wegen deren politischer Einstellung, Nationalität, Volkszugehörigkeit, Rasse, Hautfarbe, Religion, Weltanschauung oder Herkunft oder aufgrund ihres äußeren Erscheinungsbildes, ihrer Behinderung, ihrer sexuellen Orientierung oder ihres gesellschaftlichen Status richten."[161] Es wird Gewalt ausgeübt bloß wegen des „anders seins."[162] Die besondere Hervorhebung des Antisemitismus dient dazu, die Tat genauer zu kennzeichnen und sie nicht unter „menschenverachtend" zu subsumieren, sondern sie aus dem „Verborgenen" hervorzuheben.[163] In der Urteilsbegründung muss die Beziehung zwischen Gesinnung und Tat dargelegt werden.[164] Handelt eine politisch extremistische Person mit Betäubungsmitteln, ohne dass zwischen der Tat und der politischen Überzeugung eine Beziehung festgestellt werden kann, wirkt sich die Haltung nicht strafschärfend aus.[165] Bei einer Verurteilung wegen § 89a StGB – Vorbereitung einer schweren staatsgefährdenden Gewalttat – ist die Hasskriminalität nicht strafschärfend einzustellen, da § 89a StGB für den rechtsradikalen Einzeltäter geschaffen wurde und dessen Gesinnung bereits in § 89a StGB enthalten ist.[166]

In dem Gesetzesentwurf vom 8. Januar 2020 wird darauf hingewiesen, dass die Fokussierung auf antisemitische Straftaten in § 46 Abs. 2 StGB auch Einfluss auf die Ermittlungsbehörden nehmen soll. Nach § 160 Abs. 3 S. 1 StPO sollen sich die Ermittlungen auch auf die Strafzumessungsumstände erstrecken.[167] Denselben Hinweis enthält auch bereits der Gesetzesentwurf zu den menschenverachtenden Motiven.[168] Die Gesetzgebung folgt damit internationalen, vornehmlich europarechtlichen Vorgaben.[169]

3.7 Ausländereigenschaft

Grundsätzlich können die Ausländereigenschaft und ausländische Wertvorstellungen nicht strafschärfend herangezogen werden.[170] Eine Strafschärfung mit der Begründung, dass die Tat des Asylbewerbers „das Ansehen anderer in Deutsch-

[160] BT-Drucks. 18/3007, S. 14; BT/Drucks. 16/10123, S. 9, 11; BGH Urt. v. 20. August 2020 – 3 StR 40/20.

[161] BT-Drucks. 17/9345, S. 1.

[162] BT-Drucks. 17/9345, S. 1.

[163] BT-Drucks.19/16399, S. 2, 9.

[164] BGH Beschl. v. 7. Februar 2023 – 6 StR 9/23 Rdn. 7.

[165] BGH Beschl. v. 7. Februar 2023 – 6 StR 9/23 Rdn. 3 ff.

[166] OLG Frankfurt Urt. v. 15. Juli 2022 – 5 – 2 StE 18/17 – 5a 1/17 Rdn. 462.

[167] BT-Drucks. 19/16399, S. 9.

[168] BT-Drucks. 18/3007, S. 1 f.

[169] Vgl. Grosse-Wilde (2017), S. 570 f.

[170] BGH Beschl. v. 13. November 1991 – 3 StR 384/91 Rdn. 2 f.

land lebender, tatunbeteiligter Asylbewerber geschädigt habe" und die Tat „einer positiven Einstellung der Bevölkerung gegenüber anwesenden Asylsuchenden und anderen Ausländern entgegenwirkte"[171] ist unzulässig. Damit handelt es sich um eine „moralisierende Erwägung", die den Angeklagten für die Vorurteile anderer in die Pflicht nimmt.[172]

Auch die strafschärfende Würdigung, dass der Angeklagte unmittelbar nach seiner Einreise in die Bundesrepublik straffällig wurde, ist unzulässig. Der kurze Zeitraum erhöht nicht die Strafzumessungsschuld.[173]

Eine Strafschärfung aufgrund einer Ausländereigenschaft kommt jedoch in Betracht, „wenn die Tat durch die Ausländereigenschaft des Täters oder seiner Stellung als Asylbewerber in einer für die Schuldgewichtung erheblichen Weise geprägt wird."[174]

Ähnlich verhält es sich mit der Strafempfindlichkeit eines Ausländers; diese kann auch grundsätzlich nicht strafmildernd verwertet werden.[175] Eine Strafmilderung aufgrund einer anderen Staatsangehörigkeit ist denkbar, wenn „besondere Umstände wie Verständigungsprobleme, abweichende Lebensbedingungen und erschwerte familiäre Kontakte" vorliegen.[176] Das Argument „Verständigungsprobleme" wurde abgelehnt, nachdem der Angeklagte sich bereits vor der Tat geweigert hatte, einen Deutschkurs zu besuchen.[177] Ausländerrechtliche Folgen wie z. B. eine drohende zwingende Ausweisung, wirken sich ebenfalls nicht ohne weiteres strafmildernd aus.[178] Aber auch hier können besondere Umstände im Einzelfall zu einer anderen Bewertung führen.[179] Für den Fall, dass dem Ausländeramt Ermessen eingeräumt sein sollte, vermag es Härtefällen im Rahmen seiner Ausübung gerecht werden.[180] Eine besondere Härte stellt eine bereits angeordnete Ausweisung dar, die nach (und wegen) der Rechtskraft des Urteils vollzogen wird, wenn der Ausländer in Deutschland geboren wurde. Für den sog. faktischen Inländer stellt die Ausweisung einen schweren Grundrechtseingriff und damit eine besondere Härte dar. Dies ist strafmildernd zu berücksichtigen.[181]

[171] BGH Beschl. v. 25. Oktober 2016 – 2 StR 386/16 Rdn. 3.

[172] BGH Beschl. v. 25. Oktober 2016 – 2 StR 386/16 Rdn. 2.

[173] BGH Beschl. v. 22. Oktober 2019 – 4 StR 447/19.

[174] BGH Beschl. v. 25. Oktober 2016 – 2 StR 386/16.

[175] OLG Hamm Beschl. v. 22. September 2016 – III-5 RVs 68/16 Rdn. 2.

[176] BGH Beschl. v. 8. Juli 2010, Az. 3 StR 151/10; BGH Urt. v. 9. September 1997 – 1 StR 408/97

[177] OLG Hamm Beschl. v. 22. September 2016 – III-5 RVs 68/16 Rdn. 2.

[178] BGH Urt. v. 4. Februar 2021 – 4 StR 457/20 Rdn. 8; BGH Urt. v. 26. Oktober 2017 – 4 StR 259/17 Rdn. 11.

[179] BGH Urt. v. 4. Februar 2021 – 4 StR 457/20 Rdn. 8; BGH Beschl. v. 22. September 2003 – 5 StR 389/03.

[180] vgl. BGH Urt. v. 4. Februar 2021 – 4 StR 457/20 Rdn. 8 unter Hinweis auf §§ 53 Abs. 1 und 2, 54 AufenthG.

[181] BGH Beschl. v. 22. Januar 2022 – 1 StR 482/21 Rdn. 4; BGH Urt. v. 29. September 2021 – 2 StR 313/20 Rdn. 33.

Kulturelle Vorstellungen können jedoch einem Verfahren ein eigenes Gepräge verleihen und damit in die Strafzumessung Eingang finden. Kulturelle Wertvorstellungen, Traditionen und Haltungen sind geeignet die Hemmschwelle des Täters zu senken – dies kann strafmildernd dem Urteil zugrunde gelegt werden.[182] Um dieser Argumentation folgen zu können, müsste z. B. im Urteil dargetan werden, wie eine Geiselnahme und eine Vergewaltigung in der anderen Kultur gesehen wird.[183] Außerdem müsste dargelegt werden, wie lange der Angeklagte in Deutschland lebt und welche Gelegenheiten er hatte, sich mit der Rolle der Frau auseinanderzusetzen.[184]

3.8 Abwägung, § 46 Abs. 2 S. 1 StGB

Bei der Strafzumessung wägt das Gericht die Umstände, die für und gegen den Täter sprechen gegeneinander ab.[185] Diese Umstände sind zunächst festzustellen, zu bewerten und sodann gegeneinander abzuwägen. In die Abwägung ist auch der „Eindruck“ des Gerichts „von der Tat und der Persönlichkeit des Täters einzubeziehen.“[186] Die Abwägung ist durch die Einzigartigkeit des Falles geprägt; eine „Mathematisierung“ oder ein „Schematismus“ sind unmöglich.[187] In der Abwägung werden mithin sämtliche Erkenntnisse, Anschauungen, Erinnerungen bis hin zu Gefühlen der Hauptverhandlung bezogen auf die Strafzumessung verarbeitet. Es müssen jedoch nicht alle abgewogenen Umstände anschließend in den schriftlichen Urteilsgründen dargestellt werden[188] – dies verlangt das Gesetz nicht; zudem erscheint eine solche Aufgabe (sprachlich) unmöglich. Demgemäß müssen nach § 267 Abs. 3 S. 1 StPO nur die bestimmenden Strafzumessungsumstände aufgeführt werden.

Rechtsfehlerhaft ist danach eine Abwägung i. S. v. § 46 Abs. 2 S. 1 StGB, die zu dem Ergebnis gelangt für das Handeltreiben mit unterschiedlichen Betäubungsmitteln und unterschiedlichen Kleinmengen stets dieselbe Einzelstrafe zu verhängen.[189] Ein solches gleichförmiges Ergebnis lässt besorgen, dass den Besonderheiten eines jeden Falles nicht Rechnung getragen wurde.

Die Abwägung muss umso sorgfältiger durchgeführt werden, je mehr sich die Strafe der oberen oder unteren Grenze des Strafrahmens nähert.[190] Außerordentlich

182 BGH Urt. v. 1. Februar 2007 – 4 StR 514/06.

183 BGH Urt. v. 1. Februar 2007 – 4 StR 514/06.

184 Kritisch zu dieser Art der Strafmilderung zu Recht Schäfer et al. (2017), Rdn. 630 unter Hinweis auf BGH Urt. v. 18. September 2009 – 1 StR 351/09.

185 BGH Beschl. v. 21. Dezember 2020 – 1 StR 445/20 Rdn. 5.

186 BGH Beschl. v. 12. Juni 2007 – GSSt 2/17 Rdn. 24.

187 BGH Beschl. v. 10. November 2016 – 1 StR 417/16; BGH Beschl. v. 10. April 1987 – GSSt 1/86

188 BGH Urt. v. 2. August 2012 – 3 StR 132/12.

189 BGH Beschl. v. 15. Oktober 2014 – 2 StR 25/14.

190 BGH Beschl. v. 21. Dezember 2020 – 1 StR 445/20 Rdn. 5.

hohe Strafen müssen ausführlich erklärt werden. Dem Revisionsgericht muss es möglich sein, das Abwägungsergebnis nachzuvollziehen. Es muss deutlich werden, warum vom gewöhnlichen Strafmaß eklatant abgewichen wurde und welche individuelle Prägung des Falles dafürspricht.[191] Gewöhnliche Fälle mit gewöhnlichen Strafen sind demgegenüber sehr viel eher nachvollziehbar und bedürfen eines geringeren Begründungsaufwandes. Liegt ein Verstoß gegen die vorbenannten Anforderungen vor, so stehen dem Revisionsgericht im Wesentlichen zwei Möglichkeiten zur Verfügung: Entweder es hebt das Urteil vollständig oder nur den Rechtsfolgen- bzw. Strafausspruch auf. Eine vollständige Aufhebung ist denkbar, wenn die Feststellungen derart lückenhaft oder fehlerbehaftet sind, dass eine präzise Strafmaßbestimmung nicht möglich ist. Handelt es sich demgegenüber bloß um einen Wertungsfehler, können u. U. die Feststellungen des Tatgerichts bestehen bleiben, § 353 Abs. 2 StPO. Aber auch in dieser Konstellation kann das neue Tatgericht weitere Feststellungen zur Strafzumessung treffen. Dabei ist zu bedenken, dass die Ergänzungen des neuen Tatgerichts den rechtskräftigen Feststellungen nicht widersprechen.[192]

3.9 Doppelverwertungsverbot

Das Doppelverwertungsverbot aus § 46 Abs. 3 StGB will vermeiden, Umstände die schon zum gesetzlichen Tatbestand gehören bei der Strafzumessung noch einmal zu berücksichtigen.[193] Das Doppelverwertungsverbot gilt indes nicht im Jugendstrafrecht.[194] Der Tatbestand begründet den Strafrahmen. Umstände, die den Tatbestand begründen, können somit weder schärfen noch mildern. Es ist also zu prüfen, welche Handlungen den Tatbestand erfüllen. Umstände, die die Tat im Übrigen begleiten oder sonst prägen gehören dann zur Art der Ausführung und dürfen strafschärfend oder -mildernd berücksichtigt werden.[195] Der Bundesgerichtshof[196] hat 1990 am Beispiel der Vergewaltigung grundlegend festgestellt:

---

[191] BGH Beschl. v. 21. Dezember 2020 – 1 StR 445/20; BGH Beschl. v. 20. September 2010 – 4 StR 278/10; BGH Beschl. v. 8. Februar 2005 – 3 StR 500/04; BGH Beschl. v. 6. Oktober 1993 – 3 StR 270/93.

[192] BGH Beschl. v. 10. Oktober 2019 – 1 StR 632/18.

[193] BGH Urt. v. 7. Februar 2024 – 6 StR 348/23 Rdn. 14; BGH Beschl. v. 5. Februar 2024 – 3 StR 419/23 Rdn. 10.

[194] BGH Beschl. v. 15. September 2020 – 5 StR 193/20.

[195] BGH Urt. v. 14. August 1990 – 1 StR 62/90.

[196] BGH Urt. v. 14. August 1990 – 1 StR 62/90.

Der Tatbestand ist mit dem Eindringen des Gliedes in den Scheidenvorhof vollendet.[197] Weitere Umstände wie z. B. der Samenerguss, der Verzicht auf ein Kondom etc. können die Strafzumessung beeinflussen.[198] Es geht nicht darum einen normativen Normalfall zu bestimmen und daran die Strafzumessung auszurichten; vielmehr ist die Verwirklichung der Tatbestandsmerkmale von den weiteren Umständen zu trennen. Die bloße Tatbestandsverwirklichung ist für die weitere Strafzumessung verbraucht.

Eine Besonderheit weißt die Strafzumessung im Verhältnis zum Tatbestandsmerkmal „14 Jahre" (Kind) in den §§ 176, 176a StGB auf. Die Altersgrenze ist Tatbestandsmerkmal. Demgemäß liegt ein Verstoß gegen das Doppelverwertungsverbot vor, wenn es heißt: „Die strafschärfende Wertung des Gerichts, die Nebenklägerin sei bei Tatbegehung zwischen 11 und 12 Jahren alt gewesen, läßt besorgen, daß das Tatgericht es strafschärfend gewertet hat, daß der Täter die Tat überhaupt begangen hat."[199] Der BGH hat die Entscheidung aufgehoben.

Andererseits heißt es: Das Alter von 9 Jahren darf strafschärfend gewertet werden, da es „deutlich von der Strafobergrenze"[200] entfernt liegt.[201] Der BGH sucht hier eine Art „Normalfall" von dessen Position aus eine Straferhöhung möglich ist.

Beispiele für Verstöße gegen § 46 Abs. 3 StGB[202]

- **BGH Beschluss vom 12. Januar 2021 – 1 StR 451/20:**
  Tatgericht: Strafschärfend ist der Umstand, dass der Täter die Scheinwaffe als Werkzeug i. S. v. § 250 Abs. 1 Ziff. 1b StGB nicht nur bei sich führte, sondern auch auf die Zeugin richtete.
  BGH: Das Verwenden einer (Schein)waffe als Nötigungsmittel gehört zur Tatbestandsverwirklichung gem. § 250 Abs. 1 Ziff. 1b StGB.
- **BGH Beschluss vom 24. März 2021 – 4 StR 20/21:**
  Tatgericht: Strafschärfend ist der Umstand, der Täter habe mit direktem Vorsatz gehandelt, §§ 223 Abs. 1, 224 Abs. 1, 227 StGB.
  BGH: Bereits die Verwirklichung des Grundtatbestandes des § 223 Abs. 1 StGB setzt Vorsatz voraus.

---

[197] vgl. auch BGH Urt. v. 25. Oktober 2000 – 2 StR 242/00 Rdn. 4 ff. unter Bezugnahme auf BGH Urt. v. 26. Juli 1961 – 2 StR 204/60.

[198] BGH Urt. v. 14. August 1990 – 1 StR 62/90 Rdn. 2 ff.; vgl. strafschärfend: ungeschützter Verkehr bis zum Samenerguss BGH Urt. v. 4. Mai 2022 – 6 StR 542/21 Rdn. 6; vgl. strafmildernd: kurzes Eindringen ohne Samenerguss BGH Beschl. v. 26. Januar 2022 – 1 StR 440/21 Rdn. 6; zur Erheblichkeit der Unterscheidung von Tatmodalitäten BGH Urt. v. 20. Oktober 2021 – 1 StR 46/21 Rdn. 12; BGH Beschl. v. 17. Januar 2024 – 4 StR 316/23 Rdn. 2.

[199] BGH Beschl. v. 23. November 2021 – 2 StR 373/21 Rdn. 5.

[200] BGH Urt. v. 22. November 2014 – 2 StR 509/13 Rdn. 16.

[201] BGH Urt. v. 29. April 2015 – 2 StR 405/14 Rdn. 19.

[202] zahlreiche Beispiele nennt Fischer (2024), § 46 Rdn. 77 f.

- **BGH Beschluss vom 10. Juni 2021 – 2 StR 13/21:**
  Tatgericht: Strafschärfend wirkte, dass die Drogen an den Konsumenten gelangt sind.
  BGH: Handeltreiben mit BtM erfasst gerade die Veräußerung an Dritte.[203]
- **BGH Beschluss vom 26. Oktober 2021 – 4 StR 349/21:**
  Tatgericht: Straferschwerend fiel ins Gewicht, dass der Täter mit § 114 Abs. 1 StGB einen Tatbestand mit erhöhter Mindeststrafe verwirklicht habe.
  BGH: Damit hat die Kammer dem Angeklagten zur Last gelegt, dass er „die Tat überhaupt begangen hat."
- **BGH Beschluss vom 9. November 2021 – 2 StR 86/21:**
  Tatgericht: Straferschwerend wertete das Tatgericht das überfallartige Vorgehen gegenüber einer „wildfremden Person", die ein vielversprechendes Opfer darstellte.
  BGH: Die Kammer hat somit „die Begehung der Tat als solche zur Last gelegt."
- **BGH Beschluss vom 17. Januar 2023 – 4 StR 216/22:**
  Tatgericht: Strafschärfend ist, dass die Angeklagte „bei der Ausführung der Taten bewusst ihre eigenen Interessen, nämlich die Aufrechterhaltung und Förderung ihrer Beziehung (…), über das Interesse ihrer Kinder gestellt" und „diese zum Objekt im Rahmen der Auslebung ihrer masochistischen Neigungen gemacht" hat.
  BGH: „Mit diesen Erwägungen hat die Strafkammer der Angeklagten der Sache nach, die Begehung der Tat angelastet (…)." ◀

Kein Verstoß gegen das Doppelverwertungsverbot liegt in der Annahme eines Stufenverhältnisses verschiedener Varianten des Handeltreibens mit Betäubungsmitteln. Das Tatgericht hat zu Lasten des Angeklagten gewertet, er habe „mit dem Handeltreiben die gefährlichste Alternative des § 29a BtMG" verwirklicht.[204] Der 4. Strafsenat des Bundesgerichtshofs wertete die Feststellung zwar als „rechtlich bedenklich, weil sie mit dem Verbot der Doppelverwertung von Tatbestandsmerkmalen (§ 46 Abs. 3 StGB) in Konflikt zu geraten droht."[205] Der 4. Strafsenat hat das Urteil jedoch gehalten, da ein Beruhen auszuschließen war. Eine eindeutige Entscheidung darüber, ob ein solches „Stufenverhältnis" anzuerkennen ist, liegt in dieser vorsichtigen Formulierung nicht. Allerdings hat die Entscheidung Bezug auf den Beschl. des 5. Strafsenats v. 23. November 1999 – 5 StR 316/99 sowie weitere inhaltsgleiche Entscheidungen genommen. Dort wurde ein „faktisches Stufenverhältnis" der Schweregrade beim Handeltreiben mit Betäubungsmittel ausdrücklich

---

[203] BGH Urt. v. 31. Januar 2024 – 2 StR 351/23 Rdn. 21 Gewinnerzielungsabsicht; vgl. auch BGH Beschl. v. 12. Januar 2021 – 4 StR 411/20.

[204] BGH Beschl. v. 22. Oktober 2019 – 4 StR 171/19 Rdn. 7 auch mit Hinweisen zum Streitstand; Bedenken äußert BGH Beschl. v. 15. Februar 2022 – 2 StR 223/21 Rdn. 5.

[205] BGH Beschl. v. 22. Oktober 2019 – 4 StR 171/19 Rdn. 7.

bejaht und begründet. Die Entscheidung zieht in ihrer Begründung eine Parallele zu dem Stufenverhältnis der unterschiedlichen Gefährlichkeit von Betäubungsmitteln. Marihuana ist eine leichtere Droge und daher geringer zu bestrafen als etwa Heroin; dies kommt auch in den Anlagen I bis III zum BtMG sowie im Verhältnis der Straftatbestände zu den Ordnungswidrigkeiten des BtMG zum Ausdruck. Diese Argumentation ist überzeugend.

Das Doppelverwertungsverbot gilt auch für Umstände, die Regelbeispiele sowie minder schwere oder besonders schwere Fälle begründen. Die Voraussetzungen der Regelbeispiele werden wie Tatbestandsmerkmale eingeordnet.[206]

Beispiel

Die Strafkammer hat den Angeklagten wegen Betruges in einem besonders schweren Fall gem. § 263 Abs. 3 S. 2 Ziff. 1 StGB (gewerbsmäßig) verurteilt und strafschärfend gewertet, der Täter habe gewerbsmäßig gehandelt. Der BGH hat das Urteil aufgehoben, da die Gewerbsmäßigkeit gerade das Regelbeispiel ausmacht und mithin den erhöhten Strafrahmen vorgibt. Demgemäß darf die Gewerbsmäßigkeit nicht erneut verwendet werden.[207] ◀

§ 46 Abs. 3 StGB gilt auch für die Anwendung vertypter Milderungsgründe. Vertypte Milderungsgründe können zwingend, §§ 27 Abs. 2 S. 2, 28 Abs. 1, 30 Abs. 1 S. 2 StGB oder fakultativ §§ 13 Abs. 2, 17 S. 2, 21, 23 Abs. 2 StGB vorliegen. Sind ihre Voraussetzungen gegeben, kommt es zu einer Strafrahmenverschiebung nach § 49 Abs. 1 oder 2 StGB. Umstände die zur Verschiebung führen dürfen nicht erneut schärfend oder mildernd herangezogen werden; die strafrahmenbildenden Umstände werden wie Tatbestandsmerkmale behandelt. Allerdings dürfen Begehungsweisen, die mehr sind als eine bloße derartige Tatbestandsausfüllung zur Strafrahmenverschiebung strafschärfend oder -mildernd herangezogen werden.[208] Schließlich muss das Urteil auf den Verstoß gegen das Doppelverwertungsverbot aus § 46 Abs. 3 StGB beruhen. Ein Beruhen liegt vor, wenn nicht ausgeschlossen werden kann, „dass sich dieser Wertungsfehler auf die verhängte Strafe ausgewirkt hat."[209] Demgegenüber ist ein Beruhen auszuschließen, wenn die Strafe bereits so milde ausgefallen ist, dass eine Erhöhung nicht zu erwarten ist.[210]

---

[206] BGH Beschl. v. 15. Oktober 2014 – 2 StR 25/14.

[207] BGH Beschl. v. 6. Oktober 2021 – 1 StR 235/21; vgl. zur Gewerbsmäßigkeit bei Corona-Soforthilfe BGH Beschl. v. 4. Mai 2021 – 6 StR 137/21; kritisch hierzu Brockhaus, juris PR-StrafR 12/2021 Anm. 1, der bereits im Grundtatbestand einen engen Bezug zur Gewerbsmäßigkeit sieht, da die Corona-Soforthilfe stets für Kleinunternehmen etc. und nicht privat in Betracht kommt; demgemäß könnte hier ein Verstoß gegen § 46 Abs. 3 StGB vorliegen.

[208] Schäfer et al. (2017), Rdn. 702.

[209] BGH Beschl. v. 12. Januar 2021 – 1 StR 451/20; BGH Beschl. v. 25. August 2021 – 6 StR 329/21.

[210] BGH Beschl. v. 10. Juni 2021 – 2 StR 13/21; BGH Beschl. v. 6. Juli 2021 – 4 StR 178/21.

Literatur

Bruns, H.-J., & Güntge, G.-F. (2019). *Das Recht der Strafzumessung*, 3. Aufl.
Erhard, C. (1991). *Strafzumessung bei Vorbestraften unter dem Gesichtspunkt der Strafzumessungsschuld.* Diss.
Fischer, T. (2024). *Kommentar zum Strafgesetzbuch*, 71. Aufl.
Grosse-Wilde, T. (2017). *Erfolgszurechnung in der Strafzumessung.*
Hohnel, A. (2013). *Kapitalmarktstrafrecht, Kommentar*, 1. Aufl.
Meier, B.-D. (2019). *Strafrechtliche Sanktionen*, 5. Aufl.
Mitsch, W. (2018). *Karlsruher Kommentar zum Ordnungswidrigkeitenrecht*, 5. Aufl.
Schäfer, G., Sander, G., & van Gemmeren, G. (2017). *Praxis der Strafzumessung*, 6. Aufl.
Schmitt, B. (2024). *Meier-Goßner, Lutz/Schmitt, Bertram Kommentar zur Strafprozeßordnung*, 67. Aufl.

4 Verfahrensrüge

4.1 Einleitung

In diesem Kapitel sollen wesentliche Verfahrensrügen im Zusammenhang mit der Rechtsfolgenbestimmung dargestellt werden. Die Verfahrensrüge richtet sich nach den Voraussetzungen des § 344 Abs. 2 StPO. Für die Sach- und Verfahrensrüge gilt, dass ein Revisionsantrag zu stellen ist und dieser begründet werden muss. Für die Sachrüge genügt es als Begründung diese zu erheben; die Verfahrensrüge hingegen muss „die den Mangel enthaltenden Tatsachen" benennen, § 344 Abs. 2 S. 2 StPO; d. h. die Verfahrensrüge muss sehr viel ausführlicher begründet werden. Als Abgrenzungskriterium der beiden Rügen wird genannt, dass die Sachrüge das materielle Recht und die Verfahrensrüge das Verfahrensrecht betrifft. Zum Verfahrensrecht gehört nach der Rechtsprechung der Weg auf dem das Gericht zu seiner Überzeugungsbildung kommt.[1] Eine weitere Abgrenzung würde den Rahmen des Buches überschreiten.

Zudem müssen die in der Begründung der Verfahrensrüge behaupteten Tatsachen erwiesen sein. Dies geschieht regelmäßig durch das Hauptverhandlungsprotokoll, das Urteil oder u. U. durch „Vorbringen von sonstigem Akteninhalt."[2] Ferner muss das Urteil auf dem Verfahrensmangel beruhen. Dies ist ein Unterschied zu den absoluten Revisionsgründen des § 338 StPO; hier ist eine Beruhensprüfung entbehrlich. Dies ergibt sich „aus der Natur der Sache"; wird eine Verletzung des Öffentlichkeitsgrundsatzes nachträglich gerügt, so ist fraglich, ob ein Urteil überhaupt darauf beruhen kann, dass ein Zuschauer nicht im Sitzungssaal anwesend sein durfte. Die Verstöße im Rahmen des § 338 StPO sind jedoch regelmäßig aus rechtsstaatlicher

[1] BGH Beschl. v. 16. September 2020 – 5 StR 314/20 Rdn. 4 ff.; BGH Urt. v. 8. August 2018 – 2 StR 131/18 Rdn. 9 ff.; Neumann (1988), S. 387 ff.; Hohnel (1998), S. 148 ff.; zur historischen Entwicklung Andoor (2019), S. 74 ff.; Schletz (2020), S. 284.

[2] BGH Beschl. v. 22. Januar 2008 – 1 StR 607/07 Rdn. 7 f; vgl. sehr deutlich BGH Beschl. v. 19. Oktober 1993 – 1 StR 662/93.

A. Hohnel, *Die Strafzumessung in der Revision*,
https://doi.org/10.1007/978-3-662-66688-3_4

Sicht von so großer Gewichtung, dass auch ohne Beruhen ein absoluter Revisionsgrund vorliegen soll und das Urteil allein wegen des Fehlers aufzuheben ist.

Als Verfahrensrüge im Zusammenhang mit der Strafzumessung ist § 267 Abs. 3 S. 1 HS. 2 StPO von Bedeutung. Danach sind im Urteil die Umstände anzuführen, die für die Strafzumessung bestimmend gewesen sind.[3] Zwar ist die Strafzumessung „ureigene Aufgabe des Tatrichters“ und diese ist nur eingeschränkt überprüfbar, allerdings hat § 267 Abs. 3 S. 1 HS. 2 ff. StPO Kriterien zur Überprüfung geschaffen.

Vereinzelt hängt die Pflicht zur Auseinandersetzung mit bestimmten Umständen von einer entsprechenden Antragstellung in der Hauptverhandlung ab. Der Grund erst nach Antragstellung auf diese Umstände einzugehen liegt darin, dass grundsätzlich ein Urteil nicht alle denkbaren Möglichkeiten eines Falles unter allen denkbaren juristischen Möglichkeiten abarbeiten muss, sondern die bestimmenden Umstände benennen soll und diese werden auch durch das Verhalten der anderen Prozessbeteiligten – Verteidigung und Staatsanwaltschaft – geprägt. Legt also ein Prozessbeteiligter ein besonderes Augenmerk etwa auf das Vorliegen eines minder schweren Falles, der indes vom Gericht abgelehnt wurde, so ist die ablehnende Begründung in das Urteil aufzunehmen.

Eine Verfahrensrüge i. S. v. § 267 Abs. 3 S. 1 HS. 2 StPO würde auch vorliegen, wenn die Revision mit Erfolg darlegen könnte, dass das Urteil nicht der Wahrheit entspricht, d. h. es ist dort etwas wiedergegeben, dass nicht Gegenstand des Beratungsergebnisses war. Der Wortlaut verlangt „bestimmend gewesen sind“, d. h. es müssen die Gründe im Urteil dargelegt werden, die für die mündliche Urteilsverkündung bestimmend gewesen waren. Würde also ein Richter nachträglich bestimmende Gründe formulieren, die nicht dem Beratungsergebnis entsprechen, könnte eine Verfahrensrüge nach § 267 Abs. 3 StPO Erfolg haben. Allerdings dürfte derartiges eher theoretische Natur sein; zumal der Nachweis mit dem Beratungsgeheimnis aus § 43 DRiG in Konflikt geraten würde.[4] Fehlen die in § 267 Abs. 3 S. 2 ff. StPO genannten Angaben dürfte in der Regel eine Sachrüge Erfolg haben, da das Urteil keine tragfähige nachvollziehbare Grundlage enthält und somit die Feststellungen und die Beweiswürdigung Lücken aufweisen.

Die bestimmenden Umstände i. S. v. § 267 Abs. 3 S. 1 HS. 2 StPO werden durch den Einzelfall geprägt. Es lässt sich daher keine Formel aufstellen. Ein Urteil muss nicht alle Strafzumessungserwägungen vollständig sprachlich erfassen; dies wäre auch unmöglich.[5] Im Übrigen gilt auch hier, das lückenhafte, widersprüchliche, unlogische Feststellungen bereits mit der Sachrüge aufgehoben werden würden.[6] Die vorgenannten Rügen spielen daher als Verfahrensrüge in der Praxis keine Rolle.

In der Rechtsprechung haben sich „bestimmende Umstände“ i. S. v. § 267 StPO kristallisiert; diese Rechtsprechung erfolgt auch in Anlehnung an die Strafzumessungs-

---

[3] Vgl. auch BGH Beschl. v. 22. November 2022 – 2 StR 311/22 Rdn. 10.

[4] Reichenbach (2016), S. 95 f m. w. N.

[5] BGH Urt. v. 20. Oktober 2021 – 1 StR 136/21 Rdn. 6; BGH Urt. v. 24. Juni 2021 – 5 StR 545/20 Rdn. 7; BGH Urt. v. 24. Oktober 2017 – 1 StR 226/17 Rdn. 14.

[6] BGH Urt. v. 24. Juni 2021 – 5 StR 545/20 Rdn. 8 ff.

grundsätze des § 46 StGB. Das heißt, entscheidende Strafzumessungsgesichtspunkte sind zugleich bestimmende Umstände gem. § 267 StPO.

Zu den bestimmenden Umständen i. S. v. § 267 StPO gehören regelmäßig:

- Geständnis[7]
- finanzielle Notlage[8]
- Schadenhöhe[9]
- die Höhe der verkürzten Steuer[10]
- beamtenrechtliche Folgen einer Verurteilung[11]
- standesrechtliche Folgen einer Verurteilung[12]
- drohende Disziplinarmaßnahmen[13]
- überlange Verfahrensdauer[14]
- sinkende Hemmschwelle bei Tatserie[15]
- Art und Menge des Rauschgifts[16]
- Wirkstoffgehalt des Betäubungsmittels[17]
- das Maß der Überschreitung einer geringen Menge[18]
- polizeiliche Überwachung des BtM-Geschäfts[19]
- Sicherstellung des Rauschgifts[20]
- Einfluss der Einziehung[21]
- drohendes Gesamtstrafenübel muss „stets Beachtung finden“[22]

[7] BGH Beschl. v. 24. Mai 2022 – 4 StR 72/22 Rdn. 7; BGH Urt. v. 8. März 2022 – 1 StR 360/21 Rdn. 19; BGH Beschl. v. 1. September 2020 – 1 StR 205/20 Rdn. 5.

[8] BGH Urt. v. 5 StR 194/22 Rdn. 11, 20; BGH Beschl. v. 2 StR 517/19 Rdn. 4 finanzielle Notlage und Doppelverwertungsverbot.

[9] BGH Beschl. v. 28. April 2022 – 2 StR 117/20 Rdn. 14.

[10] BGH Urt. v. 25. April 2017 – 1 StR 606/16 Rdn. 17 ff.; BGH Beschl. v. 5. Mai 2011 – 1 StR 116/11.

[11] BGH Beschl. v. 2. Februar 2022 – 5 StR 348/21 Rdn. 4.

[12] BGH Beschl. v. 28. Juni 2022 – 6 StR 511/21 Rdn. 13.

[13] OLG Stuttgart Urt. v. 6. April 2017 – 4 Ss 623/16 Rdn. 31.

[14] BGH Beschl. v. 12. Juni 2017 – GSSt 2/17; BGH Beschl. v. 17. Januar 2008 – GSSt 1/07; BGH Beschl. v. 7. Februar 2023 – 3 StR 483/21 Rdn. 45 ff.

[15] BGH Beschl. v. 30. März 2021 – 2 StR 398/20 Rdn. 4.

[16] BGH Urt. v. 20. Oktober 2021 – 1 StR 136/21 Rdn. 7.

[17] BGH Beschl. v. 20. Juni 2017 – 1 StR 227/17 Rdn. 4 „möglichst genaue Feststellung des Wirkstoffgehalts“ wegen Bedeutung für die Strafzumessung; BGH Beschl. v. 9. Dezember 2021 – 4 StR 277/21 Rdn. 5.

[18] BGH Beschl. v. 5. Oktober 2022 – 3 StR 270/22 Rdn. 3 f.

[19] vgl. zum Streitstand BGH Beschl. v. 16. November 2022 – 3 StR 364/22.

[20] BGH Beschl. v. 5. Februar 2020 – 2 StR 517/19 Rdn. 4; BGH Beschl. v. 27. Juni 2017 – 3 StR 142/17 Rdn. 2 f.

[21] BGH Beschl. v. 22. November 2022 – 2 StR 311/22 Rdn. 21.

[22] OLG Hamm Beschl. v. 17. Januar 2023 – 5 RVs 120/22 Rdn. 8; BGH Urt. v. 22. März 2022 – 1 StR 425/21 Rdn. 9.

Liegt eine Divergenz im Strafausspruch zwischen dem mündlich in der Hauptverhandlung verkündeten Urteil und dem schriftlichen Urteil vor, so ist die Rechtsprechung des Bundesgerichtshofs im Umgang mit diesem Mangel uneinheitlich:

- Dem Urteil des BGH vom 10. Oktober 2019 – 1 StR 632/18 liegt der Fall zugrunde, dass in der mündlichen Hauptverhandlung eine Gesamtfreiheitsstrafe von 12 Jahren ausgesprochen wurde, während im schriftlichen Urteil 13 Jahre niedergeschrieben wurden. Der 1. Strafsenat des Bundesgerichtshofs[23] behebt diesen Fehler von Amts wegen. Seine Begründung ist überzeugend: Ein Urteil ergeht mit der mündlichen Verkündung der Urteilsformel, § 268 Abs. 2 S. 1 StPO – deshalb gilt das verkündete Strafmaß. Dass dies von Amts wegen und nicht etwa erst aufgrund einer zulässigen Rüge geprüft wird, begründet der Senat u. a. mit einer Parallele zur grundsätzlichen Prüfung des Vorliegens eines Urteils. Es wird dabei auch stets von Amts wegen geprüft, ob ein wirksamer Eröffnungsbeschluss vorliegt und ob Verfahrenshindernisse bestehen.

Überdies spricht folgendes Argument für die Auffassung des 1. Strafsenats: Würde man eine ordnungsgemäße Verfahrensrüge verlangen und diese indes aufgrund von Schwierigkeiten nicht wirksam erhoben werden, so bestünde die Möglichkeit, dass der Verurteilte aufgrund eines „Schreibfehlers" ein Jahr mehr zu verbüßen hätte. Dieses Ergebnis erscheint nicht sachgerecht.

Andere Strafsenate verlangen demgegenüber eine wirksam erhobene Verfahrensrüge, um diesen Fehler zu korrigieren.[24] Der 6. Strafsenat bezieht sich auf Entscheidungen des 3. und 5. Strafsenates ohne jedoch zu begründen, warum eine Verfahrensrüge einschlägig sein soll und nicht etwa eine Prüfung von Amts wegen. Der 3. und 5. Strafsenat nennen auch keine dogmatische Begründung für die Einordung als Verfahrensrüge.

Etwas anderes gilt in folgender Konstellation: Liegt eine Divergenz zwischen der Urteilsformel in dem schriftlichen Urteil und den Urteilsgründen vor, so soll eine Sachrüge erhoben werden können.[25] Dies erscheint sachgerecht, da sich der Fehler aus dem Urteil selbst ergibt und beweisen lässt. Ein Berichtigungsbeschluss kommt in den vorgezeichneten Konstellationen nur im Falle des offensichtlichen Schreibversehens oder Verkündungsversehens[26] in Betracht.[27] Hier ist insbesondere die Offensichtlichkeit zu prüfen, denn diese ergibt sich nicht stets aus dem Urteil oder aus sonstigen Umständen.[28]

---

[23] BGH Urt. v. 10. Oktober 2019 – 1 StR 632/18 Rdn. 13 ff.; BGH Beschl. v. 9. Februar 2022 – 1 StR 446/21.

[24] BGH Beschl. v. 27. Januar 2021 – 6 StR 399/20 Rdn. 3 ff.; BGH Beschl. v. 3. Mai 2019 – 3 StR 462/18 Rdn. 3 ff.; BGH Beschl. v. 23. Juni 2020 – 5 StR 189/20 Rdn. 4 f.

[25] BGH Beschl. v. 15. Juli 2020 – 4 StR 242/20 Rdn. 2 ff.

[26] BGH Urt. v. 8. November 2017 – 2 StR 542/16.

[27] BGH Beschl. v. 2. November 2022 – 3 StR 12/22 Rdn. 34 ausführlich zur Offensichtlichkeit

[28] BGH Beschl. v. 15. Juli 2020 – 4 StR 242/20 Rdn. 4 ff.

Ein Widerspruch zwischen verkündeter Formel und schriftlichen Gründen kann mit der Sachrüge beanstandet werden.[29] In geeigneten Fällen vermag der Senat auch selbst die niedrigere Strafe festzusetzen. Dies kommt in Betracht, wenn ausgeschlossen werden kann, dass das Tatgericht eine noch niedrigere Strafe ausgeurteilt hätte.[30] Lässt sich dies nicht sicher feststellen, ist aufzuheben und zurückzuverweisen.[31]

Bei einem Widerspruch zwischen Protokoll (1 Jahr 9 Monate Freiheitsstrafe) und Tenor sowie schriftlicher Gründe (1 Jahr 6 Monate Freiheitsstrafe) hat der BGH auf die niedrigere Strafe erkannt und Rechtsfolgenausspruch neu gefasst.[32]

4.2 Negative Tatsache

Zu einer wirksamen Verfahrensrüge i. S. v. § 344 Abs. 2 S. 2 StPO gehört auch der Vortrag sog. negativer Tatsachen. Eine Verfahrensrüge muss immer die Tatsachen wiedergeben, die den behaupteten Mangel belegen, § 344 Abs. 2 S. 2 StPO. Hierzu gehört der Vortrag, dass ein revisionsrechtlich bedeutsamer Fehler vorliegt. Das Revisionsgericht muss durch den Vortrag in die Lage versetzt werden, allein aus der Revisionsbegründungsschrift den Verfahrensfehler beurteilen zu können.[33] Dieser Fehler kann durch aktives Tun oder durch Unterlassen verursacht worden sein: Das Tatgericht hat z. B. einen Beweisantrag fehlerhaft beschieden oder es hat vergessen, dem Angeklagten das letzte Wort zu gewähren.

Ein zulässiger Vortrag i. S. v. § 344 Abs. 2 S. 2 StPO verlangt aber auch, das sog. negative Tatsachen vorgetragen werden, die der Revision möglicherweise den Boden entziehen.[34] Eine negative Tatsache beschreibt den Umstand, dass etwas nicht stattgefunden hat. Das heißt, der Revisionsführer muss erklären, dass der Verfahrensfehler im Verlauf der Hauptverhandlung nicht geheilt wurde.[35] Dieser Vortrag ist nur erforderlich, wenn grundsätzlich die Möglichkeit einer Fehlerkorrektur besteht.[36]

Natürlich erscheint es zweifelhaft eine Rüge zu erheben, von der der Revisionsführer weiß, dass sie in Wirklichkeit gar nicht vorliegt. Ein solches Verhalten wird auch als rechtsmissbräuchlich bezeichnet.[37] Eine solche Rüge ist unzulässig.

---

[29] BGH Beschl. v. 14. Januar 2009 – 4 StR 579/08 Rdn. 1 ff.

[30] BGH Beschl. v. 9. Oktober 2013 – 5 StR 399/13 Rdn. 2.

[31] BGH Beschl. v. 22. Februar 2012 – 4 StR 634/11 Rdn. 5.

[32] BGH Beschl. v. 20. Oktober 2009 – 4 StR 340/09.

[33] BGH Beschl. v. 7. Dezember 2022 – 5 StR 122/22; BGH Beschl. v. 8. November 2022 – 5 StR 339/22 Rdn. 7; BGH Beschl. v. 3. November 2022 – 6 StR 296/21 Rdn. 3.

[34] BGH Beschl. v. 16. August 2018 – 4 StR 200/18 Rdn. 19; BGH Urt. v. 5. Juni 1996 – 2 StR 70/96.

[35] BGH Beschl. v. 5. August 2021 – 4 StR 143/21 Rdn. 4 Belehrungsfehler.

[36] BGH Beschl. v. 16. August 2022 – 5 StR 101/22 Rdn. 4.

[37] BGH Beschl. v. 21. November 2007 -. 1 StR 539/07; EGMR Entscheidung v. 19. Juni 2006 – 23130/04; Mosbacher (2008), S. 263.

Es kann mithin Konstellationen geben, die aus Sicht des Revisionsführers nachteilig sind, weil sie der Rüge den Boden entziehen könnten; demgegenüber kann es sein, dass das Revisionsgericht auch unter Einbeziehung dieses Vortrags die Revision für begründet erachtet. Mosbacher unterscheidet daher „rügevernichtende Umstände", „also Verfahrenstatsachen, die gegen das Vorliegen des behaupteten Rechtsfehlers sprechen" und „Negativtatsachen im eigentlichen Sinne, also der Vortrag, dass etwas nicht stattgefunden hat."[38]

Entscheidend ist der vollständige Vortrag, denn nur dieser Vortrag entspricht der Wahrheit. Das Revisionsgericht soll nicht verpflichtet sein, den Verfahrensfehler selbst zu suchen. Anderenfalls hätte dies auch „erhebliche Auswirkungen auf die Verfahrensdauer."[39] Auch aus diesem Grund muss vollständig vorgetragen werden. Dabei ist zu beachten, dass der Vortrag sich auf die konkrete Rüge bezieht und relevanten Verfahrensstoff enthält. Eine „Nacherzählung der Hauptverhandlung,"[40] die dazu führt, dass das Revisionsgericht den relevanten Inhalt selbst heraussuchen muss, ist unzulässig.[41]

Die Bestimmung des „Vollständigen" ist mit großer Ungewissheit verbunden. Was muss noch vorgetragen werden und was wäre zu viel? Die Antwort ist so individuell wie jeder Sachverhalt. Verlangt ein Revisionsgericht zu viel, hat es die Anforderung an den Vortrag negativer Tatsachen überspannt, so kann ein Verstoß gegen die Rechtsschutzgarantie vorliegen.[42] Überhöhte Anforderungen würden die Revision „ineffektiv machen" und den Revisionsführer „leerlaufen" lassen.[43]

4.3 Unvollständiger Tatsachenvortrag

Ein unvollständiger Tatsachenvortrag macht die Verfahrensrüge unzulässig.

Beispiel

Der Revisionsführer rügt die Verletzung des § 261 StPO, da ein Brief mit folgendem Inhalt nicht im Urteil gewürdigt worden sei:

„Es war unser beide(r) Idee und geplant haben wir gemeinsam, aber ich will nicht, dass Du auch in den Knast musst. Ich halt Dich so weit wie möglich raus."[44]

Demgegenüber hat der Revisionsführer es unterlassen vorzutragen, dass ein weiterer Brief des Angeklagten mit folgendem Inhalt in die Hauptverhandlung eingeführt worden war:

---

[38] Mosbacher (2008), S. 263.

[39] BVerfG Beschl. v. 25. Januar 2005 – 3 BvR 656/99, Rdn. 50.

[40] BGH Beschl. v. 14. Mai 2020 – 5 StR 672/19.

[41] BGH Beschl. v. 14. Mai 2020 – 5 StR 672/19.

[42] BVerfG Beschl. v. 25. Januar 2005 – 2 BvR 656/99.

[43] BVerfG Beschl. v. 25. Januar 2005 – 2 BvR 656/99 Rdn. 92.

[44] BGH Urt. v. 13. Juli 2017 – 3 StR 148/17 Rdn. 9.

„Und ich habe Dich reingezogen ohne Dein Wissen. Ich habe Dich benutzt.... Hoffentlich wirst Du nicht angeklagt."[45]

Das Rügevorbringen verstieß gegen § 344 Abs. 2 S. 2 StPO, die Rüge war unzulässig und da nur die Verfahrensrüge erhoben worden war, war die Revision insgesamt unzulässig.[46] ◀

4.4 Rechtsmissbrauch

Der Revisionsführer rügt, der Wahlanwalt sei nicht ordnungsgemäß zur Hauptverhandlung geladen worden und nannte Daten und Umstände.

Dabei hat der Revisionsführer es unterlassen entscheidungserhebliche Umstände mitzuteilen, nämlich: Die Termine wurden rechtzeitig dem Pflichtverteidiger mitgeteilt. Erst wenige Tage vor Verhandlungsbeginn hat der Wahlverteidiger seine Vertretung dem Gericht angezeigt und am Tag vor Hauptverhandlungsbeginn um 11.35 Uhr beantragt, den 1. Hauptverhandlungstag aufgrund von Terminkollisionen zu verlegen. Am selben Tag um 16.19 Uhr hat der Verteidiger mittels Fax seine Mandatsniederlegung angezeigt.[47]

Das Verschweigen dieser erheblichen Tatsachen genügte nicht den gesetzlichen Anforderungen des § 344 Abs. 2 S. 2 StPO und wurde überdies als rechtsmissbräuchlich qualifiziert.[48]

4.5 Kein Vorhalt

Beispiel

Das Tatgericht hat den Inhalt einer Urkunde im Urteil verwendet. Die Urkunde wurde allerdings nicht in der Hauptverhandlung verlesen. Der Revisionsführer rügt ein Verstoß gegen § 261 StPO (Inbegriffsrüge). Dieser Vortrag allein genügt nicht den Anforderungen des § 344 Abs. 2 S. 2 StPO; vielmehr muss vorgetragen werden, „dass der Urkundeninhalt auch nicht in sonstiger prozessordnungsgemäßer Weise in die Hauptverhandlung eingeführt worden ist."[49] ◀

Das Revisionsvorbringen müsste auch ausschließen können, dass der Urkundeninhalt nicht etwa durch Vorhalt in den Prozess eingeführt wurde.[50] Erst wenn dies

---

[45] BGH Urt. v. 13. Juli 2017 – 3 StR 148/17 Rdn. 9.

[46] BGH Urt. v. 13. Juli 2017 – 3 StR 148/17.

[47] BGH Beschl. v. 21. November 2007 – 1 StR 539/07.

[48] BGH Beschl. v. 21. November 2007 – 1 StR 539/07; vgl. zum Rechtsmissbrauch EGMR Entscheidung v. 19. Juni 2006 – 23130/04 Rdn. 28 f.

[49] BVerfG Beschl. v. 25. Januar 2005 – 2 BvR 656/99; BGH Beschl. v. 7. Dezember 2022 – 5 StR 122/22; BGH Urt. v. 12. Mai 2016 – 4 StR 569/15.

[50] BGH Urt. v. 23. November 2022 – 2 StR 142/21 Rdn. 44.

alles ausgeschlossen werden kann, steht fest, dem Urteil liegt etwas zugrunde, was nicht in die Hauptverhandlung eingeführt worden ist.[51]

4.6 Kein Ausnahmetatbestand

Der Revisionsführer kann u. U. gehalten sein vorzutragen, ein „Ausnahmetatbestand" liege nicht vor:[52]

Beispiel

Das Tatgericht hat die eidesstattliche Versicherung einer Auslandszeugin in der Hauptverhandlung verlesen; vernommen wurde sie in der Hauptverhandlung nicht. Der Revisionsführer rügt einen Verstoß gegen den Unmittelbarkeitsgrundsatz gem. § 250 StPO, sowie gegen die Sachaufklärungspflicht aus § 244 Abs. 2 StPO. Die Rüge war unzulässig, da verabsäumt wurde vorzutragen, dass gegen die Verlesung nicht widersprochen wurde und dass gar kein Beweisantrag auf Vernehmung der Auslandszeugin gestellt wurde. Dies sind „Ausnahmetatbestände," die der Rüge den Boden entziehen. Der Revisionsvortrag muß vollständig sein. Außderdem kann nur so beurteilt werden, ob die Kammer zur Vernehmung gedrängt war.[53] ◄

Ein weiterer Ausnahmetatbestand wäre zu erörtern, wenn einerseits Beschlagnahmefreiheit von Geschäftsunterlagen bei einer zeugnisverweigerungsberechtigten Person vorliegt, andererseits diese Beschlagnahmefreiheit ausnahmsweise entfällt, weil die geschützte Person – hier der Steuerberater – im Verdacht steht an der Tat beteiligt zu sein, § 97 Abs. 2 S. 3 StPO. Gibt der Prozessstoff mithin Anlass zu Bedenken, der Steuerberater könne an der Tat beteiligt sein, muss die Rüge Ausführungen zur Nicht-Deliktsbezogenheit der Unterlagen enthalten.[54]

4.7 Angriffsrichtung

Umfasst der Tatsachenvortrag zu einer Rüge mehrere Fehler, die wiederum mindestens einen weiteren Verfahrensmangel aufzeigen und somit die Grundlage mindestens einer weiteren Verfahrensrüge bilden, so muss die Angriffsrichtung der erhobenen Verfahrensrüge eindeutig benannt werden.[55] Der Vortrag ist zwar der Auslegung zugänglich; bleibt er dennoch mehrdeutig, ist die Rüge unzulässig erhoben.[56]

---

[51] BVerfG Beschl. v. 25. Januar 2005, – 2 BvR 656/99, Rdn. 53.

[52] BGH Urt. v. 5. Juni 1996 – 2 StR 70/96 Rdn. 7.

[53] BGH Urt. v. 5. Juni 1996 – 2 StR 70/96 Rdn. 8 f; BGH Beschl. v. 4 StR 200/18 Rdn. 19.

[54] BGH Urt. v. 28. November 1990 – 3 StR 170/90 Rdn. 19 ff.

[55] BGH Beschl. v. 7. Juli 2022 – 4 StR 508/21 Rdn. 2; OLG Koblenz Beschl. v. 24. Oktober 2022 – 1 OLG 4 Ss 105/22 Rdn. 9 f; BVerfG Beschl. v. 25. Januar 2005 – 2 BvR 656/99 Rdn. 115.

[56] BGH Urt. v. 22. Juli 2015 – 2 StR 389/13 Rdn. 55.

Diese Voraussetzung zur klaren Angriffsrichtung findet ihren Ursprung in der Dispositionsfreiheit des Revisionsführers, § 352 Abs. 1 StPO.[57] Es steht ihm frei, bestimmte Fehler zu rügen und andere unangetastet zu lassen. Deswegen muss für das Revisionsgericht unzweideutig klar sein, welchen Verfahrensfehler es prüfen soll.

Beispiel[58]

Einerseits wird gerügt, der Angeklagte habe keine alkoholhaltigen Pralinen gegessen. An anderer Stelle rügt der Revisionsführer, das Tatgericht habe sich nicht mit der Möglichkeit auseinandergesetzt, der Alkoholgeruch könnte auf den Konsum alkoholhaltiger Pralinen zurückzuführen sein. Die Rüge ist unzulässig, weil die Angriffsrichtung widersprüchlich ist; sie enthält zwei verschiedene Fehler. ◄

4.8 Beschluss, § 238 Abs. 2 StPO

Der Beschluss nach § 238 Abs. 2 StPO, den das Tatgericht in der Hauptverhandlung erlässt, ist eine Zulässigkeitsvoraussetzung für verschiedene Verfahrensrügen in der Revision und gehört zu einem „zentralen Institut des Revisionsverfahrens."[59]

Nach § 238 Abs. 1 StPO steht die Sachleitung des Prozesses dem Vorsitzenden zu. Ist ein Prozessbeteiligter mit der Sachleitung nicht einverstanden, kann er diese beanstanden und einen Beschluss nach § 238 Abs. 2 StPO beantragen. Dann entscheidet der gesamte Spruchkörper, ob die beanstandete Maßnahme des Vorsitzenden bestehen bleibt oder ob sie geändert wird.[60] Solch ein Vorgehen will Verfahrensfehler und damit Revisionen vermeiden; der Fehler soll in der Instanz korrigiert werden können. Ein ablehnender Beschluss des Gerichts bringt überdies zum Ausdruck, andere Richter erachten die Vorgehensweise des Vorsitzenden – nach eingehender Prüfung vor Beschlussfassung – für zutreffend. Dem Verteidiger in der Instanz wird mit diesem Institut eine große Verantwortung auferlegt. Fehlt der Beschluss, ist eine entsprechende Rüge (selbst bei völliger Offenkundigkeit ihres Erfolges) ausgeschlossen.[61]

Auch sachleitende Entscheidungen des Einzelrichters am Amtsgericht sind mit einem Beschluss gem. § 238 Abs. 2 StPO zu beanstanden. Nach Antrag entscheidet der Amtsrichter durch Beschluss.[62] Weitere Bedeutung kann der Beschluss des Amtsgerichts mit der Sprungrevision erlangen.[63] Der Beschluss kann auch im

[57] BGH Urt. v. 22. Juli 2015 – 2 StR 389/13 Rdn. 55.

[58] KG Berlin Beschl. v. 22. Oktober 2019 – 121 Ss 147/19 Rdn. 6 f; vgl. auch KG Berlin Beschl. v. 26. August 2020 – 3 Ws (8) 163/20 Rdn. 11 ff.

[59] Schneider (2023), § 238 Rdn. 38.

[60] BGH Beschl. v. 13. September 2018 – 1 StR 320/17 Rdn. 11.

[61] BGH Beschl. v. 24. März 2022 – 1 StR 480/21 Rdn. 4; BVerfG Nichtannahmebeschl. v. 8. Mai 2020 – 2 BvR 1905/19 Rdn. 4; BGH Beschl. v. 7. Mai 2019 – 5 StR 623/18 Rdn. 6.

[62] OLG Düsseldorf Beschl. v. 10. Januar 1996 – 5 Ss 462/95.

[63] OLG Düsseldorf Beschl. v. 10. Januar 1996 – 5 Ss 462/95.

Ordnungswidrigkeitenverfahren im Rahmen der Rechtsbeschwerde eine Zulässigkeitsvoraussetzung sein, § 238 Abs. 2 StPO i. V. m. § 71 Abs. 1 OWiG.[64]

Überdies gehört der Beschluss nach § 238 Abs. 2 StPO, sofern er erforderlich ist, zur Rechtswegerschöpfung im Rahmen einer Verfassungsbeschwerde. Die Verfassungsbeschwerde ist daher unzulässig, wenn der vorgesehene Zwischenrechtsbehelf des § 238 Abs. 2 StPO nicht zur Anwendung kam.[65]

Nicht alle verfahrensrelevanten Entscheidungen müssen mit einem Beschluss in der Instanz versehen werden, um eine zulässige Verfahrensrüge erheben zu können. Es ist daher zu prüfen, ob eine Verfahrensnorm einer Beanstandung nach § 238 Abs. 2 StPO bedarf oder nicht.[66] Eine Anordnung i. S. v. § 238 Abs. 2 StPO beinhaltet ein Ge- oder Verbot, dass der Vorsitzende oder Richter am Amtsgericht gegen einen Verfahrensbeteiligten ausgesprochen hat.[67] Dem unterfallen „Belehrungen, Hinweise, Vorhalte, Ermahnungen und (…) Fragen."[68] Grundsätzlich gibt es demnach Verfahrensvorschriften, die disponibel sind und andere die zwingendes Recht darstellen. Ist der Verteidiger der Ansicht, eine sachleitende Maßnahme sei rechtswidrig, so kann er im Prozess entscheiden, diese Maßnahme bestehen zu lassen und nicht zu rügen. Zwar ist eine diesbezügliche Verfahrensrüge in der Revision damit präkludiert, aber in der Instanz kann unbeschadet mit der Maßnahme gearbeitet werden. Eine Beschlussfassung nach § 238 Abs. 2 StPO ist etwa bei folgenden Anordnungen des Vorsitzenden erforderlich:

- Sitzungspolizeiliche Maßnahmen des Vorsitzenden, Rüge gem. § 338 Abs. 8 StPO i. V. m. §§ 176 ff. StPO[69]
- Sitzordnung[70]
- Beweisermittlungsantrag/Vorabentscheidung[71]
- Verlobung, Auskunftsverweigerungsrecht, Vorsitzender verneint Verlobung[72]
- Im Selbstleseverfahren ist zu differenzieren: Gegen die Anordnung des Selbstleseverfahrens ist ein Widerspruch nach § 249 Abs. 2 S. 2 StPO zu erheben. Gegen die Art der Durchführung des Selbstleseverfahrens ist ein Beschluss gem. § 238 Abs. 2 StPO zu beantragen.[73]
- Der Vorsitzende bemisst die Zeit zur Vorbereitung des Plädoyers zu kurz.[74]

---

[64] OLG Brandenburg Beschl. v. 5. März 2020 – 53Ss-OWi 96/20 Rdn. 4; OLG Zweibrücken Beschl. v. 5. Mai 2020 – 1 OWi 2 SsBs 94/19 Rdn. 17.

[65] BVerfG Nichtannahmebeschl. v. 8. Mai 2020 – 2 BvR 1905/19 Rdn 4 f.

[66] BGH Beschl. v. 21. Januar 1958 – GSSt 4/57 Rdn. 14; BGH Beschl. v. 3. September 2019 – 3 StR 291/19 Rdn. 13; eine Übersicht enthält Schneider (2023), § 238 Rdn. 13 f.

[67] OLG Hamm Beschl. v. 14. März 2019 – III-5 RVs 21/19 Rdn. 20.

[68] OLG Hamm Beschl. v. 14. März 2019 – III-5 RVs 21/19 Rdn. 20.

[69] BGH Beschl. v. 30. August 2022 – 5 StR 169/22 Rdn. 9; KG Berlin Beschl. v. 23. September 2015 – 121 Ss 133/15 Rdn. 10.

[70] BGH Beschl. v. 1. August 2018 – 5 StR 228/18.

[71] BGH Beschl. v. 10. März 2009 – 3 StR 588/08.

[72] BGH Beschl. v. 9. März 2010 – 4 StR 606/09 Rdn. 8 ff.

[73] BGH Beschl. v. 24. März 2022 – 1 StR 480/21 Rdn. 4.

[74] BGH Urt. v. 13. Oktober 1992 – 5 StR 476/92 Rdn. 19.

Die Rüge der Beschränkung der Verteidigung gem. § 338 Nr. 8 StPO verlangt überdies einen Beschluss. Zwar steht § 338 Nr. 8 StPO im Katalog der absoluten Revisionsgründe, allerdings liegt hier eine Einschränkung vor. Die Verfahrensverletzung muss gem. § 238 Abs. 2 StPO gerügt worden sein und das Urteil muss auf der Verfahrensverletzung beruhen.[75]

Keinen Zwischenrechtsbehelf nach § 238 Abs. 2 StPO verlangen z. B. folgende Verfahrensverstöße:

- Der Vorsitzende vergisst dem Angeklagten das letzte Wort zu erteilen.[76]
- Verstoß gegen § 250 StPO[77]
- Verfahrenshindernisse sind von Amts wegen zwingend zu beachten[78]
- Die Entscheidung über eine vernehmungsersetzende Vorführung nach § 255 Abs. 2 S. 3 StPO ergeht (schon) durch den gesamten Spruchkörper.[79]
- Die Anordnung einer Verlesung von Protokollen i. S. v. § 251 Abs. 1, 2 StPO ist gem. § 251 Abs. 4 S. 1 StPO stets durch das Gericht – und nicht durch den Vorsitzenden allein – anzuordnen. Ein Beschluss gem. § 238 Abs. 2 StPO ist mithin entbehrlich.[80]
- Fesselungsanordnung während einer Hauptverhandlung, kein Beschluss, weil Maßregel des Vorsitzenden zur äußeren Verhandlungsleitung gem. § 231 Abs. 1 S. 2 StPO gehört.[81]

Der Beschluss nach § 238 Abs. 2 StPO muss in der Revisionsbegründung mitgeteilt werden, am besten ist er als Kopie zum Gegenstand der Revisionsbegründung zu machen. Der Verfahrensfehler ist darzulegen und eine Beruhensprüfung sollte gegebenenfalls kurz erwähnt werden. Wer einen Beschluss gem. § 238 Abs. 2 StPO herbeiführt, hat die Revision im Blick!

4.9 Beruhen

Ein Rechtsfehler allein begründet noch nicht die Revision; ein Urteil wird erst aufgehoben, wenn das Urteil auch auf dem Rechtsfehler beruht, § 337 Abs. 1 StPO. Beruht der Schuld- oder Strafausspruch nicht auf dem Rechtsfehler, bleibt das Urteil – trotz Rechtsfehler – bestehen; der Rechtsfehler bleibt dann folgenlos.

Die Beruhensprüfung nimmt das Revisionsgericht vor. Ein Vortrag hierzu ist vom Revisionsführer gesetzlich nicht vorgeschrieben.[82] Im Rahmen der Sachrüge

[75] BGH Urt. v. 13. Oktober 1992 – 5 StR 476/92; BGH Beschl. v. 1. August 2018 – 5 StR 228/18.
[76] BGH Urt. v. 14. Februar 1985 – 4 StR 731/84.
[77] BGH Beschl. v. 25. Oktober 2011 – 3 StR 315/11 Rdn. 6.
[78] BGH Urt. v. 24. November 2022 – 3 StR 64/22 Rdn. 20.
[79] BGH Beschl. v. 13. Dezember 2022 – 6 StR 467/22 Rdn. 5.
[80] BGH Beschl. v. 3. September 2019 – 3 StR 291/19 Rdn. 13.
[81] OLG Sachsen-Anhalt Beschl. v. 24. Juni 2019 – 1 Ws (s) 213/19 Rdn. 4.
[82] BGH Beschl. v. 15. März 2011 – 1 StR 33/11 Rdn. 17.

ist das Beruhen „ohne weiteres“[83] dem Urteil zu entnehmen. Im Rahmen der Verfahrensrüge empfiehlt es sich jedoch zum Beruhen vorzutragen, da Verfahrensfehler nicht immer augenblicklich ein Beruhen i. S. v. § 337 StPO erkennen lassen. Ein Urteil beruht auf einem Rechtsfehler, wenn die Möglichkeit besteht, dass das Urteil ohne Rechtsfehler anders ausgefallen wäre.[84] In zahlreichen Urteilsaufhebungen heißt es, die Möglichkeit, dass das Urteil ohne Rechtsfehler anders ausgefallen wäre, könne nicht ausgeschlossen werden. Danach muss eine Kausalität zwischen Fehler und Schuld- oder Strafausspruch vorliegen.[85] Diese Kausalität ist jedoch mit dem sonstigen im Strafrecht herrschenden Kausalitätsbegriff nicht identisch.[86] Die Kausalität in der Beruhensprüfung ist sehr viel niedrigschwelliger; sie muss nicht bewiesen werden. Es reicht die Möglichkeit, dass das Urteil auf dem Fehler beruht.[87]

Ein Beruhen i. S. v. § 337 StPO ist bei der Verletzung sog. Ordnungsvorschriften ausgeschlossen.[88] Ob ein Gesetz lediglich als Ordnungsvorschrift oder Soll–Vorschrift eingestuft wird, hängt vom Einzelfall ab und ist häufig umstritten.[89] Liegt ein absoluter Revisionsgrund i. S. v. § 338 Nr. 1 bis 7 StPO vor, wird das Beruhen unwiderleglich vermutet, eine eigenständige Beruhensprüfung ist nicht erforderlich. Der Rechtsfehler wiegt so schwer, dass das Urteil aufgehoben werden soll. Im Übrigen würde eine Beruhensprüfung in vielen Fällen eine Aufhebung unmöglich machen. Wie kann ein Urteil etwa auf der Verletzung des Öffentlichkeitsgrundsatzes nach § 338 Ziff. 6 StPO beruhen? Wäre das Urteil mit Zuhörern anders ausgefallen?

Ein Teilberuhen ist auch bei absoluten Revisionsgründen denkbar.[90] Ein Teilberuhen liegt vor, wenn etwa eine Revisionsbegründung dazu führt, dass ein Rechtsfehler aufgezeigt wird, auf dem aber nicht der Schuldspruch beruht, sondern nur der Strafausspruch. Der Schuldspruch erwächst sodann in Rechtskraft, über den Strafausspruch ist erneut zu verhandeln.[91] Das Revisionsgericht darf zur Prüfung der Voraussetzung des Beruhens den Akteninhalt auswerten,[92] und im Wege des Freibeweis' den Sachverhalt aufklären.[93]

[83] Schmitt (2024), § 337 Rdn. 40.

[84] BGH Beschl. v. 26. April 2017 – 4 StR 645/16 Rdn. 4; BGH Urt. v. 3 StR 127/22 Rdn. 23 ff.; BVerfG Beschl. v. 2 BvR 900/19 Rdn. 36 ff.

[85] Kästle (2018), S. 177 ff.

[86] Hohnel (1998), S. 131 ff.

[87] Schmitt (2024), § 337 Rdn. 40.

[88] BGH Beschl. v. 13. Januar 2021 – 4 StR 409/19 Rdn. 3; BGH Beschl. v. 7. Dezember 2021 – 5 StR 329/21 Rdn. 15; BGH Urt. v. 26. Januar 2011 – 2 StR 338/10 Rdn. 9; BVerfG Nichtannahmebeschl. v. 20. Dezember 2001 – 2 BvR 1356/01 Rdn. 2.

[89] Gericke (2023), § 337 Rdn. 13; BayObLG Beschl. v. 16. Mai 2022 – 201 ObOWi 483/22 Rdn. 15, § 17 Abs. 4 OWiG (Höhe der Geldbuße) ist Soll-Vorschrift.

[90] BGH Urt. v. 23. Oktober 2002 – 1 StR 234/02 Rdn. 11.

[91] BGH Beschl. v. 18. Mai 2017 – 3 StR 511/16 Rdn. 14 f.

[92] BGH Beschl. v. 5. Dezember 2007 – 5 StR 331/07 Rdn. 4 ff.

[93] BGH Beschl. v. 23. März 2000 – 1 StR 657/99.

Beispiel[94]

Der BGH hat festgestellt, dass das Landgericht den Antrag auf audiovisuelle Vernehmung gem. § 247a StPO eines Zeugen in der Tschechischen Republik unzutreffend abgelehnt hat. Das Urteil beruhte jedoch nicht auf dem Rechtsfehler. Der BGH hat recherchiert, dass eine solche grenzüberschreitende audiovisuelle Vernehmung gegenwärtig unmöglich ist. Hätte das Tatgericht den Rechtsfehler nicht begangen und vielmehr eine audiovisuelle Zeugenvernehmung gem. § 247a StPO zu veranlassen versucht, so wäre diese im Ergebnis nicht durchführbar gewesen. ◀

Ein Urteil beruht auf einer fehlerhaften Strafzumessung, wenn die Möglichkeit besteht, dass die Entscheidung ohne den Rechtsfehler zu einer milderen Strafe geführt hätte. Gelangt das Revisionsgericht zu der Überzeugung, dass trotz des Fehlers dieselbe Strafe ausgesprochen worden wäre, ist die Revision mangels Beruhens unbegründet. Das Revisionsgericht trifft keine eigene Strafzumessung, vielmehr prüft es die Auswirkungen des Rechtsfehlers auf die Strafzumessungserwägungen im angefochtenen Urteil.[95] Beruht ein Urteil auf dem festgestellten Rechtsfehler kann es aufgehoben werden oder es besteht – in geeigneten Fällen – für das Revisionsgericht zudem die Möglichkeit nach §§ 354 Abs. 1, 354 Abs. 1a StPO zu entscheiden.

Eine besondere Rechtsprechung zum Beruhen hat sich im Zusammenhang mit Informationspflichten entwickelt. Danach soll bei der Verletzung von Informations-, Transparenz- und Dokumentationspflichten regelmäßig ein Beruhen i. S. v. § 337 Abs. 1 StPO bejaht werden.[96] Ein Informationsungleichgewicht führt regelmäßig zu der Annahme, dass nicht ausgeschlossen werden kann, dass sich der Angeklagte bei Kenntnis aller Umstände anders verteidigt hätte.[97]

Literatur

Andoor, G. (2019). *Tatfragen in der strafrechtlichen Revision*. Diss.

Gericke, J. (2023). *Karlsruher Kommentar zur StPO*, 9. Aufl.

Hohnel, A. (1998). *Die Abgrenzung von Tatfrage und Rechtsfrage in der Rechtsprechung der Strafsenate des Bundesgerichtshofs*. Diss.

Kästle, N. (2018). *Das Wesen der strafprozessualen Revision*. Diss.

Mosbacher, A. (2008). Negativtatsachen im Revisionsverfahren (Hrsg. Ventzke, K.-U. & Mosbacher, A.). *NStZ*, 262.

Neumann, U. (1988). Die Abgrenzung von Rechtsfrage und Tatfrage und das Problem des revisionsrechtlichen Augenscheinbeweises. *GA*, 387.

[94] BGH Beschl. v. 23. März 2000 – 1 StR 657/99.

[95] BGH Beschl. v. 13. Oktober 2016 – 3 StR 258/16 Rdn. 2; BGH Beschl. v. 14. April 2020 – 5 StR 20/19 Rdn. 10 ff.

[96] BGH Urt. v. 3. November 2022 – 3 StR 127/22 Rdn. 23 f; BGH Beschl. v. 6. Oktober 2020 – 2 StR 262/20 Rdn. 8 f; BGH Beschl. v. 31. August 2021 – 2 StR 339/20 Rdn. 12 f.

[97] Vgl. Schäfer et al. (2017), Rdn. 1548.

Reichenbach, C. (2016). *Die Anforderungen an die Strafzumessungsbegründung im Urteil*. Diss.
Schäfer, G., Sander, G., & van Gemmeren, G. (2017). *Praxis der Strafzumessung*, 6. Aufl.
Schletz, J. (2020). *Die erweiterte Revision in Strafsachen*. Diss.
Schmitt, B. (2024). *Meyer-Goßner, Lutz/Schmitt, Bertram Kommentar zur Strafprozeßordnung*, 67. Aufl.
Schneider, H. (2023). *Karlsruher Kommentar zur StPO*, 9. Aufl.

5 Ausgewählte Probleme der Rechtsfolgenbestimmung in der Revision

5.1 Beihilfe, § 27 StGB

Nach § 27 Abs. 2 StGB muss die Strafe für den Gehilfen nach § 49 Abs. 1 StGB gemildert werden. Grundsätzlich bestimmt die Haupttat den Strafrahmen; dieser ist sodann gemäß § 49 Abs. 1 StGB zu verschieben. Die Voraussetzungen der Beihilfe fasst BayObLG[1] prägnant zusammen:

> „Wegen Beihilfe gemäß § 27 Abs. 1 StGB wird bestraft, wer vorsätzlich einen anderen zu dessen vorsätzlich begangener rechtswidriger Tat Hilfe leistet, sei es durch aktives Tun oder durch pflichtwidriges (unechtes) Unterlassen. Dabei genügt die Hilfe bei einer vorbereitenden Handlung. Die Hilfeleistung muss sich auf die Begehung der Haupttat zwar nicht kausal auswirken, erforderlich ist aber, dass sie die Haupttat zwischen Versuchsbeginn und Beendigung in irgendeiner Weise erleichtert oder fördert und der Hilfeleistende dies weiß (...). Strafbare Beihilfe kann auch in Form der psychischen Beihilfe verwirklicht werden; die bloße Anwesenheit am Tatort in Kenntnis einer Straftat genügt dazu aber selbst bei der Billigung nicht (...)."

Bei der Strafrahmenbestimmung ist zu beachten, dass zunächst zu prüfen ist, ob ein minder schwerer Fall oder ein besonders schwerer Fall in Betracht kommt. Es ist dann zu fragen, ob ohne den vertypten Milderungsgrund nach den allgemeinen Strafzumessungsgrundsätzen, insbesondere nach § 46 StGB, bereits ein minder schwerer Fall oder ein besonders schwerer Fall vorliegt. Falls dies nicht der Fall sein sollte, ist in die Prüfung, ob ein minder schwerer Fall oder ein besonders schwerer Fall vorliegt nunmehr der vertypte Strafmilderungsgrund, § 27 Abs. 2 StGB i. V. m. § 49 Abs. 1 StGB einzubeziehen.[2] Sollte ein minder schwerer Fall oder ein besonders schwerer Fall nicht vorliegen, so ist der Regelstrafrahmen obligatorisch

[1] BayObLG Urt. v. 25. Februar 2022 – 201 StRR 95/21 Rdn. 22.

[2] BGH Beschl. v. 7. September 2021 – 1 StR 302/21; BGH Beschl. v. 25. Februar 2021 – 1 StR 20/21; Bruns und Güntge (2019), S. 56 ff.

A. Hohnel, *Die Strafzumessung in der Revision*,
https://doi.org/10.1007/978-3-662-66688-3_5

zu verschieben.[3] Grundsätzlich ist die Strafe des Gehilfen individuell zu bestimmen.[4] Dabei ist „das Gewicht seiner Beihilfehandlung maßgebend", die Haupttat ist zu berücksichtigen.[5] Es macht für die Strafhöhe einen Unterschied, ob der Gehilfenbeitrag nur von untergeordneter Bedeutung war oder ob er am Rande der Täterschaft liegt.[6]

Es ist daher ein mit der Sachrüge zu beanstandender Fehler in der Strafzumessung, wenn das Tatgericht das Gewicht der Beihilfe zur Haupttat, etwa zum Betrug, maßgeblich an der Höhe des Schadens sowie der Vielzahl der Fälle ausrichtet und die Beihilfehandlung, das Aufrechterhalten einer Fassade, vernachlässigt.[7]

Im Fall der Beihilfe zur Steuerhinterziehung muss das Urteil feststellen, wie sich die Beihilfehandlung auf den Erfolg konkret ausgewirkt hat. Es muss dargestellt werden, welchen Schaden die Hilfeleistung bewirkt hat. Dies gilt umso eher in Fällen in denen der Haupttat auch Fälle zugrunde liegen, die ohne den Einfluss des Gehilfen begangen wurden. Derartige Umstände wären dem Gehilfen nicht zuzurechnen. Sind mehrere Steuerarten hinterzogen worden und gestaltet sich die Berechnung des Anteils der Gehilfenleistung als überaus aufwendig, kann es sich anbieten die Verfolgung einzelner Steuerarten gem. § 154a Abs. 2 StPO zu beschränken.[8]

Schwierigkeiten bereitet immer wieder die Verbindung von Beihilfe, § 27 StGB, mit einem besonders schweren Fall oder einem minder schweren Fall. Nach der Rechtsprechung existiert eine besonders schwere Beihilfe etwa zum Diebstahl. Eine Beihilfe zum Diebstahl in einem besonders schweren Fall soll es nach der Rechtsprechung nicht geben, in der Literatur wird diese Variante jedoch vertreten.[9] Auf die Praxis hat dieser Streit indes wenig Auswirkung, da in beiden Fällen der Strafrahmen den §§ 242, 243 StGB zu entnehmen ist und für den Gehilfen nach § 49 Abs. 1 StGB zu mildern ist.

Beispiel

Der Haupttäter bricht in ein Geschäft ein; der Gehilfe steht Schmiere. Der Haupttäter wird aus dem Strafrahmen der §§ 242, 243 StGB – drei Monate bis zehn Jahre – bestraft. Für den Gehilfen eröffnet sich nach einer Verschiebung gem. §§ 27 Abs. 2, 49 Abs. 1 StGB ein Strafrahmen von einem Monat bis sieben Jahre sechs Monate. Handelte der Gehilfe im Zustand verminderter Schuldfähigkeit gem. § 21 StGB, so kann der Strafrahmen erneut herabgesetzt werden; dieser beträgt dann einen Monat bis fünf Jahre sieben Monate. ◄

[3] BGH Beschl. v. 5. Mai 2020 – 4 StR 597/19; BGH Beschl. v. 17. Oktober 2017 – 3 StR 264/17 Rdn. 16 ff.

[4] BGH Beschl. v. 24. Juni 2009 – 1 StR 229/09.

[5] BGH Beschl. v. 7. September 2021 – 1 StR 302/21.

[6] BGH Urt. v. 28. Oktober 2015 – 1 StR 465/14; BGH Beschl. v. 16. August 2000 – 3 StR 253/00.

[7] BGH Beschl. v. 16. August 2000 – 3 StR 253/00.

[8] BGH Beschl. v. 24. Juni 2009 – 1 StR 229/09.

[9] Schäfer et al. (2017), Rdn. 1073; Bruns und Güntge (2019), S. 57 m. w. N. der Lit. zum Streitstand.

Je nach Sachverhalt kann die Frage eines besonders schweren Falles oder minder schweren Falles für den Täter und den Gehilfen unterschiedlich beantwortet werden. Die Beihilfe ist eigenständig zu prüfen und kann einen minder schweren Fall oder besonders schweren Fall darstellen.[10] Es kann also sein, dass der Haupttäter aus dem Strafrahmen des Grundtatbestandes bestraft wird, während sein Gehilfe aus einem doppelt gemilderten Strafrahmen wegen Beihilfe und einem minder schweren Fall verurteilt wird.[11]

Ob ein besonders schwerer Fall oder ein minder schwerer Fall der Beihilfe vorliegt hängt – wie gezeigt – von einer Gesamtwürdigung der Beihilfehandlung ab.[12]

Beispiel

Handelt der Haupttäter einer Hehlerei gewerbsmäßig i. S. v. §§ 259 Abs. 1, 260 Abs. 1 Ziff. 1 StGB so ist er aus dem Strafrahmen von sechs Monaten bis zu zehn Jahren zu verurteilen. Handelt sein Gehilfe nicht gewerbsmäßig ist der Gehilfe nach §§ 259, 27 StGB zu verurteilen. Der Grundtatbestand der Hehlerei (Geldstrafe oder Freiheitsstrafe bis zu fünf Jahren) ist nach § 49 Abs. 1 StGB zu mildern; für ihn gilt dann der Rahmen Geldstrafe oder Freiheitsstrafe bis drei Jahre neun Monate.[13] Handelt der Täter eines versuchten Diebstahls in einem besonders schweren Fall gewerbsmäßig und fehlt dem Gehilfen das Merkmal der Gewebsmäßigkeit, so könnte die Strafe des Gehilfen doppelt gemildert werden.[14] ◀

Zudem muss das Urteil auf einem Fehler im Zusammenhang mit der Anwendung eines vertypten Milderungsgrundes eventuell auch in Verbindung mit der fehlerhaften Behandlung eines besonders schweren Falles oder minder schweren Falles beruhen. Ein Beruhen kann ausgeschlossen werden, wenn der Täter zu einer Geldstrafe verurteilt wurde, dem Urteil allerdings eine Strafobergrenze von fünf Jahren und nicht zutreffender Weise von drei Jahren und neun Monaten zugrunde gelegt wurde.[15]

Besonders fehlerträchtig ist die Strafmilderung des Gehilfen nach § 27 Abs. 2 StGB i. V. m. § 28 Abs. 1 StGB.

Beispiel

Der Haupttäter begeht eine Untreue gem. § 266 Abs. 1 StGB; dem Gehilfen fehlt jedoch die Vermögensbetreuungspflicht. Der Strafrahmen des Gehilfen wäre deshalb zwingend nach § 28 Abs. 1 StGB zu mildern, da ihm ein besonderes

[10] BGH Beschl. v. 24. Juli 1991 – 3 StR 244/91; Meyer-Goßner und Appl (2021), Rdn. 498.

[11] BGH Beschl. v. 24. Juli 1991 – 3 StR 244/91.

[12] BGH Beschl. v. 31. Juni 2012 – 5 StR 188/12; Fischer (2024), § 46 Rdn. 105 m. w. N.

[13] BGH Beschl. v. 21. September 1995 – 1 StR 316/95.

[14] BGH Beschl. v. 21. September 1995 – 1 StR 316/95.

[15] BGH Beschl. v. 24. August 2017 – 3 StR 348/17.

persönliches strafbegründendes Merkmal fehlt und sodann wäre die Strafe obligatorisch nach § 27 Abs. 2 StGB i. V. m. § 49 Abs. 1 StGB ein weiteres Mal zu mildern. Die fehlende Vermögensbetreuungspflicht würde mithin zweimal berücksichtigt werden. Dies ist widersprüchlich. Deswegen darf in dieser Konstellation nur einmal gemildert werden.[16] Allerdings ist dabei folgendes zu beachten:

Etwas anderes gilt, wenn nicht bloß das Fehlen eines besonderen Merkmals zum Ausschluss der Täterschaft führt, sondern der Umstand, dass es sich auch ohne dieses Merkmal lediglich um eine Beihilfetat gehandelt hätte; dann ist doppelt zu mildern – nach § 27 Abs. 2 StGB und nach § 28 Abs. 1 StGB. Das fehlende besondere persönliche Merkmal soll dem Gehilfen dann noch zugutekommen können.[17] Dies soll an folgendem Beispiel[18] und seiner Abwandlung näher beschrieben werden: Ein Steuerberater berät einen Steuerpflichtigen mit dem Ergebnis einer Steuerhinterziehung. Der Steuerberater ist der Ideengeber, fertigt die Steuererklärung und erhält eine finanzielle Belohnung – er hat Tatherrschaft und Täterwillen. Der Steuerpflichtige ist mit allem einverstanden und unterschreibt seine Steuererklärung.

Der Steuerberater ist „an sich“ Täter, kann jedoch als solcher in Ermangelung einer steuerrechtlichen Erklärungspflicht nicht verurteilt werden. Es kommt zu einer Strafrahmenverschiebung nach § 27 Abs. 2 StGB i. V. m. § 49 Abs. 1 StGB wegen der Beihilfetat. § 28 Abs. 1 StGB scheidet aus, da er nur wegen des Fehlens eines strafbegründenden Merkmals nicht als Täter verurteilt wird; die Erklärungspflicht im Sinne der AO unterfällt § 28 Abs. 1 StGB.[19]

Abwandlung: Der Steuerberater spielt eine untergeordnete Rolle. Deswegen wird er wie ein Gehilfe behandelt. Dann käme eine doppelte Milderung in Betracht, § 27 Abs. 2 StGB und § 28 Abs. 1 StGB.[20] Es ist also zu prüfen, ob der Gehilfe „an sich“ Täter wäre oder nicht. ◄

Zudem ist in die Prüfung wie immer einzustellen, ob ein besonders schwerer Fall oder ein minder schwerer Fall anzunehmen ist, in den u. U. ein weiterer vertypter Milderungsgrund einzubeziehen wäre.[21] Der Tatrichter ist gehalten im Urteil darzustellen, dass die vorstehenden Grundsätze bei der Strafrahmenwahl bedacht wurden. Fehler in diesem Zusammenhang oder eine unzureichende Darstellung können mit der Sachrüge beanstandet werden und zur Aufhebung des Rechtsfolgenausspruchs führen.

---

[16] BGH Beschl. v. 8. Januar 1975 – 2 StR 567/74.

[17] BGH Urt. v. 22. September 2021 – 1 StR 345/19 Rdn. 40; BGH Beschl. v. 23. Juli 2019 – 1 StR 197/19 Rdn. 6.

[18] BGH Beschl. v. 23. Juli 2019 – 1 StR 197/19.

[19] BGH Urt. v. 23. Oktober 2018 – 1 StR 454/17.

[20] BGH Urt. v. 22. September 2021 – 1 StR 345/19; BGH Beschl. v. 13. März 2019 – 1 StR 636/18.

[21] BGH Urt. v. 23. Oktober 2018 – 1 StR 454/17.

5.2 Versuch, §§ 22, 23 StGB

Die Versuchsstrafbarkeit eröffnet die Möglichkeit einer Strafrahmenverschiebung gem. § 23 Abs. 2 StGB i. V. m. § 49 Abs. 1 StGB. Die Strafe richtet sich zunächst nach dem verwirklichten Delikt. Zum Beispiel: Versuchter Mord, §§ 211, 23 Abs. 1 StGB, Strafandrohung: Lebenslange Freiheitsstrafe.[22] Der Strafrichter kann demgemäß die Strafe aus dem Rahmen des vollendeten Delikts bestimmen, obwohl das Erfolgsunrecht nicht vollständig verwirklicht wurde. Es kennzeichnet gerade den Versuch, dass das Erfolgsunrecht hinter der Vorstellung des Täters von der Tat zurückgeblieben ist;[23] der Erfolg ist gerade nicht eingetreten. Die Wertung des Gesetzgebers zeigt, dass der Versuch genauso schwer wiegen kann wie die Vollendung.[24] Die Erfahrung zeigt jedoch, dass in den meisten Fällen sodann eine Strafrahmenverschiebung erfolgt. Bei dieser Prüfung ist eine Gesamtbetrachtung aller Tatumstände und der Täterpersönlichkeit[25] anzustellen. Dabei sind versuchsbezogene Gründe einzubeziehen.[26] Das heißt, die Tat erscheint in einem milderen Licht, weil ein Abstand im Schuldgehalt zwischen Versuch und Vollendung besteht.[27] Dieser Abstand kann anhand der Nähe zur Tatvollendung[28] und der aufgewandten kriminellen Energie[29] bestimmt werden. Zu den versuchsbezogenen Gründen gehört weiterhin der aufgewendete Wille. Eine Strafrahmenverschiebung kann mit der Begründung der Nähe zur Tatvollendung sowie der Gefährlichkeit des Versuchs abgelehnt werden.[30] Die Urteilsfeststellungen dürfen sich jedoch nicht auf die versuchsbezogenen Gründe beschränken; vielmehr müssen weitere tat- und täterbezogene Umstände, vornehmlich die allgemeinen Strafzumessungsgesichtspunkte nach § 46 StGB bedacht werden.

Es existiert keine Rechtsregel, dergemäß der beendete Versuch schwerer zu bestrafen ist, als der unbeendete Versuch.[31] Es spielt u. a. eine Rolle wie weit der unbeendete Versuch fortgeschritten war; wie nah war er an der Vollendung? Außerdem kann der Grund für das Scheitern der Tat maßgebend sein.[32] Der Umstand, dass sich

[22] Vgl. LG Dortmund, Urt. v. 7. Dezember 2020 – 35 Ks 8/20.

[23] Schäfer et al. (2017), Rdn. 1027.

[24] BGH Urt. v. 30. Juni 2020 – 3 StR 377/18.

[25] BGH Beschl. v. 22. Oktober 2019 – 5 StR 449/19 Rdn. 8; BGH Urt. v. 1. Februar 2024 – 4 StR 287/23; BGH Urt. v. 17. November 1961 – 4 StR 292/61; BGH Beschl. v. 27. Januar 2021 – 6 StR 451/21: Besonders sorgfältige Abwägung bei lebenslanger Freiheitsstrafe. Eine Strafrahmenverschiebung führt nämlich bei Mord zu einem Strafrahmen von drei Jahren bis zu fünfzehn Jahren – statt Punktstrafe.

[26] BGH Urt. v. 1. Februar 2024 – 4 StR 287/23; BGH Urt. v. 17. November 1961 – 4 StR 292/61.

[27] BGH Urt. v. 17. November 1961 – 4 StR 292/61.

[28] BGH Urt. v. 1. Februar 2024 – 4 StR 287/23; BGH Beschl. v. 22. Oktober 2019 – 5 StR 449/19.

[29] BGH Urt. v. 5. Juli 2014 – 4 StR 59/14.

[30] LG Kiel Urt. v. 3. April 2019 – 3 KLs 3/18.

[31] Schäfer et al. (2017), Rdn. 1028.

[32] Schäfer et al. (2017), Rdn. 1028.

ein Versuch an der Grenze zur Untauglichkeit befindet, mildert die Strafe.[33] Die Umstände, die für die Strafrahmenwahl bedeutsam waren, dürfen bei der Strafzumessung im eigentlichen Sinn erneut berücksichtigt werden; es liegt nicht etwa eine unzulässige doppelte Verwertung vor.[34] Hiervon ausgenommen ist der Umstand, dass die Tat nur versucht wurde. Es wäre demnach eine unzulässige Doppelverwertung nach erfolgter Strafrahmenverschiebung wegen Versuchs innerhalb des so gefundenen Strafrahmens mit der Begründung zu mildern, die Tat sei nur versucht.[35]

Sätze wie „(...), daß das Ausbleiben des Erfolgs nicht das Verdienst des Angeklagten war."[36] oder „es ist nur dem Zufall zu verdanken, dass die Tat nicht vollendet ist" kann die Besorgnis erregen, dass der Tatrichter es strafschärfend wertet, dass der Täter nicht freiwillig zurückgetreten ist.[37] Dies kann zur Aufhebung führen, da das nicht Vorliegen eines Strafaufhebungsgrundes nicht strafschärfend eingestellt werden darf.[38] Schließlich macht die Nichtvollendung gerade den Versuch aus – unabhängig vom Grund des Scheiterns.

Folgende Urteilsaufhebung ist ein weiteres Beispiel für Strafschärfung im Zusammenhang mit einem Versuch: Die Strafkammer wertete zu Lasten des Angeklagten, dass er „im Verlauf des Geschehens mehrere Versuche startete, um der Tat noch zum Erfolg zu verhelfen" und sie wertete ebenso strafschärfend, dass er erst aufhörte, „als er schließlich einsah, dass alle Bemühungen angesichts des hartnäckigen Entgegenstellens der Zeugin nicht zum Erfolg führten."[39] Diese Ausführungen des Landgerichts werten somit das Fehlen eines Rücktritts unzulässigerweise strafschärfend.[40]

Auch das Fehlen von Milderungsgründen darf bei der Versuchsstrafbarkeit nicht strafschärfend gewertet werden. Das Unterlassen von Rettungsmaßnahmen nach einem Tötungsversuch darf nicht strafschärfend herangezogen werden, da Rettungsmaßnahmen als positives Nachtatverhalten einen Strafmilderungsgrund darstellen.[41] Ebenso unzulässig ist eine Strafschärfung, weil der Täter ohne Provokation handelte.[42] Erfolgt keine Strafrahmenverschiebung ist der Strafrahmen dem verwirklichten Delikt zu entnehmen. Dabei darf mildernd einfließen, dass die Tat lediglich versucht wurde. Im Übrigen gelten die allgemeinen Grundsätze.[43]

---

[33] BGH Beschl. v. 30. März 2010 – 4 StR 67/10.

[34] BGH Beschl. v. 17. November 1961 – 4 StR 292/61.

[35] Vgl. BGH Beschl. v. 17. November 1961 – 4 StR 292/61.

[36] BGH Beschl. v. 9. November 2010 – 3 StR 390/10 Rdn. 5.

[37] Schäfer et al. (2017), Rdn. 1028 f.

[38] OLG Stuttgart Beschl. v. 18. April 2012 – 1 Ss 190/12.

[39] BGH Beschl. v. 25. Juli 2017 – 3 StR 113/17 Rdn. 8.

[40] BGH Beschl. v. 25. Juli 2017 – 3 StR 113/17.

[41] BGH Beschl. v. 16. Juni 2020 – 4 StR 45/20.

[42] BGH Urt. v. 8. Dezember 2016 – 1 StR 351/16.

[43] BGH Beschl. v. 10. Januar 2011 – 5 StR 515/10.

Auch Regelbeispiele können nach der Rechtsprechung der Versuchsstrafbarkeit einer Anwendung des § 49 Abs. 1 StGB unterliegen. Dabei sind folgende Konstellationen denkbar: Grunddelikt und Regelbeispiel sind im Versuchsstadium steckengeblieben. Damit liegt ein versuchter besonders schwerer Fall des Diebstahls vor.[44] Es bleibt beim Strafrahmen des Grunddelikts. Nun sind zwei Möglichkeiten denkbar:

- der Versuch führt zur Verneinung des besonders schweren Falles. Dann bleibt es bei dem Strafrahmen des Grundtatbestandes, § 242 StGB.[45]

  oder

- ein besonders schwerer Fall wird bejaht, §§ 242, 243 StGB (Strafrahmen: sechs Monate bis zehn Jahre); dieser Strafrahmen könnte sodann nach § 23 Abs. 2 StGB i. V. m. § 49 Abs. 1 StGB fakultativ gemildert werden.

Eine weitere Variante wäre die Vollendung des Grunddelikts und das unmittelbare Ansetzen zur Verwirklichung eines Regelbeispiels. Hier ist ebenfalls ein versuchter besonders schwerer Fall anzunehmen.[46]

- Versucht der Täter nur das Grunddelikt, er hat noch nichts weggenommen ehe er verhaftet wird, hat aber bereits ein Regelbeispiel verwirklicht, etwa den Tresor aufgeschweißt. Auch hier ist von einem Versuch des besonders schweren Falles des Diebstahls auszugehen.[47]

Außerdem ist stets – wie bei allen vertypten Milderungsgründen – zu prüfen, ob nicht schon der vertypte Strafmilderungsgrund hier aus § 23 Abs. 2 StGB i. V. m. § 49 Abs. 1 StGB gegebenenfalls unter Einbeziehung allgemeiner Milderungsgründe einen minder schweren Fall begründet. Ein Versäumnis kann zur Aufhebung führen.[48] Wird der vertypte Milderungsgrund zur Begründung des minder schweren Falles verwendet, darf nicht ein zweites Mal damit gemildert werden, § 50 StGB.[49] Leistet der Täter Beihilfe zum versuchten Mord, §§ 211, 22, 23, 27 StGB kann eine doppelte Strafrahmenverschiebung aufgrund von zwei vertypten Strafmilderungsgründen – Beilhilfe obligatorisch, Versuch fakultativ – anzuwenden sein.[50] Auch dies entspricht den allgemeinen Regeln zur Anwendung vertypter Milderungsgründe.

---

[44] LG Gießen Urt. v. 17. März 2020 – 401 Js 27674/19 Rdn. 135 ff.

[45] LG Gießen Urt. v. 17. März 2020 – 401 Js 27674/19 Rdn.135 ff.

[46] Fischer (2024), § 46 Rdn. 102.

[47] Fischer (2024), § 46 Rdn. 103; Bruns und Güntge (2019), S. 53.

[48] Vgl. BGH Beschl. v. 1. März 2022 – 4 StR 480/21; BGH Beschl. v. 14. September 2021 – 4 StR 21/21.

[49] LG Köln Urt. v. 30. Oktober 2020 – 116 Kls 2/20.

[50] BGH Beschl. v. 24. März 2021 – 4 StR 416/20.

Überdies ist zu prüfen, ob der vertypte Milderungsgrund aus § 23 Abs. 2 StGB es erlaubt von einem besonders schweren Fall abzusehen, sodass aus dem Regelstrafrahmen zu verurteilen wäre.[51] Der Versuch kann mithin gegen einen besonders schweren Fall sprechen.[52]

Fehlt die vorbezeichnete Gesamtbetrachtung, kann das Urteil aufgrund der Sachrüge aufgehoben werden.[53] Es stellt sich überdies die Frage, ob das Urteil auf dem Rechtsfehler beruht. Erscheint die verhängte Strafe trotz Fehler vertretbar, bleibt das Urteil aufrechterhalten. Das Urteil muss zeigen, dass der Tatrichter sämtliche wesentliche Umstände gesehen und gewertet hat.[54]

Die richterliche Wertung, die Gewichtung der Umstände hängt auch von dem Eindruck des Richters ab, den er in der Hauptverhandlung von der Tat und dem Täter gewonnen hat. Die Darstellungsmöglichkeit ist jedoch eingeschränkt, da eine allumfassende Beschreibung sprachlich unmöglich und mithin den schriftlichen Urteilsgründen verschlossen ist mit der Folge, dass ein Bereich der Wertung der revisionsrechtlichen Kontrolle unzugänglich ist.[55]

Nach § 23 Abs. 3 StGB kann bei einem Versuch aus grobem Unverstand von Strafe abgesehen werden oder sie kann (Ermessen) nach § 49 Abs. 2 StGB gemildert werden. Damit sind Fälle gemeint, „in denen weder eine konkrete noch eine abstrakte Gefährdung besteht."[56] Um zu töten, schießt der Täter mit einer Wasserpistole auf ein fliegendes Flugzeug. Demgegenüber wäre eine abstrakte Gefahr gegeben und § 23 Abs. 3 StGB unanwendbar, wenn jemand ein Tötungsdelikt begehen will und davon ausgeht, seine Pistole habe eine Reichweite von 700 m, tatsächlich liegt sie aber nur bei 300 m.[57] Aus der Rechtsfolge des § 23 Abs. 3 StGB soll geschlossen werden, dass vorrangig das Absehen von Strafe in Betracht zu ziehen ist.[58]

5.3 Besondere persönliche Merkmale, § 28 StGB

§ 28 Abs. 1 StGB gilt nur für den Gehilfen und den Anstifter. Verschiedene Straftatbestände enthalten besondere persönliche Merkmale, die die Strafbarkeit des Täters begründen. Hat sich demgemäß ein Täter strafbar gemacht, weil er ein oder mehrere besondere persönliche Merkmale in sich vereint, stellt sich die Frage, wie der Teilnehmer zu bestrafen ist, der dieses besondere persönliche Merkmal in seiner Person nicht aufweist. § 28 Abs. 1 StGB schränkt die Akzessorietät ein[59] und regelt, dass

[51] BGH Beschl. v. 10. Dezember 2019 – 3 StR 489/19; LG Hamburg Urt. v. 7. Mai 2020 – 611 KLs 12/17.

[52] Vgl. auch LG Gießen Urt. v. 17. März 2020 – 401 Js 27674/19.

[53] BGH Beschl. v. 22. Oktober 2019 – 5 StR 449/19.

[54] BGH Urt. v. 15. Juli 2004 – 1 StR 39/04 Rdn. 10 ff.

[55] BGH Urt. v. 15. Juli 2004 – 1 StR 39/04 Rdn. 14.

[56] BT-Drucks. V/4095, S. 12.

[57] BT-Drucks. V/4095, S. 12.

[58] BT-Drucks. V/4095, S. 12.

[59] BT-Drucks. IV/650, S. 152.

der Strafrahmen des Anstifters oder Gehilfen nach § 49 Abs. 1 StGB verschoben werden muss, wenn der Teilnehmer ein strafbarkeitsbegründendes Merkmal nicht hat. Der Teilnehmer wird unter diesen Umständen milder bestraft als der Täter. § 28 StGB ist eine „Strafzumessungsregel für nicht qualifizierte Teilnehmer“[60] Nach der Definition in § 14 Abs. 1 StGB sind besondere persönliche Merkmale, besondere persönliche Eigenschaften, Verhältnisse oder Umstände. Ein täterbezogenes Merkmal ist von einem tatbezogenen Merkmal abzugrenzen. § 28 Abs. 1 StGB gilt nämlich nicht für tatbezogene Merkmale. Ein täterbezogenes Merkmal beschreibt die Persönlichkeit, während „Umstände, die eine besondere Gefährlichkeit des Täterverhaltens anzeigen oder die Ausführungsart des Delikts beschreiben“ regelmäßig als tatbezogen gelten.[61] Eine „Sonderpflicht“ ist eher an die Persönlichkeit des Täters gerichtet, demgegenüber spricht ein „an jedermann gerichtetes Gebot“ eher für ein tatbezogenes Merkmal.[62] Beispiele für täterbezogene Merkmale und damit für eine obligatorische Strafrahmenverschiebung nach § 28 Abs. 1 StGB i. V. m. § 49 Abs. 1 StGB im Fall des Fehlens beim Teilnehmer:

- Verdeckungsabsicht,[63] § 211 StGB
- Garantenstellung aus Ingerenz[64]
- Vermögensbetreuungspflicht,[65] § 266 Abs. 1 StGB
- Treueverhältnis,[66] § 266 Abs. 1 StGB
- Betreuereigenschaft,[67] §§ 1896 ff BGB
- Steuererklärungspflicht[68]
- Rechtsanwalt und andere Berufsgeheimnisträger[69] nach § 203 Abs. 1 Ziff. 3 StGB

Bei der Amtsträgereigenschaft ist zwischen echten Amtsdelikten und unechten Amtsdelikten zu unterscheiden. Das unechte Amtsdelikt der Körperverletzung im Amt, § 340 StGB baut auf der Körperverletzung nach § 223 StGB auf. Dies gilt nicht für echte Amtsdelikte. Die falsche Beurkundung im Amt kann nur von einer dort genannten Person begangen werden. Leistet jemand, der nicht Amtsträger ist zur Körperverletzung im Amt Beihilfe, so ist der Haupttäter nach § 340 StGB und der Gehilfe nach §§ 223, 27 StGB zu bestrafen. Der Strafrahmen ist jedoch sodann zu verschieben. Dabei ist die Frage zu beantworten, ob der Gehilfenbeitrag an sich

[60] Fischer (2024), § 28 Rdn. 7; Küpper (2006), S. 1157.

[61] BGH Beschl. v. 24. März 2021 – 4 StR 416/20 Rdn. 9; BGH Urt. v. 23. Oktober 2018 – 1 StR 454/17; BGH Urt. v. 25. Januar 1995 – 491/94 Rdn. 23 ff.

[62] BGH Beschl. v. 24. März 2021 – 4 StR 416/20.

[63] BGH Beschl. v. 17. Januar 2002 – 4 StR 482/01.

[64] BGH Beschl. v. 24. März 2021 – 4 StR 416/20.

[65] BGH Beschl. v. 26. November 2008 – 5 StR 440/08.

[66] BGH Beschl. v. 30. August 2007 – 4 StR 127/07.

[67] BGH Beschl. v. 19. Dezember 2018 – 3 StR 263/18.

[68] BGH Urt. v. 23. Oktober 2018 – 1 StR 454/17.

[69] Fischer (2024), § 203 Rdn. 93.

einer Mittäterschaft entspricht, dann ist nur einmal wegen § 27 Abs. 2 StGB zu mildern. Wurde die fremde Tat nur gefördert, kommt eine Milderung nach § 28 Abs. 1 StGB und § 27 Abs. 2 StGB in Betracht.[70] Fehlen beim Gehilfen oder Anstifter mehrere besondere persönliche strafbegründende Merkmale, so ist der Strafrahmen nur einmal zu verschieben.[71] Nach der Strafrahmenverschiebung dürfen die übrigen fehlenden Umstände in die Strafzumessung mildernd einfließen.[72] Besondere persönliche Merkmale können nicht nur die Strafbarkeit begründen, sondern sie auch schärfen, mildern oder ausschließen. Dies gilt für Täter und Teilnehmer, § 28 Abs. 2 StGB. Solche Merkmale beeinflussen aber nur die Strafzumessung für die Person, die diese Merkmale in sich aufweist.

§ 28 Abs. 2 StGB führt zu einer Tatbestandsverschiebung.[73] Auch diese Vorschrift modifiziert die Akzessorietät der Teilnehme und sie berührt die Strafe des Beteiligten (Täter oder Teilnehmer), falls z. B. der Täter nicht über strafschärfende persönliche Merkmale verfügt, die aber beim Gehilfen vorliegen. Bezüglich der besonderen persönlichen Merkmale soll damit jeder Beteiligte gesondert, nach seinen individuellen Verhältnissen, eingestuft werden.

Beispiel

Der Täter handelt gewerbsmäßig, der Gehilfe nicht. Bezogen auf einen Betrug bedeutet dies, der Täter wird gem. §§ 263 Abs. 1, Abs. 3 S. 2 Ziff. 1 1. Alt. StGB bestraft. Da dem Gehilfen die Gewerbsmäßigkeit fehlt, kommt zunächst wegen § 28 Abs. 2 StGB der Grundtatbestand, § 263 Abs. 1 StGB zur Anwendung, der wiederum aufgrund der Beihilfe verschoben wird, §§ 27 Abs. 2, 49 Abs. 1 StGB. Allerdings darf es innerhalb des so gefundenen Strafrahmens strafschärfend gewertet werden, dass der Gehilfe zu einer gewerbsmäßigen Tat – größeres Unrecht – Hilfe geleistet hat.[74] Gleiches gilt für Qualifikationen: Der Täter begeht eine Fälschung im bargeldlosen Zahlungsverkehr, § 152a Abs. 1 StGB; dabei handelt er gewerbsmäßig, § 152a Abs. 3 (Qualifikation). Der Gehilfe handelt nicht gewerbsmäßig. Da dem Teilnehmer das strafschärfende Merkmal des Qualifikationstatbestandes fehlt, wird seine Strafe dem gem. §§ 27 Abs. 2, 49 Abs. 1 StGB gemilderten Grundtatbestand entnommen. ◄

Beispiel

Der Täter führt beim Drogenhandel in nicht geringer Menge eine Schusswaffe mit sich. Der Gehilfe weiß „alles“, außer dass der Täter eine Schusswaffe bei sich führt. Das Mitsichführen i. S. v. § 30a Abs. 2 Ziff. 2 BtMG ist kein be-

[70] Fischer (2024), § 28 Rdn. 7.

[71] BGH Beschl. v. 24. März 2021, – 4 StR 416/20 Rdn. 31.

[72] BGH Beschl. v. 24. März 2021 – 4 StR 416/20 Rdn. 31.

[73] BGH Beschl.v. 14. Juli 2010 – 2 StR 104/10 Rdn. 4; BGH Beschl. v. 27. August 1993 – 2 StR 394/93 Rdn. 3; BGH Beschl. v. 27. September 1994 – 1 StR 526/94 Rdn. 3.

[74] BGH Beschl. v. 11. Januar 2005 – 1 StR 547/04; LG Hamburg Beschl. v. 13. November 2017 – 630 Qs 13/17.

sonderes persönliches Merkmal nach § 14 Abs. 1 StGB.[75] Es begründet „allgemein“ die Strafbarkeit der Qualifikation. Deswegen könnte der Gehilfe nicht nach § 30a BtMG zu bestrafen sein, wenn seine Tathandlung nicht den Vorsatz des Beisichführens einer Waffe umfasst hat.[76] ◀

Beispiele für Merkmale i. S. v. § 28 Abs. 2 StGB:

- Bandenmitgliedschaft,[77] § 263 abs. 5 StGB
- Gewerbsmäßigkeit,[78] § 263 Abs. 3 Ziff. 1 StGB
- Anvertrautsein i. S. v. § 246 Abs. 2 StGB

Die fehlerhafte Anwendung des § 28 Abs. 1 oder Abs. 2 StGB kann aufgrund einer Sachrüge zur Urteilsaufhebung führen.[79] Liegt der Verurteilung im Schuldspruch § 26 StGB oder § 27 StGB zugrunde, sollte der Revisionsführer an § 28 StGB denken.

5.4 Verminderte Schuldfähigkeit, § 21 StGB

Die Bedeutung erheblich verminderter Schuldfähigkeit i. S. v. § 21 StGB liegt in der möglichen Strafrahmenverschiebung nach § 49 Abs. 1 StGB sowie in der möglichen Unterbringung nach §§ 63, 64 StGB.[80] Aber auch im Fall der Ablehnung der fakultativen Strafrahmenverschiebung wirken sich die Umstände, die zur erheblichen Verminderung der Schuldfähigkeit geführt haben im Rahmen der Strafzumessung im engeren Sinn strafmildernd aus. Verminderte Schuldfähigkeit bedeutet geringere Vorwerfbarkeit.[81]

Wie alle vertypten Milderungsgründe kann dieser auch zur Ablehnung eines besonders schweren Falles[82] oder zur Begründung eines minder schweren Falles[83] herangezogen werden. Eine „erhebliche Minderung der Einsichts- oder Steuerungsfähigkeit wegen einer der genannten seelischen Störungen“ bedeutet nicht sogleich

[75] BGH Urt. v. 29. Juli 2021 – 3 StR 445/20 Rdn. 33; BGH Beschl. v. 27. Februar 2008 – 2 StR 593/07 Rdn 5.

[76] BGH Urt. v. 29. Juli 2021 – 3 StR 445/20 Rdn. 33.

[77] BGH Beschl. v. 30. September 2020 – 3 StR 511/19 Rdn. 27; BGH Beschl. v. 3. April 1992 – 4 StR 131/92; BGH Beschl. v. 10. November 1958 GSSt 1/58.

[78] BGH Beschl. v. 11. Januar 2022 – 6 StR 461/21 Rdn. 5; BGH Beschl. v. 20. April 2021 – StR 340/20.

[79] BGH Beschl. v. 24. März 2021 – 4 StR 416/20.

[80] BT-Drucks. IV/650, S. 142; vgl. zu den notwendigen Feststellungen einer Unterbringung in ein psychiatrisches Krankenhaus BGH Beschl. v. 8 September 2021 – 1 StR 275/21.

[81] BT-Drucks. IV 650, S. 141; BGH Beschl. v. 30. Januar 2024 – 4 StR 441/23.

[82] BGH Beschl. v. 20. Januar 2004 – 5 StR 395/03.

[83] BGH Beschl. v. 2. Februar 2022 – 4 StR 398/21; BGH Beschl v. 13. Januar 2022 – 6 StR 469/21 Rdn. 3 ff.

eine „Minderung der Schuld in ihrer Gesamtheit.“[84] Denn diese beruht auf einer Gesamtwürdigung, bei der außer dem Grad der Schuldfähigkeit auch andere Umstände zu berücksichtigen sind; so z. B. die Tatschuldumstände, etwa Tötung mehrerer Personen oder auch Schuldumstände vor der Tat, beispielsweise die schuldhafte Herbeiführung der verminderten Schuldfähigkeit. Es findet eine Gegenüberstellung der strafmildernden Umstände, wie z. B. § 21 StGB und der erschwerenden Schuldumstände in einer Gesamtwürdigung statt.

Die Prüfung des § 21 StGB verlangt zunächst die Feststellung, ob eine erheblich verminderte Schuldfähigkeit des Täters vorliegt und – falls dies der Fall ist – ob sodann eine Strafrahmenverschiebung nach § 49 Abs. 1 StGB gewährt werden soll. Folgendes Beispiel soll die Relevanz dieser Prüfung unterstreichen: Begeht der Täter im Zustand verminderter Schuldfähigkeit einen Mord, so könnte gegen ihn eine lebenslange Freiheitsstrafe verhängt werden oder es könnte eine Freiheitsstrafe aus dem Rahmen von drei Jahren bis elf Jahre drei Monate gefunden werden. Im Strafvollstreckungsverfahren kann eine lebenslange Freiheitsstrafe frühestens nach 15 Jahren zur Bewährung ausgesetzt werden. Demgegenüber kann die Vollstreckung einer zeitigen Freiheitsstrafe regelmäßig nach 2/3 der Verbüßung zur Bewährung ausgesetzt werden. Dies alles steht und fällt mit der Bejahung oder Verneinung der Anwendung des vertypten Milderungsgrundes des § 21 StGB i. V. m. § 49 Abs. 1 StGB.

Der häufigste Anwendungsfall der verminderten Schuldfähigkeit dürfte die krankhafte seelische Störung in Folge Alkoholgenusses sein. In dieser Konstellation ist die BAK im Zeitpunkt der Tat festzustellen und im Urteil darzustellen. Liegt eine Blutprobe vor, kann zurückgerechnet werden. Im Rahmen der Schuldfeststellung ist zugunsten des Täters der für ihn nach naturwissenschaftlichen Maßstäben höchste BAK-Wert zu errechnen. Dabei wird ein Abbauwert von 0,2 Promille je Stunde zugrunde gelegt und es wird ein einmaliger Sicherheitszuschlag addiert.[85] Enthält das Urteil die Feststellung einer BAK zum Entnahmezeitpunkt, fehlt aber eine Rückrechnung zum Tatzeitpunkt, ist die Beweiswürdigung lückenhaft und das Urteil ist aufzuheben, sofern ein Beruhen vorliegt.[86] Anders verhält es sich, wenn die BAK den §§ 316, 315c Abs. 1 Ziff. 1a StGB zugrunde gelegt werden soll. Hier ist eine niedrige BAK für den Täter günstig. Im Rahmen des naturwissenschaftlich Möglichen wird hier ein stündlicher Abbauwert von 0,1 Promille angelegt. Außerdem werden „die ersten zwei Stunden nach Trinkende von der Rückrechnung ausgenommen.“[87]

Liegt keine Blutprobe vor, lässt sich die BAK anhand von Angaben zum konsumierten Alkohol nach der sog. Widmark-Formel[88] bestimmen.[89] Fehlt eine Blut-

[84] BT-Drucks. IV/650, S. 142.

[85] BGH Urt. v. 6. März 1986 – 4 StR 48/86.

[86] BGH Beschl. v. 24. November 2021 – 4 StR 345/21.

[87] BGH Beschl. v. 3. Februar 2021 – 4 StR 263/20 Rdn. 14; Detter (2022), S. 153.

[88] Instruktives Berechnungsbeispiel LG Magdeburg Urt. v. 18. August 2020 – 21 Kf 4/20; Krumm (2010), 1577.

[89] BGH Urt. v. 6. März 1986 – 4 StR 48/86.

probe und fehlen ausreichende Angaben zur Trinkmenge scheidet eine Rückrechnung aus.[90]

Die BAK entscheidet nicht allein über die erheblich verminderte Schuldfähigkeit (oder Schuldunfähigkeit); vielmehr ist stets eine Gesamtabwägung sämtlicher schuldrelevanter Indizien vorzunehmen.[91] Regelmäßig sind die Tatgerichte sachverständig beraten; dies gebietet die Aufklärungspflicht, § 244 Abs. 2 StPO. Die Fähigkeit Unrecht einzusehen oder nicht mehr einsehen zu können, sowie die Bejahung oder Verneinung einer erheblich eingeschränkten Steuerungsfähigkeit sind Rechtsfragen, die der revisionsrechtlichen Prüfung aufgrund der Sachrüge unterfallen.[92]

Die krankhafte seelische Störung im Zeitpunkt der Tat durch Alkoholkonsum muss zudem erheblich gewesen sein. Fehlt die Erheblichkeit der krankhaften seelischen Störung liegt § 21 StGB nicht vor. Die Erheblichkeit ist auch eine Rechtsfrage.[93] Ist die Erheblichkeit nicht festzustellen, so kann der Alkoholkonsum im Rahmen der Strafzumessung im engeren Sinne, ohne dass auf ihm eine Strafrahmenverschiebung beruht, berücksichtigt werden.[94] Das Urteil muss konkret und widerspruchsfrei darlegen, auf welchen Tatsachen die Entscheidung über §§ 20, 21 StGB fußt.[95]

Bietet der Sachverhalt keine Auffälligkeiten im Hinblick auf die Schuld, ist eine Auseinandersetzung mit §§ 21, 20 StGB entbehrlich. Liegen demgegenüber Anhaltspunkte vor, die auf die Voraussetzung der §§ 20, 21 StGB hindeuten, hat eine Prüfung und Darlegung zu erfolgen.[96] Es existiert kein Erfahrungssatz, dass ab einer bestimmten BAK stets eine erheblich verminderte Steuerungsfähigkeit vorliegt.[97] Zu beachten ist auch § 267 Abs. 2 StPO: Wurde das Vorliegen der Voraussetzungen des § 21 StGB oder § 20 StGB in der Verhandlung behauptet, muss sich das Urteil hierzu verhalten.

Grundsätzlich ist es möglich, trotz verminderter Schuldfähigkeit i. S. v. § 21 StGB, den Täter aus dem Regelstrafrahmen zu verurteilen; eine Milderung tritt also nicht „reflexartig" ein.[98] Der Tatrichter muss in einer Gesamtschau, die nicht nur die BAK oder die medizinisch-psychologische Diagnose einbezieht, sondern alle schuldrelevanten Umstände der Tat, zu einer Entscheidung gelangen.[99] Bezogen auf übermäßigen Alkoholkonsum gilt folgendes: Konnte der Täter voraussehen, dass er nach Alkoholkonsum zu Straftaten neigt, und hat er gleichwohl vorwerfbar dem Al-

[90] LG Limburg Urt. v. 24. September 2020 – 3 Js 6514/19.

[91] LG Limburg Urt. v. 24. September 2020 – 3 Js 6514/19.

[92] Detter (2022), S. 151.

[93] Schäfer et al. (2017), Rdn. 978.

[94] BT-Drucks. IV/650, S. 142.

[95] Detter (2022), S. 151.

[96] BGH Beschl. v. 27. Oktober 2015 – 3 StR 363/15; BGH Beschl. v. 22. Juni 2021 – 2 StR 168/21.

[97] BGH Urt. v. 29. April 1997 – 1 StR 511/95 Rdn. 23 ff; BGH Beschl. v. 22. Juni 2021 – 2 StR 168/21 Rdn. 8.

[98] OLG Brandenburg Beschl. v. 20. August 2021 – 1 OLG 53 Ss 71/21.

[99] BGH Beschl. v. 25. Januar 2022 – 3 StR 487/21, BGH Urt. v. 17. August 2004 – 5 StR 93/04.

kohol zugesprochen, so kann ihm die Milderung des § 21 StGB i. V. m. § 49 Abs. 1 StGB versagt werden.[100] Dies gilt vor allem für Täter, die bereits wegen Straftaten im Zusammenhang mit Alkohol vorbestraft sind. Aber auch in dieser Konstellation ist stets eine individuelle Gesamtschau erforderlich. Der Große Senat für Strafsachen[101] hat überdies festgestellt, dass Alkoholkonsum nicht sozialadäquat sei. Es sei vielmehr ein Erfahrungssatz, dass Menschen im Rausch zu rechtswidrigen Taten neigten. Deshalb darf in die Frage der Anwendung der Strafmilderung der bloße Umstand des Sich-Betrinkens schulderhöhend eingestellt werden, sofern der Konsum vorwerfbar erfolgte. Nicht vorwerfbar ist der Konsum, wenn der Täter z. B. alkoholkrank oder alkoholüberempfindlich ist und deswegen über das „ob" des Trinkens nicht mehr entscheiden kann.[102] Das heißt, das Vorverschulden wird nicht zugerechnet, wenn es bereits auf einer krankhaften (Alkohol-) Störung beruht.[103] Dem „normalen" Alkoholkonsumenten wird man das bloße Trinken demgegenüber regelmäßig vorhalten können. Ein solches Vorverschulden hat der Große Senat für Strafsachen in folgenden Leitsatz gefasst:[104]

> „Im Rahmen der bei der tatgerichtlichen Ermessensentscheidung über die Strafrahmenverschiebung nach den §§ 21, 49 Abs. 1 StGB gebotenen Gesamtwürdigung aller schuldrelevanten Umstände kann eine selbst verschuldete Trunkenheit die Versagung der Strafrahmenmilderung tragen, auch wenn eine vorhersehbare signifikante Erhöhung des Risikos der Begehung von Straftaten aufgrund der persönlichen oder situativen Verhältnisse des Einzelfalls nicht festgestellt ist."

Gemessen an diesen Maßstäben prüft der Revisionsführer, ob der Tatrichter sein Ermessen zutreffend ausgeübt hat. Dazu zählt die Gesamtwürdigung sämtlicher Umstände, die Einfluss auf die Schuld haben. In der Revision ist die Rechtsfrage überprüfbar, ob bei der Erwägung gesetzliche Wertungsmaßstäbe zutreffend angelegt wurden und ob die Strafe gerechter Schuldausgleich ist.[105] Die Ermessensausübung enthält aber auch Wertungen, die mit der Revision nicht angreifbar sind. Diese Wertungen beinhalten zudem den Eindruck, den der Täter und seine Tat bei dem Instanzgericht hinterlassen haben.[106] Der Revisionsführer kann nicht etwa damit gehört werden, eine andere Entscheidung sei aber „besser" oder „näher liegend" gewesen.[107] Hat der Tatrichter vorstehende Maßstäbe zutreffend angewandt und dargestellt, verbleibt ein irreversibler Bereich.

---

[100] BGH Beschl. v. 30. November 2022 – 6 StR 414/22 Rdn. 5; BGH Beschl. v. 10. Juni 2021 – 4 StR 30/21; BGH Beschl. v. 24. Juli 2017 – GSSt 3/17; BGH Urt. v. 17. August 2004 – 5 StR 93/04.

[101] BGH Beschl. v. 24. Juli 2017 – GSSt 3/17.

[102] BGH Beschl. v. 25. Januar 2022 – 3 StR 487/21; BGH Beschl. v. 18. Dezember 2019 – 3 StR 575/19.

[103] BGH Beschl. v. 12. Januar 2021 – 1 StR 488/20; BGH Beschl. v. 26. Februar 2019 – 1 StR 614/18.

[104] BGH Beschl. v. 24. Juli 2017 – GSSt 3/17.

[105] BGH Beschl. v. 24 Juli 2017 – GSSt 3/17 Rdn. 41.

[106] BGH Beschl. v. 24. Juli 2017 – GSSt 3/17 Rdn. 41.

[107] BGH Urt. v. 17. August 2004 – 5 StR 93/04.

In die Gesamtschau ist beispielsweise einzubeziehen:

- Mehrzahl von Geschädigten[108]
- Weitere verwirklichte Straftatbestände[109]
- Tatausführung: Gefühlskalt, rücksichtslos, brutal[110]
- Täter hat aus einer „gewaltbereiten, radikalen Gruppe“, z. B. Hooligans heraus gehandelt und er wusste, dass in dieser Konstellation nach Alkoholgenuss regelmäßig Straftaten begangen werden.[111]

Ist der Strafrahmen gefunden worden, darf die verschuldete Alkoholisierung strafschärfend berücksichtigt werden.[112]

5.5 Geldstrafe

79,2 % der Verurteilungen im Jahr 2021 (= 524.600 Personen)[113] enthielten als Folge eine Geldstrafe. Damit ist die Geldstrafe die häufigste Sanktionsart. Die Bestimmung der Geldstrafe ist in § 40 StGB geregelt. Danach ist zunächst die Anzahl der Tagessätze zu bestimmen und dann ist die Höhe des Tagessatzes festzulegen. Anzahl und Höhe der Tagessätze sind in der Urteilsformel zu benennen, § 260 Abs. 4 S. 3 StPO. Gibt der Fall Veranlassung eine Ratenzahlung in Betracht zu ziehen, so muss sich das Urteil hierzu verhalten, § 42 StGB. Die Geldstrafe kann in der Revision mit der Sachrüge angefochten werden.

Die Tagessatzhöhe kann isoliert angefochten werden; sie ist regelmäßig losgelöst vom übrigen Urteilsinhalt überprüfbar.[114] Dies gilt nicht für die Anzahl der Tagessätze.[115] Das heißt, die Anzahl der tat- und schuldangemessenen Tagessätze kann nur in der Gesamtheit der Geldstrafe gerügt werden.

Die Anzahl der Tagessätze richtet sich nach den allgemeinen Strafzumessungskriterien, insbesondere nach § 46 StGB. Demgemäß beanstandet der Vortrag in der Rüge zur Tagessatzanzahl etwa, dass eine oder mehrere Voraussetzungen des § 46 StGB nicht oder nicht richtig angewandt wurden. Dabei ist zu beachten, dass die Strafzumessung – auch zur Tagessatzanzahl – irreversible Wertungen des Tatrichters enthält, die bis zur Grenze des Vertretbaren hinzunehmen sind.[116] Der Vortrag 50

---

[108] BT-Drucks. IV/650, S. 142.

[109] BT-Drucks. IV/650, S. 142.

[110] BGH Urt. v. 17. August 2004 – 5 StR 93/04.

[111] BGH Urt. v. 17. August 2004 – 5 StR 93/04.

[112] BGH Beschl. v. 24. Juli 2017 – GSSt 3/17 Rdn. 50 m. w. N.

[113] WWW.Destatis.de, Statistisches Bundesamt, Pressemitteilung Nr. 501 vom 30. November 2022.

[114] BGH Urt. v. 10. Januar 1989 – 1 StR 682/88; OLG Braunschweig Urt. v. 26. Juni 2015 – 1 Ss 30/15.

[115] Schäfer et al. (2017), Rdn. 145; kritisch Fischer (2024), § 40 Rdn. 26.

[116] BGH Beschl. v. 10. April 1987 – GSSt 1/86 Rdn. 18; KG Berlin Urt. v. 17. Oktober 2022 – 161 Ss 152/22 Rdn. 6.

statt 60 Tagessätze wären angemessen gewesen, dürfte regelmäßig unzulässig sein. Ein Beispiel für eine erfolgreiche Anfechtung der Tagessatzanzahl:[117] Das Tatgericht hat die „vorbehaltene Einziehung des Tatfahrzeuges" strafmildernd gewertet und deswegen die Tagessatzanzahl niedriger angesetzt. Das Revisionsgericht hat aufgehoben, weil die mit der vorbehaltenen Einziehung verbundene Auflage den Pkw zu veräußern zu einer Einnahme des Verurteilten führt, die eine Strafmilderung nicht rechtfertige; das neue Tatgericht hat mithin die Anzahl der Tagessätze neu zu bestimmen.

Erfolgversprechender ist die Anfechtung der Höhe der Tagessatzzahl. Die Höhe bemisst sich nach den persönlichen und wirtschaftlichen Verhältnissen des Täters, § 40 Abs. 2 S. 1 StGB. Der Tatrichter hat das Nettoeinkommen des Angeklagten zu ermitteln; dazu zählt das Einkommen, dass er an einem Tag erzielt oder erzielen könnte. Maßgeblich ist das Einkommen im Zeitpunkt der Entscheidung.[118] Zur Ermittlung des Nettoeinkommens,[119] das der Geldstrafenbestimmung zugrunde gelegt werden kann, hat sich eine umfangreiche Kasuistik entwickelt, die gewisse Einnahmen hinzuzählt und Verbindlichkeiten abzieht. Bereits bei der Feststellung der Einkommensverhältnisse sind revisibele Fehler denkbar. Die Vermögensverhältnisse werden stets bei der Ermittlung der persönlichen und wirtschaftlichen Verhältnisse festgestellt und müssen im Urteil entsprechend dargestellt werden.[120] Bei einer Tagessatzanzahl über 90 ist eine Senkung der Tagessatzhöhe zu erwägen, da die Geldstrafe insgesamt bei finanziell nicht so starken Personen zu einem „Einwirkungsübermaß und entsozialisierenden Folgen"[121] führen kann. Die Vermögensverhältnisse unterliegen der Aufklärungspflicht nach § 244 Abs. 2 StPO und sind im Strengbeweisverfahren zu ermitteln.[122] Sind die Angaben des Angeklagten zu seinen Einkommensverhältnissen nachvollziehbar und glaubhaft, werden sie regelmäßig der Tagessatzhöhenbestimmung zugrunde gelegt.

Besteht jedoch Anlass an den Angaben zu zweifeln, etwa weil das Einkommen extrem niedrig benannt wird, möglicherweise um die Geldstrafe niedriger zu gestalten, besteht Veranlassung zur weiteren Sachaufklärung.[123] Dem Tatrichter steht bei der Festlegung der Tagessatzhöhe ein Ermessen zu; die Bestimmung folgt nicht

---

[117] OLG Köln Urt. v. 5. Mai 2020 – 1 RVs 40/20.

[118] BGH Beschl. v. 7. September 2022 – 1 StR 157/22 Rdn. 4.

[119] Grundlegend zur Berechnung BGH Urt. v. 8. September 1992 – 1 StR 118/92 Rdn. 23 ff.; unberücksichtigt bleiben bei der Ermittlung des Nettoeinkommens allgemeine Lebenshaltungskosten wie Nahrungsmittel, Kleidung, Miete und Nebenkosten OLG Hamm Beschl. v. 19. Januar 2023 – III – 5 RVs 39/22 Rdn. 5; KG Berlin Beschl. v. 14. Januar 2022 – (5) 121 Ss 161/21 Rdn. 9 ff.; OLG Celle Beschl. v. 5. Juni 2020 – 3 Ss 16/20 Rdn. 6.

[120] KG Berlin Beschl. v. 2. November 2020 – (4) 121 Ss 146/12 (265/12).

[121] BayObLG Beschl. v. 6. November 2023 – 204 StRR 470/23; KG Berlin Beschl. v. 2. November 2012 – (4) 121 Ss 146/12 (265/12); OLG Stuttgart Urt. v. 26. April 1994 – 3 Ss 49/94 Rdn. 17 (Steuerhinterziehung).

[122] Schmitt (2024), § 244 Rdn. 5, 10; Meier (2019), S. 71.

[123] OLG Zweibrücken Beschl. v. 28. Oktober 1999 – 1 Ss 248/99 Rdn. 15.

nur mathematischen Regeln.[124] Sollte eine Ermittlung des Einkommens nicht möglich sein, etwa weil der Angeklagte schweigt, ist eine Schätzung der Einkommensverhältnisse zulässig.[125] Der Einkommensbegriff i. S. v. § 40 Abs. 1 StGB ist nicht mit dem steuerrechtlichen Einkommensbegriff deckungsgleich, sodass es für sich allein nicht ausreichen würde Steuerunterlagen einzubeziehen, zumal das Steuergeheimnis entgegensteht.[126] § 355 Abs. 1 StGB verbietet die unbefugte Offenbarung von Steuergeheimnissen. Im Zusammenhang mit der Durchführung von Strafverfahren regelt § 30 Abs. 4 Ziff. 4 AO, dass eine Offenbarung im Strafverfahren unzulässig ist, es sei denn der Betroffene stimmt zu oder Gegenstand des Verfahrens ist ein Steuerstraf- oder Ordnungswidrigkeitenverfahren oder es liegen zwingende öffentliche Interessen vor.

Bei verheirateten Angeklagten stellt sich stets die Frage, wie das Einkommen des Gatten zu behandeln ist. Das Einkommen des Gatten ist zu berücksichtigen, wenn dem Angeklagten daraus „tatsächlich Vorteile zufließen."[127] Das Tatgericht muss daher aufklären, „zu welchen Teilen die Ehegatten für die gemeinsamen Lasten aufkommen" und „ob der Angeklagte über das Einkommen seiner Ehefrau ganz oder teilweise (mit-)verfügen kann."[128] Auch Naturalleistungen sind – wie Unterhaltszahlungen – angemessen zu berücksichtigen.[129] Bei völliger wirtschaftlicher Gleichberechtigung ist es möglich das Einkommen der Gatten zu addieren und die Hälfte sodann als Bemessungsgrundlage anzunehmen.[130] Die Bestimmung der Tagessatzhöhe liegt im Ermessen des Tatrichters. Es gibt keine „allgemeine Regel" zur Verteilung der Ehegattengehälter; ausgeschlossen ist eine hälftige Teilung nicht.[131] Fehlt eine entsprechende Darlegung im Urteil kann es wegen einer Lücke aufgehoben werden.[132]

Aus § 40 Abs. 3 StGB folgt, dass auch Vermögen bei der Bemessung der Tagessatzhöhe berücksichtigt werden kann. Grundsätzlich sagt die Rechtsprechung, dass dabei Zurückhaltung geboten ist.[133] Einerseits soll der Sparsame nicht benachteiligt werden. Das heißt, der Sparsame hat Vermögen gebildet, dass ihm im Fall einer Verurteilung „in Rechnung gestellt" wird; während derjenige, der sein Geld nach Kräf-

---

[124] OLG Hamburg Urt. v. 18. Juli 2001- III – 42/01 – 1 Ss 65/01.

[125] Zu den Voraussetzungen einer Schätzung OLG Köln Beschl. v. 23. März 2021 – 1 RVs 50/21.

[126] BGH Urt. v. 31. Mai 1994 – 5 StR 557/93.

[127] BGH Beschl. v. 25. April 2017 – 1 StR 147/17; zur Bedarfsgemeinschaft vgl. KG Berlin Beschl. v. 7. März 2014 – 122 Ss 14/14.

[128] OLG Zweibrücken Beschl. v. 28. Oktober 1999 – 1 Ss 248/99.

[129] OLG Braunschweig Beschl. v. 6. Januar 2016 – 1 Ss 67/15 Rdn. 7 unter Hinweis auf § 1360a BGB. Ist ein Ehegatte einem Strafverfahren ausgesetzt und ist es ihm nicht möglich das Honorar des Verteidigers zu bezahlen, ist der andere Ehegatte verpflichtet, dieses „vorzuschießen", § 1360a Abs. 4 S. 2 BGB.

[130] OLG Celle Beschl. v. 25. Juli 2011 – 31 Ss 30/11 Rdn. 12.

[131] BGH Beschl. v. 19. Juli 1977 – 1 StR 29/77.

[132] OLG Celle Beschl. v. 25. Juli 2011 – 31 Ss 30/11 Rdn. 12.

[133] OLG Köln Beschl. v. 2. Februar 2001 – Ss 15/01 Rdn. 6; ausführlich zur Berücksichtigung des Vermögens Yao Li (2023), S. 102 ff.

ten ausgegeben hat deswegen mit einer milderen Geldstrafe bedacht wird. Andererseits soll es nicht so sein, dass die Geldstrafe dem unberücksichtigt gebliebenen Vermögen entnommen wird und ohne „Belastung“ und „ohne sichtbare Einbuße“[134] bezahlt wird. Eine solche „Peanuts-Geldstrafe“ würde den Strafzweck nicht erreichen. Größere Vermögen können demnach berücksichtigt werden. Dies ist insbesondere der Fall, wenn der Lebensstil nicht zu dem angegebenen geringen Einkommen passt.[135] „Kleinere“ und „mittlere“ Vermögen bestehend aus Eigenheim, Familienschmuck oder Sparrücklagen bleiben daher unberücksichtigt.[136] Zu den einkommensmindernden Umständen[137] gehören in der Praxis regelmäßig Unterhaltsverpflichtungen. So hat das KG Berlin[138] erklärt, die Unterhaltsverpflichtung gegenüber einer nichterwerbstätigen Gattin sei mit 25 % und der Unterhalt für ein zweijähriges Kind sei mit 15 % zu berücksichtigen. Während das Tatgericht bei einem Nettoeinkommen des Angeklagten über 2100,00 € den Tagessatz mit 60,00 € bemessen hat, hat das Revisionsgericht diesen auf 40,00 € festgelegt:

Revisionsgericht	
Nettoeinkommen	2100,00 €
– 25 % Ehefrau	– 525,00 €
– 15 % ein Kind	*– 315,00 €*
	1260,00 €: 30 = 40,00 €
Tatgericht	
Nettoeinkommen	2100,00 €
	– 300,00 €
	1800,00 €: 30 = 60,00 €

Das Tatgericht hat nicht nachvollziehbar erläutert, warum (nur) 300,00 € Unterhalt abgezogen wurden. Ohne diese Überlegung war das Urteil lückenhaft. Nach § 354 Abs. 1a S. 2 StPO konnte das Revisionsgericht die Tagessatzhöhe selbst bestimmen. Verbindlichkeiten und ihr Abtrag können einkommensmindernd herangezogen werden. Zu beachten ist jedoch, dass Schulden, die aus der Straftat resultieren in der Regel nicht geeignet sind, die Höhe des Tagessatzes zu verringern.[139] Der Angeklagte kann nicht damit gehört werden, er müsse nun die hinterzogenen Steuern an das Finanzamt zurückbezahlen und dies verringere nun sein Einkommen.[140]

Die Zahlung einer Darlehensrate für das eigene Wohnhaus ist nicht abzugsfähig, da die Zahlung der Rate zu einer Wertsteigerung (Hausanteil) führt. Einkommens-

[134] OLG Köln Beschl. v. 2. Februar 2001 – Ss 15/01 Rdn. 6.

[135] OLG Köln Beschl. v. 20.Oktober 2014 – III – 1 RVs 247/17 Rdn. 11.

[136] OLG Köln Beschl. v. 20. Oktober 2014 – 1 RVs 247/17 Rdn. 10. Ein angesparter Betrag bis 5000,00 € gilt als sog. „Schonvermögen“ nach § 90 Abs. 2 Ziff. 9 SGB XII und bleibt deswegen unberücksichtigt.

[137] Vgl. ausführlich Fischer (2024), § 40 Rdn. 13 ff.

[138] KG Berlin Beschl. v. 8. Dezember 2009 – 1 Ss 467/09.

[139] OLG Stuttgart Urt. v. 26. April 1994 – 3 Ss 49/94 Rdn. 10.

[140] OLG Stuttgart Urt. v. 26. April 1994 – 3 Ss 49/94 Rdn. 7 ff.

mindernd sind indes die Zinsen zu berücksichtigen.[141] In die Schätzung sind der gesamte Lebensstil (Pkw, Haus, Jagd etc.) einzustellen.[142] Das Verschlechterungsverbot des § 358 Abs. 2 StPO gilt auch für die Geldstrafe. Die zu zahlende Geldstrafe darf sich nicht erhöhen. Lediglich die Berechnungsgrundlage darf sich verändern: Erzielt der Angeklagte im Zeitpunkt der Revisionsentscheidung ein höheres Einkommen als im Zeitpunkt der tatrichterlichen Entscheidung, darf die Tagessatzhöhe angepasst, d. h. erhöht werden – damit das Revisionsurteil die gesetzlichen Vorgaben erfüllt – allerdings muss dann die Anzahl der Tagessätze entsprechend gesenkt werden, sodass das Ergebnis nicht zu einer Verschlechterung führt.[143] Enthält das angefochtene Urteil keine Angabe zur Tagessatzhöhe, vermag das Revisionsgericht diese selbst mit 1,00 € zu bestimmen, § 354 Abs. 1 StPO analog. Dies kann geschehen, wenn aus Geldstrafe und Freiheitsstrafe eine Gesamtfreiheitsstrafe gebildet wurde und es in dem Instanzurteil versäumt wurde, die Höhe eines Tagessatzes zu bestimmen.[144]

5.6 Geldstrafe neben Freiheitsstrafe, § 41 StGB

Nach § 41 StGB kann neben einer Freiheitsstrafe auch eine Geldstrafe verhängt werden. Im Gesetzgebungsverfahren wurde hierzu erklärt, es soll dem Umstand Rechnung getragen werden, wenn „Einziehung" und „Verfall" nicht möglich sind, einen vermögenden Täter gleichwohl durch die Geldstrafe „empfindlich" zu beeindrucken.[145] Liegt eine solche Verfahrenssituation vor, ist die Geldstrafe neben einer Freiheitsstrafe „angebracht" i. S. v. § 41 StGB.[146] Die heute geltenden Einziehungsvorschriften sind derart umfassend und weitreichend, dass für eine zusätzliche Anwendung des § 41 StGB kaum noch Raum bleibt.

Der Gesetzeswortlaut verlangt zunächst, dass der Täter sich bereichert oder versucht hat sich zu bereichern. Die alleinige Feststellung im Urteil der Täter habe „sich selbst bereichert" genügt nicht;[147] vielmehr müssen folgende Gedanken in die Prüfung und das Urteil eingestellt werden:

[141] BayObLG Beschl. v. 25. August 1999 – 2 StRR 137/99 Rdn. 10.

[142] OLG Celle Urt. v. 24. Mai 1982 – 1 Ss 106/82.

[143] OLG Celle NJW 1976, 121; im Ordnungswidrigkeitenverfahren kann bei Wegfall eines Fahrverbots das Bußgeld erhöht werden. BGH Beschl. v. 11. November 1970 – 4 StR 66/70; OLG Celle Beschl. v. 30. Juli 1975 – 3 Ss 183/75; AG Mühlhausen Urt. v. 22. Mai 2020 – 5 OWi 285 Js 4757/19. Der umgekehrte Fall ist unzulässig: War die Rechtsbeschwerde wegen eines Bußgeldes erfolgreich, darf der neue Tatrichter nicht erstmalig ein Fahrverbot verhängen, auch wenn er das Bußgeld reduziert – das Verbot der reformatio in peius steht dem entgegen, OLG Bamberg Beschl. v. 5. März 2015 – 3 Ss OWi 320/15.

[144] BGH Beschl. v. 13. Januar 2022 – 6 StR 469/21 Rdn. 2.

[145] BT-Drucks. V/4095, S. 22; BT-Drucks. VII/1261, S. 6.

[146] Fischer (2024), § 42 Rdn. 5 m. w. N.

[147] BGH Urt. v. 27. Mai 2020 – 5 StR 603/19.

- Der Tatrichter muss darlegen, warum seine Ermessensausübung dazu führt die Strafe zu spalten.[148] Es geht um das „ob" der zusätzlichen Geldstrafe.[149] Dabei ist darauf Bedacht zu nehmen, dass diese Entscheidung „von den persönlichen und wirtschaftlichen Verhältnissen des Täters abhängt."[150]
- Beide Sanktionen sind sodann nach § 46 StGB zu bestimmen und auch wechselseitig zu gewichten.[151] Das Verhältnis von Geld- und Freiheitsstrafe bestimmt sich nach den allgemeinen Strafzumessungsregeln.[152] Es darf demgemäß die Freiheitsstrafe reduziert werden, weil daneben eine Geldstrafe verhängt wird.[153] Die Geldstrafe wirkt strafmildernd gegenüber der Freiheitsstrafe.[154] Die Geldstrafe darf jedoch nicht mit dem Ziel verhängt werden, eine Aussetzung zur Bewährung zu ermöglichen; dies wäre eine unzulässige Vermengung.[155] In der Revision ist jedoch an dieser Stelle – auch mit Blick auf die Staatsanwaltschaft wegen § 301 StPO – zu beachten, dass die Verhängung der Geldstrafe zur Bemessung einer Freiheitsstrafe geführt haben könnte, deren Vollstreckung zur Bewährung ausgesetzt wurde. Ohne die Geldstrafe wäre vielleicht eine Freiheitsstrafe über zwei Jahren verhängt worden. Dies wiederum hat zur Konsequenz, dass ein Fehler bei der Anwendung des § 41 StGB zu Gunsten oder zu Lasten des Angeklagten wirken kann.[156] § 41 StGB ist gewiss ein weiteres Strafübel;[157] demgegenüber kann er aber ursächlich für die Bewährung sein. Da § 41 StGB eine Ausnahme innerhalb der Strafzumessung darstellt, muss die Nichtanwendung nicht stets erörtert werden. Eine Auseinandersetzung drängt sich jedoch auf, wenn „ein erheblicher Gewinn aus der Tat die Anwendung des § 41 StGB nahelegt."[158]

5.7 Kurze Freiheitsstrafe, § 47 Abs. 1 StGB

Die Verhängung einer Freiheitsstrafe von einem Monat bis unter sechs Monaten soll eine Ausnahme bilden, § 47 Abs. 1 StGB. Dies belegen die Tatbestandsmerkmale „besondere Umstände" und „unerlässlich" sowie die amtliche Überschrift.[159] Da-

[148] BGH Urt. v. 27. Mai 2020 – 5 StR 607/19 Rdn. 7.

[149] BGH Urt. v. 13. März 2019 – 1 StR 367/18 Rdn. 21.

[150] BT-Drucks. 7/1261, S. 6; zur Anwendung des § 41 StGB gegenüber einem vermögenslosen Angeklagten BGH Urt. v. 28. April 1976 – 3 StR 8/76.

[151] BGH Urt. v. 27. Mai 2020 – 5 StR 603/19 Rdn. 7.

[152] BGH Urt. v. 24. August 1983 – 3 StR 89/83 Rdn. 20.

[153] BGH Urt. v. 24. August 1983 – 3 StR 89/83 Rdn. 20.

[154] BGH Urt. v. 24. August 1983 – 3 StR 89/83; BGH Urt. v. 13. März 2019 – 1 StR 367/18 Rdn. 18.

[155] BGH Urt. v. 13. März 2019 – 1 StR 367/18 Rdn. 18.

[156] BGH Urt. v. 27. Mai 2020 – 5 StR 603/19 Rdn. 9.

[157] § 41 StGB ist „keine Zusatzstrafe" BGH Beschl. v. 24. Juli 2014 – 3 StR 176/14; BGH Urt. v. 13. März 2019 – 1 StR 367/18 Rdn. 18; Fischer (2024), § 41 Rdn. 7.

[158] BGH Beschl. v. 14. März 2016 – 1 StR 337/15 Rdn. 30.

[159] BT-Drucks. V/4094, S. 6 linke Spalte; OLG Zweibrücken Beschl. v. 13. Januar 2022 – 1 OLG 2 Ss 66/21 Rdn. 11 f.

nach müssen besondere Umstände in der Tat oder in der Persönlichkeit vorliegen, die es unerlässlich werden lassen, zur Einwirkung auf den Täter oder zur Verteidigung der Rechtsordnung eine kurze Freiheitsstrafe zu verhängen.[160] Es handelt sich also nicht etwa um eine „Umwandlung" von Freiheitsstrafe in Geldstrafe[161] oder um die Bestrafung eines zahlungsunfähigen Täters.[162] Bei der Verhängung einer kurzen Freiheitsstrafe ist zudem zu bedenken, dass sie häufig mehr schadet als nutzt; sie beinhaltet regelmäßig größere Nachteile für das soziale Gefüge – Arbeit, Wohnung, Familie – des Täters.[163] Besondere Umstände liegen vor, wenn sich die Tatbegehung oder die Persönlichkeit des Täters vom vergleichbaren Durchschnitt stark unterscheidet.[164]

Unerlässlich ist die Verhängung einer kurzen Freiheitsstrafe, wenn eine Geldstrafe den Strafzwecken keine Geltung verleihen kann.[165] Dabei ist der Zeitpunkt der Urteilsberatung[166] maßgebend. Gegen eine Unerlässlichkeit spricht z. B. die „Stabilisierung der Lebensverhältnisse".[167] Dabei ist jedoch zu beachten, die pauschale Feststellung, „der Angeklagte habe sich durch zahlreiche Geldstrafen nicht von der Begehung der verfahrensgegenständlichen Taten abhalten lassen," weshalb die Verhängung einer Geldstrafe nicht mehr ausreichend sei, „den Begründungsanforderungen nicht genügt".[168] Zu dem Begriff der „besonderen Umstände" und „unerlässlich" hat sich eine umfangreiche Kasuistik entwickelt.[169]

Die Verteidigung der Rechtsordnung gebietet die Verhängung einer kurzen Freiheitsstrafe, wenn eine andere Entscheidung „für das allgemeine Rechtsempfinden schlechthin unverständlich erscheinen müsste und das Vertrauen der Bevölkerung in die Unverbrüchlichkeit des Rechts und in den Schutz der Rechtsordnung vor kriminellen Angriffen dadurch erschüttert werden könnte."[170]

---

160 BGH Beschl. v. 23. Januar 2024 – 3 StR 455/23; KG Berlin Beschl. v. 161 Ss 34/20 Rdn. 6; BGH Urt. v. 3. Juni 1971 – 1 StR 189/71 Rdn. 4 ff.

161 OLG Hamm Beschl. v. 8. September 2020, III – 4 RVs 101/20 Rdn. 2.

162 Schäfer et al. (2017), Rdn. 167.

163 Vgl. BT-Drucks. V/4094, S. 10 linke Spalte; Meier (2019), S. 93.

164 KG Berlin, Beschl. v. 24. September 2008 – 1 Ss 183/07 Rdn. 6.

165 OLG Frankfurt Urt. v. 18. Februar 2019 – 3 Ss 324/18 Rdn. 13.

166 OLG Hamburg Beschl. v. 24. Oktober 2019 – 9 Rev 23/19 Rdn. 31.

167 BGH Urt. v. 8. Mai 1996 – 3 StR 133/96 Rdn. 3; Thüringisches OLG Urt. v. 14. Februar 2006 – 1 Ss 301/05 Rdn. 31.

168 OLG Köln Beschl. v. 2. Mai 2018, III – 1 RVs 83/18 Rdn. 28; vgl. auch OLG Zweibrücken, Beschl. v. 13. Januar 2022 – 1 OLG 2 Ss 66/21 Rdn. 12.

169 Schäfer et al. (2017), Rdn. 169 ff.

170 BGH Urt. v. 8. Dezember 1970 – 1 StR 353/70 Rdn 23. Die Entscheidung ist zu § 23 StGB, heute § 56 Abs. 3 StGB (Strafaussetzung zur Bewährung) ergangen. Der Begriff „Verteidigung der Rechtsordnung" in § 56 Abs. 3 StGB ist identisch mit § 47 StGB, vgl. Meyer-Goßner und Appl (2021), Rdn. 449; zur Bestimmung des Rechtsbegriffs „Verteidigung der Rechtsordnung" siehe auch BGH Urt. v. 6. Juli 2017 – 4 StR 415/16 Rdn. 29; OLG Hamm Beschl. v. 24. Februar 2022 – III – 5 RVs 20/22 Rdn. 7; BayObLG Urt. v. 1. April 2022 – 202 StRR 35/22 Rdn. 14.

In diese Abwägung sind nach der Rechtsprechung des BGH[171] einzubeziehen:

- „erhebliche verbrecherische Intensität"
- „hartnäckiges rechtsmissachtendes Verhalten"[172]
- „ungewöhnliche Gleichgültigkeit"[173]
- „dreistes Spekulieren auf Strafaussetzung bereits bei Tatbegehung"
- „rasche Wiederholungstaten"[174]
- „Rückfall in der Bewährungszeit"[175]
- „einschlägige Vorstrafen"[176]
- eine Norm wird in der Öffentlichkeit „nicht ernst genommen" und deshalb wird auf eine Strafaussetzung zur Bewährung vertraut.

Die Vollstreckung einer kurzen Freiheitsstrafe von einem Monat bis unter sechs Monaten kann nach § 56 Abs. 1 StGB zur Bewährung ausgesetzt werden.[177] Zwar erscheint einerseits eine Freiheitsstrafe unerlässlich, allerdings kann gleichwohl eine günstige Sozialprognose i. S. v. § 56 Abs. 1 StGB gestellt werden.[178] Der mögliche Bewährungswiderruf sowie Bewährungsauflagen können geeignet sein, den gewünschten Strafzweck zu erreichen.[179] Die Aussetzung einer kurzen Freiheitsstrafe zur Bewährung bedarf einer besonders sorgfältigen und intensiven Begründung.[180]

Nach § 267 Abs. 3 S. 2 StPO sind Feststellungen, die zur Anwendung des § 47 StGB geführt haben, im Urteil darzulegen. Fehlt eine präzise Auseinandersetzung, Darlegung oder Gesamtwürdigung kann die Strafzumessung lückenhaft sein und aufgrund der Sachrüge aufgehoben werden.[181] Es genügt also nicht etwa die Behauptung, dass die Strafe unerlässlich sei; vielmehr ist eine Gesamtwürdigung „aller Tat und Täter kennzeichnenden Umstände" erforderlich.[182] Dies gilt auch im

---

[171] Grundlegend BGH Urt. v. 8. Dezember 1970 – 1 StR 353/70 Rdn. 7 ff., 27 f.

[172] LG Kassel Urt. v. 18. Dezember 2019 – 2620 Js 24544/19 Rdn. 101.

[173] BayObLG Urt. v. 19. Januar 1990 – Rreg 1 St 237/89.

[174] LG Arnsberg Urt. v. 3. Dezember 2020 – 3 Ns 450 Js 1054/19 Rdn. 13 (Drogen in der Haft); OLG Frankfurt Urt. v. 18. Februar 2019 – 3 Ss 324 Rdn. 13.

[175] KG Berlin Urt. v. 25. Mai 2021 – 121 Ss 53/21; KG Berlin Beschl. v. 28. August 2020 – 121 Ss 109/20 Rdn. 7.

[176] Zu den Begründungsanforderungen gegenüber einem Ersttäter vgl. OLG Hamburg Beschl. v. 24. Oktober 2019 – 9 Rev 23/19 Rdn. 31; OLG Sachsen-Anhalt Beschl. v. 2. Juli 2015 – 2 Rv 75/15 Rdn. 11; AG Landstuhl Urt. v. 25. Januar 2022 – 2 Cs 4106 Js 15848/21 (drei Monate Freiheitsstrafe wegen Fälschung von Impfpässen bei zwei Vorstrafen); zu „Vorerkenntnissen" vgl. LG Itzehoe Urt. v. 19. November 2020 – 1 KLs 315 Js 14276/20 Rdn. 111 („Unbelehrbar").

[177] Grundlegend BGH Urt. v. 3. Juni 1971 – 1 StR 189/71.

[178] BGH Urt. v. 3. Juni 1971 – 1 StR 189/71 Rdn. 5.

[179] BGH Urt. v. 3. Juni 1971 – 1 StR 189/71 Rdn. 6.

[180] OLG Sachsen-Anhalt Beschl. v. 2. Juli 2015 – 2 Rv 75/15 Rdn. 9.

[181] OLG Stuttgart Beschl. v. 22. Mai 2019 – 4 Rv 28 Ss 175/19 Rdn. 11.

[182] OLG Hamm Beschl. v. 24. Februar 2022 – III – 5 RVs 20/22 Rdn. 7; BGH Urt. v. 8. April 2004 – 3 StR 465/03 Rdn. 4.

Zusammenhang mit einer Gesamtstrafenbildung; es ist jede Einzelstrafe, die als kurze Freiheitsstrafe i. S. v. § 47 Abs. 1 StGB einbezogen wird, als solche zu begründen.[183] Eine nähere Begründung kann entbehrlich sein, „wenn sich aus den Urteilsgründen ergibt, dass die Voraussetzungen des § 47 StGB auf der Hand liegen, insbesondere der abgeurteilten Tat zahlreiche oder einschlägige Vorstrafen, wiederholte Bewährungsbrüchigkeit oder mehrfach Strafhaftverbüßungen vorangegangen oder eine auffällig hohe Rückfallgeschwindigkeit vorliegt (...).“[184] Verhängt das Tatgericht bei einer Tatserie mal Geldstrafe und mal eine kurze Freiheitsstrafe und bildet dann eine Gesamtstrafe, so ist das nebeneinander näher zu begründen.[185] Dabei ist der jeweilige Schadensbetrag im Einzelfall in den Blick zu nehmen, allerdings ist auch in jedem Einzelfall der Gesamtschaden der Tatserie zu bedenken.[186] Von einer kurzen Freiheitsstrafe kann abgesehen werden, wenn neben einer Geldstrafe auch ein Fahrverbot gem. § 44 Abs. 1 StGB verhängt wird.[187] Die Nichterörterung dieser Möglichkeit kann mit der Sachrüge zur Aufhebung führen.[188]

§ 47 Abs. 2 StGB kommt nur im ZDG und WStG zur Anwendung. Für Regelungen des StGB gilt Art. 12 Abs. 1 EGStGB:[189] „Droht das Gesetz neben Freiheitsstrafe ohne besonderes Mindestmaß wahlweise keine Geldstrafe an, tritt neben die Freiheitsstrafe die wahlweise Androhung der Geldstrafe.“

Beispiel

Führt ein vertypter Milderungsgrund zwingend (z. B. § 27 StGB) zur Strafrahmenverschiebung auf das gesetzliche Mindestmaß von einem Monat, so kann nach Art. 12 Abs. 1 S. 1 EGStGB nun auch eine Geldstrafe bis 360 Tagessätze verhängt werden.[190] Ob dies auch für vertypte Milderungsgründe mit fakultativer Strafrahmenverschiebung oder minder schwere Fälle gilt, hat der BGH bislang soweit ersichtlich offen gelassen.[191] Dies ist bei der Strafwahl – Geld oder Freiheitsstrafe – zu berücksichtigen.[192] ◀

[183] BGH Beschl. v. 16. September 2020 – 2 StR 529/19 Rdn. 13.

[184] OLG Hamm Beschl. v. 27. April 2021, III – 5 RVs 28/21 Rdn. 11.

[185] BGH Urt. v. 17. März 2009 – 1 StR 627/08 Rdn. 49; BGH Beschl. v. 3. Dezember 2007 – 5 StR 504/07 Rdn. 4 mit Hinweis auf § 53 Abs. 2 S. 2 StGB.

[186] BGH Urt. v. 17. März 2009, 1 StR 627/08 Rdn. 48 (43 Fälle Lohnsteuerhinterziehung und 7 Fälle Umsatzsteuerhinterziehung).

[187] BT-Drucks. 18/11272, S. 14; OLG Stuttgart Beschl. v. 22. Mai 2009 – 4 RV 28 Ss 175/19 Rdn. 12.

[188] OLG Stuttgart Beschl. v. 22. Mai 2009 – 4 Rv 28 Ss 175/19 Rdn. 14.

[189] BGH Urt. v. 17. März 2015 – 2 StR 379/14.

[190] BGH Urt. v. 17. März 2015 – 2 StR 379/14.

[191] BGH Urt. v. 17. März 2015 – 2 StR 379/14 Rdn. 19.

[192] Vgl. auch BGH Beschl. v. 9. Juni 2016 – 2 StR 70/16 Rdn. 2.

5.8 Bewährung, § 56 StGB

Die Aussetzung der Vollstreckung einer Freiheitsstrafe zur Bewährung nach § 56 StGB ist eine „ambulante Behandlung", um „schädliche Nebenwirkungen" des Strafvollzuges zu verhindern.[193] Eine Freiheitsstrafe kann zur Bewährung ausgesetzt werden, sofern sie zwei Jahre nicht übersteigt. Das heißt, es ist zunächst die Höhe der Freiheitsstrafe festzustellen und in einem weiteren Schritt zu entscheiden, ob die Vollstreckung ausgesetzt wird; es handelt sich insofern um eine „Modifikation der Strafvollstreckung."[194] Hinsichtlich der aussetzungsfähigen Zeiten, stellt das Gesetz in § 56 StGB verschiedene Voraussetzungen auf:

Weniger als 6 Monate	6 Monate bis zu 1 Jahr	1 Jahr bis 2 Jahre
Positive Kriminalprognose	Positive Kriminalprognose	Positive Kriminalprognose
§ 56 Abs. 1 StGB	§ 56 Abs. 2 i. V. m. Abs. 1 StGB § 56 Abs. 2 i. V. m.	Abs. 1 StGB
		Besondere Umstände Gesamtwürdigung von Tat und Täter, § 56 Abs. 2 StGB
	Verteidigung der Rechtsordnung § 56 Abs. 3 StGB	Verteidigung der Rechtsordnung § 56 Abs. 3 StGB

Allen Aussetzungsentscheidungen muss eine positive Kriminalprognose (früher Sozialprognose)[195] zugrunde gelegt werden können. Dies ist der Fall, wenn der Verurteilte sich schon die Verurteilung zur Warnung dienen lässt und künftig auch ohne die Einwirkung des Strafvollzugs keine Straftaten begehen wird, § 56 Abs. 1 S. 1 StGB. Eine Kriminalprognose ist positiv, wenn neue Straftaten unwahrscheinlich sind oder „die Wahrscheinlichkeit künftigen straffreien Verhaltens (...) größer ist als diejenige, neuer Straftaten."[196] Eine positive Kriminalprognose kann trotz Bewährungsbruchs festgestellt werden, wenn im Zeitpunkt der neuen Entscheidung Verbesserungen eingetreten sind. Maßgegend ist der Zeitpunkt der Entscheidung. Hat der Angeklagte zwischen Bewährungsbruch und neuer Entscheidung an sich gearbeitet, so können derartige Umstände trotz des früheren Irrtums über das künftige straffreie Verhalten nunmehr eine zutreffende Prognose liefern. Dies kann der Fall sein, wenn Alkohol mitursächlich für strafbares Verhalten war und der Angeklagte seit Tatbegehung keinen Alkohol mehr konsumiert hat, er sich erstmalig

[193] BT-Drucks. V/4094, S. 10 linke Spalte.

[194] BGH Urt. v. 24. März 1982 – 3 StR 29/82 Rdn. 10.

[195] BGH Urt. v. 4. November 2021 – 6 StR 12/20 Rdn. 119; BGH Beschl. v. 11. Januar 2022 – 6 StR 493/21 Rdn. 3.

[196] Stegbauer (2019), S. 127.

therapiewillig zeigt, ein hauptamtlicher Bewährungshelfer bestellt wird und dem Angeklagten Abstinenz- und Suchtberatung als Weisungen gemäß § 56c Abs. 1 S. 1 StGB aufgegeben werden.[197]

Die Feststellungen zur Sozialprognose (Kriminalprognose) sind lückenhaft und das Urteil ist aufgrund einer Sachrüge aufzuheben, wenn in der Abwägung unberücksichtigt bleibt, dass der Angeklagte zum ersten Mal Untersuchungshaft, hier zwei Monate, verbüßt hat. Diese Erfahrung ist im Hinblick auf seine künftige Lebensführung von Bedeutung.[198] Um eine Prognose zu erstellen, schaut man in die Vergangenheit:

- gibt es Vorstrafen?[199]
- wie waren früher die Lebensumstände des Angeklagten und wie sind sie heute?
- wie ist das Nachtatverhalten einzuschätzen? Deutet dies auf Wiederholung oder Verbesserung hin?[200]
- lange Verfahrensdauer[201]

Vornehmlich ist dabei die Persönlichkeit des Täters in den Blick zu nehmen.[202] Deutet schon die Tatbegehung auf eine Wiederholung hin oder handelt es sich um ein singuläres Ereignis?[203] Auch gilt hinsichtlich der Tatsachen, die für die Prognose festzustellen sind, der Zweifelsgrundsatz.[204]

Besondere Umstände i. S. v. § 56 Abs. 2 S. 1 StGB liegen vor, „wenn nach der Gesamtbetrachtung von Tat und Persönlichkeit des Angeklagten unter Berücksichtigung der Strafmilderungs- und Strafschärfungsgründe (auch) besondere Umstände vorliegen, die eine Strafaussetzung, trotz des erheblichen Unrechts- und Schuldgehalts, der sich in der Strafhöhe wiederspiegelt, als nicht unangebracht oder den allgemeinen vom Strafrecht geschützten Interessen zuwiderlaufend erscheinen lassen."[205]

Zur Bejahung besonderer Umstände können führen:

- Bemühen um Schadenswiedergutmachung, § 56 Abs. 2 S. 2 StGB
- Keine Vorstrafen
- Straffälligkeit erst im höheren Alter[206]

---

[197] BayObLG Urt. v. 1. April 2022 – 202 StRR 35/22 Rnd. 6 ff.
[198] BGH Beschl. v. 26. Januar 2022 – 6 StR 633/21 Rdn. 3.
[199] BGH Beschl. v. 10. Juli 2001 – 5 StR 188/01 Rdn. 4.
[200] BGH Beschl. v. 30. April 2019 – 2 StR 545/18 Rdn. 10.
[201] BGH Beschl. v. 10. Juli 2021 – 5 StR 188/01 Rdn. 4.
[202] Stegbauer (2019), S. 127.
[203] Meyer-Goßner und Appl (2021), Rdn. 538.
[204] BGH Beschl. v. 20. September 2000 – 5 StR 391/00 Rdn. 2.
[205] Stegbauer (2019), S. 127.
[206] Stegbauer (2019), S. 127.

- Aufklärungshilfe i. S. v. § 31 BtMG[207]
- Großer Abstand zwischen Tat und Verurteilung[208]
- „Zusammenspiel" von „einfachen Milderungsgründen"[209]

Gegen „besondere Umstände" kann die Schadenshöhe sprechen. Bei einem Steuerschaden über 1.000.000,00 € ist eine Aussetzung erschwert.[210]

5.8.1 Verteidigung der Rechtsordnung

Die Verteidigung der Rechtsordnung nach § 56 Abs. 3 StGB steht einer Bewährung entgegen, wenn das Vertrauen der Bevölkerung in die Unverbrüchlichkeit des Rechts durch die Aussetzung der Strafe erschüttert würde und die Aussetzung zudem als „ungerechtfertigte Nachgiebigkeit" und als „zurückweichen vor Kriminalität" angesehen werden würde.[211]

5.8.2 Revision

Die Entscheidung über die Strafaussetzung ist Gegenstand des Urteils, § 260 Abs. 4 S. 4 StPO und damit rechtskraftfähig. Demgegenüber erwächst der Beschluss über Bewährungsauflagen nicht in Rechtskraft; er kann vielmehr im Verlauf der Vollstreckung geändert werden.[212] Die Frage der Strafaussetzung kann „als selbstständiger Teil des Urteils"[213] grundsätzlich isoliert angefochten werden.[214]

Nach Erhebung der Sachrüge prüft das Revisionsgericht von Amts wegen, ob die Beschränkung zulässig ist.[215] Eine isolierte Anfechtung ist unzulässig, wenn sich das Ergebnis im Widerspruch zu den nicht angefochtenen rechtskräftigen Feststellungen setzen würde.[216] Zwar obliegt dem Revisionsführer, den Umfang der Prüfung zu bestimmen, allerdings dürfen dann nicht widersprüchliche Feststellungen

207 Stegbauer (2019), S. 128.

208 Stegbauer (2019), S. 128.

209 BGH Beschl. v. 13. Oktober 2015 – 1 StR 416/15 Rdn. 5.

210 BGH Urt. v. 2. Dezember 2008 – 1 StR 416/18 Rdn. 42.

211 BGH Urt. v. 5. Mai 2022 – 3 StR 412/21 Rdn. 39; BGH Urt. v. 8. November 2023 – 5 StR 259/23 Rdn. 22; BGH Beschl. v. 21. Januar 1971 – 4 StR 238/70 Rdn. 15 ff.; Stegbauer (2019), S. 128.

212 BVerfG Beschl. v. 7. März 2005 – 2 BvR 2207/04, nachträgliche Änderung ist keine Doppelbestrafung i. S. v. Art. 103 Abs. 3 GG.

213 KG Berlin Beschl. v. 28. August 2020 – 121 Ss 109/20 Rdn. 6.

214 KG Berlin Beschl. v. 28. August 2020 – 121 Ss 109/20 Rdn. 6; OLG Koblenz Beschl. v. 3. August 2017 – 1 OLG 4 Ss 105/17 Rdn. 6 m. w. N.

215 OLG Koblenz Beschl. v. 3. August 2017 – 1 OLG 4 Ss 105/17 Rdn. 4.

216 OLG Köln Beschl. v. 2. März 2018 – 1 RVs 14/18 Rdn. 12; BGH Beschl. v. 27. April 2017 – 4 StR 547/16, grundsätzliche Ausführungen nach Divergenzvorlage.

entstehen. Es gilt die allgemeine Trennbarkeitsformel.[217] Eine singuläre Anfechtung ist auch unmöglich, wenn bereits die Feststellungen zur Tat lückenhaft oder sonst unzureichend sind.[218] Eine Trennbarkeit kann möglich sein, obwohl der Strafzumessung gem. § 46 StGB und der Aussetzung gem. § 56 StGB identische Umstände zugrunde liegen. Diese Übereinstimmung hat der Gesetzgeber vorgezeichnet.[219] Entscheidend ist, dass sich keine Widersprüche bilden.[220]

Die Gesichtspunkte der Unverzichtbarkeit i. S. v. § 47 StGB und die Voraussetzungen der Strafaussetzung zur Bewährung dürften regelmäßig so verzahnt sein, dass eine Beschränkung in dieser Konstellation in vielen Fällen ausscheidet. Eine Freiheitsstrafe unter sechs Monaten dürfte daher nicht auf die Aussetzung zur Bewährung beschränkt werden, da doppelrelevante Tatsachen die Rechtsfindung bestimmen.[221] Gegen eine Trennbarkeit spricht auch die Feststellung, das Strafmaß so gestaltet zu haben, um eine Aussetzung noch zu ermöglichen.[222] Die Zulässigkeit der isolierten Prüfung der Aussetzung hängt somit vom „konkreten Einzelfall“ ab.[223] Die Voraussetzungen des § 56 StGB unterliegen mit der Sachrüge[224] der revisionsrechtlichen Kontrolle. Der Tatrichter hat jedoch einen Beurteilungsspielraum, der irreversibel ist.[225] Die Überzeugung des Tatgerichts etwa, der Angeklagte werde künftig keine Straftaten mehr begehen und er werde sich die Verurteilung als Warnung dienen lassen ist im Kern nicht angreifbar; diese Überzeugung hat der Tatrichter auch aufgrund des persönlichen Eindrucks in der Hauptverhandlung gewonnen; dieser Teil der Überzeugungsbildung ist dem Revisionsgericht verschlossen.[226] Allerdings muss das angefochtene Urteil seine Feststellungen für das Revisionsgericht nachvollziehbar darstellen und begründen. Fehlt es hieran, hat das Urteil keinen Bestand.[227] Das Revisionsgericht prüft dabei, ob Rechtsbegriffe verkannt oder Ermessensfehler vorliegen.[228]

---

217 OLG Koblenz Beschl. v. 3. August 2017 – 1 OLG 4 Ss 105/17 Rdn. 7.

218 KG Berlin Beschl. v. 28. August 2020 – 121 Ss 109/20 Rdn. 6; KG Berlin Beschl. v. 4. Mai 2017 – 121 Ss 42/17 Rdn. 6; OLG Koblenz Beschl. v. 3. August 2017 – 1 OLG 4 Ss 105/17 Rdn. 11.

219 OLG Koblenz Beschl. v. 3. August 2017 – 1 OLG 4 Ss 105/17 Rdn. 8.

220 KG Berlin Beschl. v. 28. August 2020 – 121 Ss 109/20 Rdn. 6.

221 OLG Dresden Beschl. v. 10. Oktober 2012 – 2 Ss 9/12 Rdn. 30 ff.

222 BGH Urt. v. 29. November 2018 – 3 StR 405/18 Rdn. 19; BGH Urt. v. 19. Dezember 2000 – 5 StR 490/00 Rdn. 7; BGH Urt. v. 17. September 1980 – 2 StR 355/80 Rdn. 13.

223 OLG Koblenz Beschl. v. 3. August 2017 – 1 OLG 4 Ss 105/17 Rdn. 7.

224 BGH Urt. v. 5. März 1954 – 2 StR 15/54; KG Berlin Urt. v. 26. März 2018 – 161 Ss 32/18; KG Berlin Beschl. v. 28. August 2020 – 121 Ss 109/20 Rdn. 1; BGH Urt. v. 5. Mai 2022 – 3 StR 412/12 Rdn. 36.

225 BGH Urt. v. 5. Mai 2022 – 3 StR 412/21 Rdn. 37.

226 BayObLG Urt. v. 1. April 2022 – 202 StRR 35/22 Rdn. 3.

227 BGH Urt. v. 12. Mai 2021 – 5 StR 120/20 Rdn. 16 ff.; BGH Urt. v. 5. Mai 2022 – 3 StR 412/21 Rdn. 37 f.

228 KG Berlin Urt. v. 26. März 2018 – 161 Ss 32/18 Rdn. 11.

Zur Begründung stellt § 267 Abs. 3 S. 4 1. Hs StPO Voraussetzungen auf: Danach muss das Urteil begründen, warum es die Freiheitsstrafe zur Bewährung ausgesetzt hat. Außerdem muss es sich dazu verhalten, warum eine Bewährung abgelehnt wurde, wenn der Angeklagte einen Antrag auf Aussetzung gestellt hat. Demgegenüber braucht das Urteil keine Darlegungen enthalten, wenn der Sachverhalt zur Aussetzung i. S. v. § 56 StGB keine Veranlassung gibt. Eine Auseinandersetzung ist entbehrlich, wenn etwa besondere Umstände nach § 56 Abs. 2 StGB fernliegen. Gibt der Sachverhalt also keine Veranlassung besondere Umstände in der Tat und der Persönlichkeit des Täters anzunehmen, scheidet eine Bewährung aus und bei Offensichtlichkeit ist eine Diskussion nicht erforderlich.[229] Enthält das Urteil keine Ausführungen zur Aussetzung, obwohl diese beantragt wurde, kann der Verstoß gegen § 267 Abs. 3 S. 4 StPO mit der Verfahrensrüge und der Sachrüge vorgetragen werden.[230]

Die Kriminalprognose (Sozialprognose) ist zwar eine Tatfrage,[231] zumal dabei die Eindrücke der Hauptverhandlung von Tat und Täter einfließen, allerdings verlangt die Darlegungspflicht, die Umstände im Urteil mitzuteilen, die zur positiven Prognose geführt haben. Zudem müssen diese Umstände einer kritischen Würdigung unterzogen werden.[232]

Setzt das Tatgericht die Vollstreckung einer Freiheitsstrafe zur Bewährung aus, obwohl der Täter bereits mehrfach, einschlägig vorbestraft ist, müssen spezifische Umstände festgestellt werden können.[233] Hier ist eine Auseinandersetzung mit den Vorstrafen zwingend und es müssen veränderte Lebensverhältnisse belegt werden können, die die Erwartung künftiger Straffreiheit rechtfertigen.[234] Dies gilt umso mehr, da eine positive Legalprognose vom Angeklagten bereits widerlegt wurde.[235] Das Alter des Angeklagten „nunmehr über 50 Jahre" spricht bei Straftaten gegen das Vermögen und das Eigentum nicht automatisch für eine positive Sozialprognose.[236] Auch die Empfehlung der Bewährungshelferin, nochmal Bewährung zu geben, ist ohne nähere Begründung nicht geeignet, eine Aussetzung festzulegen.[237] Eine Verhaltenstherapie und andere psychologische Maßnahmen, die dem devianten Verhalten auf den Grund gehen und die nach einem Bewährungsbruch begonnen oder gar beendet wurden, sind geeignet neue, positive Einflüsse darzutun, die eine nochmalige Aussetzung gem. § 56 StGB rechtfertigen können.[238] Aber auch

[229] BGH Urt. v. 21. April 1986 – 2 StR 62/86, Rdn. 10 f.

[230] BGH Beschl. v. 13. März 2008 – 4 StR 534/07 Rdn. 2.

[231] OLG Koblenz Beschl. v. 3. August 2017 – 1 OLG 4 Ss 105/17 Rdn. 16.

[232] KG Berlin Urt. v. 26. März 2018 – 161 Ss 32/18 Rdn. 12.

[233] KG Berlin Urt. v. 26. März 2018 – 161 Ss 32/18 Rdn. 13.

[234] KG Berlin Urt. v. 26. März 2018 – 161 Ss 32/18 Rdn. 13; BGH Urt. v. 12. Mai 2021 – 5 StR 120/20 Rdn. 15 ff.

[235] KG Berlin Urt. v. 22. Juli 2016 – 161 Ss 52/16 Rdn. 10.

[236] KG Berlin Urt. v. 22. Juli 2016 – 161 Ss 52/16 Rdn. 18.

[237] KG Berlin Urt. v. 22. Juli 2016 – 161 Ss 52/16 Rdn. 19.

[238] KG Berlin Urt. v. 22. Juli 2016 – 161 Ss 52/16 Rdn. 22.

hier muss näher erläutert werden, ob die begonnene oder beendete Therapie zu einer Verbesserung geführt hat, die eine positive Sozialprognose zulässt.[239]

Das Doppelverwertungsverbot nach § 46 Abs. 3 StGB gilt nicht im Hinblick auf die Strafaussetzung i. S. v. § 56 StGB. Der Grund ist darin zu sehen, dass die Strafzumessung und die anschließende Frage der Aussetzung der Vollstreckung zwei verschiedene rechtliche Regelungsbereiche sind.[240]

Demnach dürfen sämtliche Strafzumessungsfaktoren des § 46 StGB – schärfend oder mildernd – erneut bei der Frage, ob die Vollstreckung zur Bewährung ausgesetzt wird, wiederholt Berücksichtigung finden.[241] In die Entscheidung über die Strafaussetzung darf im Übrigen nicht die Ansicht über die Strafhöhe einbezogen werden. Ein Urteil darf mithin nicht die Wertung enthalten, der Strafausspruch sei außergewöhnlich hoch ausgefallen, sodass eine Bewährung angemessen sei oder umgekehrt.[242] Ebenso wenig dürfen Aspekte der Strafzumessung mit Aspekten der Strafaussetzung vermischt werden, sodass eine nicht mehr schuldangemessene Strafe ausgeurteilt wird.[243]

Liegt dem Revisionsgericht eine Entscheidung vor, die eine Bewährung versagt hat, ergeben jedoch die Urteilsfeststellungen, die Voraussetzung einer Aussetzung i. S. v. § 56 StGB liegen vor, so kann das Revisionsgericht gemäß § 354 Abs. 1 StPO die Freiheitsstrafe zur Bewährung aussetzen.[244] Dies gilt auch für den umgekehrten Fall.[245] Voraussetzung ist stets, dass die Feststellungen vollständig sind, lediglich die rechtliche Würdigung ist unzutreffend.

5.9 Fahrverbot, § 44 StGB

2022 wurden 30.833 Fahrverbote gem. § 44 StGB verhängt. Die Entziehung der Fahrerlaubnis wurde im selben Jahr in 94.208 Fällen ausgesprochen.[246] Mithin hat dieses Thema eine große praktische Bedeutung. Die Nebenstrafe des § 44 StGB kann verhängt werden, wenn jemand wegen einer Straftat zu einer Geld- oder Freiheitsstrafe verurteilt wurde. Das heißt, der Täter muss wegen einer tatbestandsmäßigen, rechtswidrigen und schuldhaft begangenen Tat verurteilt worden sein; dies im Unterschied zur Entziehung der Fahrerlaubnis nach § 69 StGB. Eine Maßregel der Besserung und Sicherung i. S. v. § 61 StGB verlangt lediglich eine tatbestandsmäßige und rechtswidrige Tat.

[239] KG Berlin Urt. v. 22. Juli 2016 – 161 Ss 52/16. Rdn. 29.

[240] Bruns und Güntge (2019), S. 178.

[241] BGH Beschl. v. 25. Januar 1985 – 3 StR 535/84.

[242] BGH Beschl. v. 11. Juni 1986 – 2 StR 292/86 Rdn. 7 ff.

[243] BGH Urt. v. 12. Mai 2021 – 5 StR 120/20 Rdn. 14.

[244] BGH Beschl. v. 18. August 2009 – 5 StR 257/09 Rdn. 9.

[245] BayObLG Urt. v. 3. Juli 2003 – 5 StRR 95/03 Rdn. 47 ff.

[246] WWW-destatis.de.

Das Fahrverbot wird in der Praxis regelmäßig verhängt, wenn der Täter die Tat:

- bei oder im Zusammenhang mit dem Führen eines Kraftfahrzeuges begannen hat oder
- der Täter die Pflichten eines Kraftfahrzeugführers verletzt hat und deswegen verurteilt wurde, § 44 Abs. 1 S. 2 StGB.

Ein Fahrverbot kommt gem. § 44 Abs. 1 S. 2 StGB zudem in Betracht:

- zur Einwirkung auf den Täter
- zur Verteidigung der Rechtsordnung
- zur Vermeidung der Verhängung einer Freiheitsstrafe oder deren Vollstreckung

Zur Einwirkung auf den Täter kann die Anordnung eines Fahrverbotes erforderlich sein, wenn der Tatrichter zu der Überzeugung gelangt, dass eine Geldstrafe allein den Täter unbeeindruckt lässt und erst das Hinzutreten eines Fahrverbots die gewünschte spezialpräventive Wirkung hervorruft.[247] Die Auferlegung eines Fahrverbotes zur Verteidigung der Rechtsordnung betont den Strafzweck der Generalprävention.[248]

Im Hinblick auf die Vermeidung einer Freiheitsstrafe bietet das Fahrverbot folgende Vorteile: Die Verbindung von Geldstrafe und Fahrverbot kann tat- und schuldangemessen sein, sodass keine Freiheitsstrafe erforderlich ist.[249] Ohne Fahrverbot würde vielleicht eine Geldstrafe dem Maß der Schuld nicht mehr gerecht werden und es wäre eine Freiheitsstrafe auszuurteilen. Dem kann § 44 StGB als Teil des gerechten Schuldausgleichs entgegenwirken. Außerdem kann ein Fahrverbot die Verhängung einer kurzen Freiheitsstrafe gem. § 47 StGB vermeiden.[250] Überdies kann die verhängte Nebenstrafe Einfluss auf die Legalprognose im Zusammenhang mit der Aussetzung einer Freiheitsstrafe zur Bewährung nehmen. Im Rahmen einer Gesamtwürdigung sind sämtliche Rechtsfolgen zu berücksichtigen.[251]

Die Verhängung eines Fahrverbots steht im Ermessen („kann") des Tatrichters.[252] Dabei ist die Regelvermutung des § 44 Abs. 1 S. 3 StGB von entscheidender Bedeutung. Die Verhängung eines Fahrverbots und die Bestimmung seiner Dauer – ein Monat bis sechs Monate – werden von den Strafzumessungskriterien des § 46 StGB maßgeblich geprägt.[253] Zu beachten ist, dass das Zusammenspiel aus Haupt- und Nebenstrafe die Schuld des Täters nicht übersteigt; die Kombination darf also nicht zu einem Übermaß führen.[254] Im Hinblick auf das Fahrverbot ist § 46 Abs. 1 S. 2

---

[247] BT-Drucks. 18/12785, S. 44; BT-Drucks. 18/11272, S. 14 ff.

[248] BT-Drucks. 18/12785, S. 44; BayObLG Urt. v. 17. Januar 1967 – RReg 2a St 159/66 Rdn. 8 ff.

[249] BT-Drucks. 18/11272, S. 17; BayObLG Urt. v. 3. Oktober 1977 – RReg 1 St 136/77 Rdn. 9.

[250] BT-Drucks. 18/11272, S. 18; OLG Koblenz Beschl. v. 18. November 2010 – 1 Ss 149/10 Rdn. 10.

[251] BT-Drucks. 18/11272, S. 18; BGH Urt. v. 2. Oktober 1958 – 4 StR 293/58.

[252] BT-Drucks. 18/12785, S. 43; Fischer (2024), § 44 Rdn. 12.

[253] BT-Drucks. 18/11272, S. 18; OLG Köln Beschl. v. 5. November 1991 – Ss 495/91

[254] BT-Drucks. 18/12785, S. 43.

StGB („die Wirkungen der Strafe für das Leben") dabei von besonderer Bedeutung. An dieser Stelle wird auch zu erörtern sein, ob das Fahrverbot zu einer unbilligen Härte, etwa wegen einer zu erwartenden Kündigung des Arbeitsverhältnisses oder zur Zerstörung der wirtschaftlichen Existenz, führen könnte.[255]

Ein Fahrverbot nach § 44 StGB kann nur im Zusammenhang mit dem gesamten Rechtsfolgenausspruch angefochten werden; es ist also nicht lediglich die Strafzumessung anzugreifen. Eine nur auf das Fahrverbot beschränkte Revision ist in der Regel nicht möglich.[256] Dies findet seinen Grund in dem Umstand, dass Haupt- und Nebenstrafe in einer engen Beziehung zueinanderstehen.[257] Das heißt, das Fahrverbot wird nur verhängt, wenn die Hauptstrafe allein dem spezialpräventiven Strafzweck nicht gerecht wird.[258] Es besteht daher eine enge Verknüpfung, die nicht getrennt voneinander entschieden werden kann. Dies würde vielmehr zu einem Verstoß gegen die Trennbarkeitstheorie führen.

Stellt das Revisionsgericht fest, dass die Voraussetzungen des § 44 StGB nicht vorliegen, so wird regelmäßig der gesamte Rechtsfolgenausspruch aufgehoben und die Sache zur erneuten Entscheidung zurückverwiesen. Eine Modifikation erlaubt in seltenen Fällen § 354 Abs. 1 S. 1 StPO. Eine solche Ausnahme liegt der Entscheidung des OLG Köln, Beschluss vom 18. November 2005 – 82 Ss 57/05 zugrunde: Hier hat das Revisionsgericht ein Fahrverbot aufgehoben und in der Sache selbst entschieden, § 354 Abs. 1 StPO. Zwar hat der Senat die grundsätzliche Untrennbarkeit betont, allerdings lag hier ein Fall zugrunde, der „offensichtlich" zeigte, dass eine Trennbarkeit möglich ist, da Tat und Höhe der Hauptstrafe (hier: Geldstrafe) das Fahrverbot erkennbar nicht beeinflusst haben. Die Argumentation, dass eine Erhöhung der Tagessatzzahl wegen des Verschlechterungsverbotes nicht in Betracht kommt, hat das Revisionsgericht einbezogen. Außerdem hat es ausgeschlossen, dass in einer erneuten Hauptverhandlung die verhängte Geldstrafe von 20 Tagessätzen zu je 18,00 € noch niedriger ausfallen könnte.[259]

Das Fahrverbot wird u. a. ausgesprochen, um eine Freiheitsstrafe zu vermeiden. Eine solche Konstellation zeigt deutlich die erhebliche Wechselwirkung zwischen Geldstrafe und Fahrverbot.[260] Wird ein solches Urteil im Rechtsfolgenausspruch aufgehoben so steht das Verschlechterungsverbot der Erhöhung der Tagessatzzahl unter Wegfall des Fahrverbotes entgegen.[261] Das Fahrverbot darf in der erneuten Hauptverhandlung entfallen, aber die Anzahl der Tagessätze darf dann nicht erhöht werden.[262] Hierfür streitet auch folgender Gedanke: Unterstellt die Geldstrafe wäre uneinbring-

---

[255] BT-Drucks. 18/12785, S. 45.

[256] Thüringer Oberlandesgericht Beschl. v. 25. April 2005 – 1 Ss 244/04 Rdn. 11; OLG Hamm Beschl. v. 23. Juli 2002 – 2 Ss 224/07 Rdn. 37.

[257] OLG Düsseldorf Beschl. v. 8. Juli 1992 – 2 Ss 187/91.

[258] OLG Köln Beschl. v. 18. November 2005 – 82 Ss 57/05 Rdn. 3.

[259] Vgl. auch zu § 354 Abs. 1 StPO und Fahrverbot OLG Köln Beschl. v. 19. August 2005 – 83 Ss 26/05.

[260] OLG Koblenz Beschl. v. 18. Oktober 2010 – 1 Ss 149/10 Rdn. 10.

[261] OLG Hamm Beschl. v. 23. Juli 2007 – 2 Ss 224/07 Rdn. 43.

[262] OLG Koblenz Beschl. v. 13. Juni 2023 – 5 ORs 4 Ss 23/23 Rdn. 17 f.

lich, so wären die höheren Tagessätze zu verbüßen; dies stellt wiederum eine Verschlechterung gegenüber dem Fahrverbot dar.[263] Demgegenüber darf bei Wegfall des Fahrverbots die Tagessatzhöhe steigen; dies insbesondere, wenn das Fahrverbot für den Täter eine „ökonomische Bedeutung" hat.[264] Will der Tatrichter ein Fahrverbot verhängen, so müssen die Urteilsfeststellungen erkennen lassen, dass der Tatrichter die Möglichkeit der Vermeidung eines Fahrverbots durch Erhöhung der Geldstrafe – immer in den Grenzen des wirtschaftlich Möglichen – gesehen hat; dies ist zu begründen.[265] Es kommt dabei darauf an, ob die Hauptstrafe allein – regelmäßig eine Geldstrafe – den erforderlichen Zweck des Strafens erreicht.

Erst wenn dies nicht der Fall ist, kommt ein Fahrverbot zum Tragen.[266] Ebenso ist bei Verhängung einer (kurzen) Freiheitsstrafe zu erörtern, ob eine Geldstrafe und ein Fahrverbot geeignet wären, eine Freiheitsstrafe zu vermeiden.[267] Ein wichtiges Kriterium ist das Erreichen spezialpräventiver Zwecke.[268] Zudem ist der zeitliche Abstand zwischen Tat und Verurteilung zu berücksichtigen. Liegen ca. 2 Jahre dazwischen kann die „Denkzettelfunktion" eines Fahrverbotes entfallen.[269] Ein Verstoß gegen § 44 StGB ist mit der Sachrüge zu beanstanden; z. B. mit dem Ziel, die Dauer der Sperre zu reduzieren.[270]

Zu den Grundlagen einer revisionsrechtlichen Prüfung gehört stets der Vergleich der Anklage und des Eröffnungsbeschlusses mit dem zur Überprüfung gestellten Urteil. Liegt hier eine Divergenz vor, etwa weil in der Anklage und dem Eröffnungsbeschluss von der Möglichkeit der Anordnung eines Fahrverbotes nicht die Rede war, der Angeklagte indes zu einer Nebenstrafe (Fahrverbot) verurteilt wurde, ist zu prüfen, ob ein entsprechender rechtlicher Hinweis gem. § 265 StPO in der Hauptverhandlung erteilt wurde. Fehlt der Hinweis liegt eine Urteilsaufhebung nahe. § 265 StPO ist im Zusammenhang mit § 264 StPO und § 266 StPO zu verstehen. Nach § 264 Abs. 1 StPO ist für das Urteil die angeklagte Tat maßgebend, so wie sie sich am Ende der Verhandlung zeigt. Ergeben sich in der Hauptverhandlung Hinweise, der Angeklagte könnte weitere Straftaten begangen haben, so kommt eine Nachtragsanklage gem. § 266 StPO in Betracht. „Dazwischen" liegt die Situation, dass tatsächliche oder rechtliche Veränderungen in der Hauptverhandlung auftreten, die – wenn der Angeklagte nicht darauf hingewiesen wurde, dass das Tatgericht nun dieser oder jener Erkenntnis folgen möchte – den Angeklagten im Urteilsausspruch

[263] OLG Düsseldorf Beschl. v. 23. März 2006 – 2 Ss 17/06.

[264] OLG Karlsruhe Beschl. v. 4. Juli 2005 – 1 Ss 60/05 Rdn. 3 ff.

[265] KG Berlin Urt. v. 21 Dezember 2022 – 121 Ss 165/22 Rdn. 15; OLG Köln Beschl. v. 19. August 2005 – 83 Ss 26/05 Rdn. 10.

[266] BGH Beschl. v. 18. Mai 1972 – 4 StR 86/72 Rdn. 5; OLG Köln Beschl. v. 5. November 1991 – Ss 495/91.

[267] BT-Drucks. 18/12785, S. 44.

[268] BT-Drucks. 18/12785, S. 44.

[269] OLG Düsseldorf Beschl. v. 8. Juli 1992 – 2 Ss 187/91.

[270] Brandenburgisches Oberlandesgericht Urt. v. 11. Oktober 2023 – 1 ORs 11/23 Rdn. 17 ff.

überraschen würde. Das „Verbot der Überraschungsentscheidung“[271] verlangt daher einen rechtlichen Hinweis, der zu protokollieren ist.

Das Verbot der Überraschungsentscheidung findet seine Rechtsgrundlage in Art. 103 Abs. 1 GG, dem Anspruch auf rechtliches Gehör sowie dem Anspruch des Angeklagten auf ein faires Verfahren.[272] Der Angeklagte soll also nicht von der plötzlichen Anordnung eines Fahrverbotes „überrollt“ werden. Aus diesem Grund erwähnt § 265 Abs. 2 Ziff. 1 StPO explizit die denkbare Anordnung eines Fahrverbotes als hinweispflichtig. Entsprechendes gilt nach § 265 Abs. 2 Ziff. 1 StPO für die Anordnung einer Maßregel der Besserung und Sicherung, etwa der Entziehung der Fahrerlaubnis nach § 69 StGB.[273] Fehlt der gesetzlich vorgesehene Hinweis wäre eine Verfahrensrüge nach § 265 StPO zu erheben. Die negative Beweiskraft des Hauptverhandlungsprotokolls, § 274 StPO, belegt, dass ein rechtlicher Hinweis nicht erteilt wurde. In der Verfahrensrüge müsste überdies vorgetragen werden können, dass außerhalb der Hauptverhandlung kein Hinweis erfolgte sowie vorzutragen ist, dass sich aus dem angefochtenen Urteil auch nicht ergibt, „die Veränderung des rechtlichen Gesichtspunktes“ hätte dem Angeklagten „nach dem Gang des Verfahrens auf andere Weise bekannt gewesen sein“ können.[274]

Das Urteil beruht auf dem unterlassenen Hinweis, wenn nicht auszuschließen ist, dass der Angeklagte sich anders als erfolgt verteidigt hätte, wenn der Hinweis erteilt worden wäre.[275] Gelangt das Revisionsgericht zu der Überzeugung, der Angeklagte hätte sich auch bei Erteilung eines rechtlichen Hinweises zu § 44 StGB nicht anders verteidigt, kann ein Beruhen ausgeschlossen werden und das angefochtene Urteil bleibt trotz Rechtsfehler bestehen.[276]

5.10 Entziehung der Fahrerlaubnis, § 69 StGB

Die Entziehung der Fahrerlaubnis nach § 69 StGB ist eine Maßregel der Besserung und Sicherung. Diese ist gem. § 69 Abs. 1 S. 1 StGB anzuwenden, wenn der Täter

- wegen einer Tat verurteilt wurde
- oder nur deshalb nicht verurteilt wurde, weil seine Schuldunfähigkeit erwiesen
- oder nicht auszuschließen ist.

[271] BT-Drucks. 18/11277, S. 37.

[272] BVerfG Beschl. v. 8. Dezember 2005 – 2 BvR 1769/04 Rdn. 3 ff.

[273] §265 StPO gilt auch im Ordnungswidrigkeitenrecht, § 46 Abs. 1 OWiG und kann dort mit der Rechtsbeschwerde § 79 Abs. 1 Ziff. 3 OWiG gerügt werden, vgl. KG Beschl. v. 13. April 2016 – 3 Ws 140/16 Rdn. 4.

[274] OLG Celle Beschl. v. 30. November 2017 – 1 Ss 61/17 Rdn. 6.

[275] OLG Celle Beschl. v. 30. November 2017 – 1 Ss 61/17 Rdn. 6.

[276] BGH Urt. v. 19. Oktober 1994 – 2 StR 336/94 Rdn. 10 f; OLG Celle Beschl. v. 30. November 2017 – 1 Ss 61/17 Rdn. 8.

Die Tat muss zudem

- bei oder
- im Zusammenhang mit dem Führen eines Kraftfahrzeuges[277]
- oder unter Verletzung der Pflichten eines Kraftfahrzeugführers begannen worden sein.

Schließlich muss der Täter zum Führen von Kraftfahrzeugen ungeeignet sein. Im Gegensatz zur Nebenstrafe des Fahrverbotes nach § 44 StGB verlangt die Entziehung der Fahrerlaubnis keine schuldhaft begangene Tat; es genügt eine rechtswidrige Tat. Die Tat muss zudem einen Bezug zur Rolle eines Kraftfahrzeugführers aufweisen.[278] § 69 Abs. 2 StGB nennt diesbezüglich verschiedene Taten, vornehmlich solche, die unter Einfluss von Alkohol und Drogen im Straßenverkehr begannen wurden.

Auch einem Teilnehmer an einer solchen sog. Anlasstat kann die Fahrerlaubnis nach § 69 StGB entzogen werden.[279] Die Regelvermutung des § 69 Abs. 2 StGB gilt nur für den Täter, nicht für den Teilnehmer. Die Ungeeignetheit eines Teilnehmers muss in „einer Gesamtabwägung der Tatumstände und der Täterpersönlichkeit gem. § 69 Abs. 1 StGB festgestellt werden."[280]

Auch eine nicht in § 69 Abs. 2 StGB erwähnte Anlasstat kann eine charakterliche Ungeeignetheit zum Führen eines Kraftfahrzeuges begründen, wenn der Täter seine Bereitschaft zu erkennen gibt, „die Sicherheit des Straßenverkehrs seinen kriminellen Zielen unterzuordnen."[281] § 69 StGB schützt die Sicherheit des Straßenverkehrs,[282] deshalb ist nicht bei jeder Straftat, bei der ein Kfz eine Rolle spielt, die Fahrerlaubnis nach § 69 StGB sogleich zu entziehen. Wird ein Auto zur Flucht nach einem Banküberfall verwendet, dürfte regelmäßig die Bereitschaft die Sicherheit des Straßenverkehrs den kriminellen Zielen unterzuordnen offen zutage treten und die Entziehung nach § 69 StGB in Betracht kommen.[283] Ähnlich verhält es sich im Fall einer gewalttätigen Entführung mittels eines Kraftfahrzeuges.[284] Gegen eine solche „Unterordnungshaltung" spricht die Benutzung eines Pkw, um einen Tatort oder ein Opfer auszukundschaften.[285] Bei Drogenkurierfahrten ist zu unterscheiden.

---

[277] BGH Beschl. v. 1. Februar 2023 – 4 StR 443/22 Rdn. 5.

[278] Zum Verhältnis E-Scooter und Kraftfahrzeugführer ausführlich LG Leipzig Urt. v. 24. Juni 2022 – 9 Ns 504 Js 66330/21 Rdn. 21 ff.

[279] Zu der Voraussetzung der Maßregelanordnung gegen einen Beifahrer vgl. BGH Beschl. v. 17. Februar 2004 – 4 StR 585/03 Rdn. 7; zur Beteiligung mehrerer an einer Straftat BGH Urt. v. 29. Mai 1957 – 2 StR 195/57 Rdn. 13 ff.

[280] BGH Beschl. v. 24. März 2021 – 4 StR 416/20 Rdn. 26; BGH Beschl. v. 31. Januar 2024 – 4 StR 205/23 Rdn. 2 ff. zum Beifahrer.

[281] BGH Beschl. v. 27. April 2005 – GSSt 2/04 Rdn. 27.

[282] BGH Beschl. v. 27. April 2005 – GSSt 2/04.

[283] BGH Beschl. v. 27. April 2005 – GSSt 2/04 Rdn. 28.

[284] BGH Beschl. v. 27. April 2005 – GSSt 2/04 Rdn. 27.

[285] BGH Beschl. v. 27. April 2005 – GSSt 2/04 Rdn. 28; BGH Urt. v. 26. September 2003 – 2 StR 161/03 Rdn. 8.

Grundsätzlich besteht kein Erfahrungssatz, dass Drogenkuriere bei „Verkehrskontrollen zu besonders riskanter Fahrweise entschlossen sind.“[286] Der bloße Transport von Betäubungsmitteln beeinträchtigt regelmäßig nicht die Sicherheit des Straßenverkehrs. Es müssten weiterreichende Feststellungen etwa zur Fahrweise getroffen werden können.[287]

Schließlich muss der Täter ungeeignet zum Führen von Kraftfahrzeugen sein. Dies ist regelmäßig bei Verstößen gegen §§ 315c, 315d, 316, 142, 323a StGB der Fall, § 69 Abs. 2 StGB. Die Ungeeignetheit kann sich aus körperlichen, geistigen oder charakterlichen Mängeln ergeben, die schließlich dazu führen, „dass die Teilnahme des Täters am Kraftfahrzeugverkehr zu einer nicht hinnehmbaren Gefährdung der Verkehrssicherheit führen würde.“[288]

Das Ergebnis der Gesamtwürdigung kann auch ergeben, dass der Täter, obwohl er ein Regelbeispiel des § 69 Abs. 2 StGB verwirklicht hat, trotzdem zum Führen eines Kraftfahrzeuges geeignet ist. Dabei sind die Tatsachen, die die Regelvermutung widerlegen ausführlich zu erörtern.[289] Die Darlegungsanforderungen erhöhen sich weiter, wenn es sich um einen Wiederholungstäter handelt.[290] Als Gründe zum Absehen von der Entziehung der Fahrerlaubnis können die Gewichtung der Tat, ihr Anlass, die Beweggründe sowie die Persönlichkeit des Täters herangezogen werden.[291]

Verhängt das Tatgericht eine isolierte Sperre nach § 69a Abs.1 S. 3 StGB und stellt fest, dass die Fahrerlaubnissperre im konkreten Fall keine „fühlbaren Auswirkungen“ habe, um sodann eine weitere Sanktion zu verhängen und zu begründen, läuft das Urteil Gefahr aufgehoben zu werden, da der Tatrichter das Wesen der Maßregel verkannt haben könnte.[292] Die Formulierung „fühlbare Auswirkung“ deutet auf Strafe hin, demgegenüber ist dieser Gedanke der Maßregel nach § 69 StGB i. V. m. § 69a StGB fremd.

Die Maßregel will die Allgemeinheit vor Gefahren schützen, sie hat gerade keinen Strafcharakter. Verkennt der Tatrichter diese Bedeutung ist das Urteil mit einer Sachrüge aufzuheben.[293] Hat der Täter zwischen Tat und Verurteilung an seinem Defizit gearbeitet, etwa durch die Teilnahme an einem Fahreignungsseminar i. S. v. §§ 4 Abs. 7, 4a StVG, § 42 FeV,[294] an einer Alkohol- oder Drogentherapie oder

[286] BGH Urt. v. 4. November 2014 – 1 StR 233/14 Rdn. 8; BGH Beschl. v. 27. April 2005 – GSSt 2/04 Rdn. 29 unter Hinweis auf BGH Beschl. v. 3. Dezember 2002 – 4 StR 458/02 Rdn. 4.

[287] BGH Urt. v. 4. November 2014 – 1 StR 233/14 Rdn. 8.

[288] BGH Urt. v. 26. September 2003 – 2 StR 161/03 Rdn. 10; BayObLG Beschl. v. 24. Juli 2020 – 205 StRR 216/20 Rdn. 28.

[289] OLG Karlsruhe Urt. v. 12. Januar 2022 – 1 Rv 36 Ss 532/21 Rdn. 11.

[290] OLG Hamm Beschl. v. 31. Januar 2017 – III – 4 RVs 2/17 Rdn. 12; OLG Hamm Beschl. v. 10. November 2015 – III – 5 RVs 125/15 Rdn. 9.

[291] OLG Karlsruhe Urt. v. 12. Januar 2022 – 1 Rv 36 Ss 532/21 Rdn. 11.

[292] OLG Hamm Beschl. v. 31. Januar 2017 – III – 4 RVs 2/17 Rdn. 7 ff.

[293] OLG Hamm Beschl. v. 31. Januar 2017 – III – 4 RVs 2/17.

[294] BayObLG Beschl. v. 3. Mai 2021 – 204 StRR 167/21 Rdn. 9.

einem Anti-Aggressionstraining oder durch sonstige Maßnahmen seine Gefahr für den Straßenverkehr verringert oder beseitigt, wird dies im Strafverfahren zu berücksichtigen sein. Liegen derartige Anhaltspunkte vor, muss das Urteil erkennen lassen, dass sich der Tatrichter bewusst war von der Regelvermutung abzuweichen.[295] Das Tatgericht muss ausführlich begründen, warum der Täter beispielsweise nach ca. 18 h Beratung und ca. 100 h Therapie immer noch ungeeignet zum Führen von Kraftfahrzeugen sein soll; fehlt eine solche Erörterung, ist das Urteil aufzuheben.[296]

Demgegenüber darf die mangelnde Auseinandersetzung des Angeklagten mit seinen straßenverkehrsrechtlichen Vorstrafen – der Angeklagte leugne „bis heute unbelehrbar" seine Taten – nicht zur Begründung der Ungeeignetheit i. S. v. § 69 StGB herangezogen werden.[297] Es handelt sich bei diesem weiteren Leugnen um zulässiges Verteidigungsverhalten.[298]

Eine rechtskräftige Verurteilung hat die Wirkung, dass die Fahrerlaubnis entfällt. Nach § 69a Abs. 1 S. 1 StGB wird eine Sperre für die Wiedererteilung der Fahrerlaubnis von sechs Monaten bis zu fünf Jahren verhängt.[299] Die Sperre kann auch lebenslänglich angeordnet werden, § 69a Abs. 1 S. 2 StGB. Verfügt der Täter nicht über eine Fahrerlaubnis, so ist eine isolierte Sperre zu verhängen, § 69 Abs. 1 S. 3 StGB. Nach § 69a Abs. 2 StGB können bestimmte Kraftfahrzeugarten von der Sperre ausgenommen werden, wenn besondere Umstände die Annahme rechtfertigen, dass der Zweck der Maßregel dadurch nicht gefährdet wird. Zu diesen Kraftfahrzeugen gehören z. B. Geldtransporter,[300] Rettungswagen der Feuerwehr,[301] Pannenhilfefahrzeuge des ADAC,[302] Traktor.[303]

Ein Verstoß gegen § 69 StGB ist ein schlich-rechtlicher Fehler und daher mit der Sachrüge zu beanstanden.[304] Die isolierte Anfechtung der Entziehung der Fahrerlaubnis ist zulässig. Das heißt, der Angeklagte könnte den Schuldspruch und die Strafe akzeptieren, sofern er mit der Maßregelanordnung nach § 69 StGB indes nicht einverstanden ist, kann er die Sachrüge auf die Prüfung der Anordnung der Entziehung der Fahrerlaubnis beschränken.[305] Umgekehrt steht es der Staatsanwaltschaft zu, isoliert die Nichtanordnung der Entziehung mit der Sachrüge anzugreifen.[306]

---

[295] BayObLG Beschl. v. 3. Mai 2021 – 204 StRR 167/21 Rdn. 6.

[296] BayObLG Beschl. v. 3. Mai 2021 – 204 StRR 167/21 Rdn. 10.

[297] BGH Beschl. v. 13. September 2023 – 4 StR 48/23 Rdn. 6.

[298] BGH Beschl. v. 13. September 2023 – 4 StR 48/23 Rdn. 6.

[299] Für Wiederholungstäter siehe auch § 69a Abs. 3 StGB.

[300] AG Lüdinghausen Urt. v. 14. Juni 2005 – 16 Cs 81 Js 583/05 Rdn. 6.

[301] LG Hamburg Beschl. v. 11. Oktober 1991 – 603 Qs 769/91 Rdn. 2.

[302] LG Hamburg Beschl. v. 17. Juli 1992 – 603 Qs 524/92 Rdn. 2.

[303] AG Auerbach (Vogtland) Urt. v. 12. November 2002 – 2 Ds 641 Js 11502/02 jug.

[304] BGH Beschl. v. 14. September 2023 – 4 StR 274/23 Rdn. 2.

[305] OLG Karlsruhe Urt. v. 12. Januar 2022 – 1 Rv 36 Ss 532/21 Rdn. 11; BGH Beschl. v. 27. April 2005 – GSSt 2/04 Rdn. 6.

[306] BGH Urt. v. 29. April 2021 – 4 StR 522/20 Rdn. 6.

Eine Beschränkung auf die Maßregelanordnung ist stets unzulässig, wenn die Feststellungen zum Schuldspruch und zur Maßregelentscheidung untrennbar verbunden sind. Es darf nicht zu erwarten sein, dass nach der isolierten Auseinandersetzung widersprüchliche Feststellungen zwischen Schuldspruch und Maßregel getroffen werden. Eine Untrennbarkeit ist auch gegeben, wenn die Entziehung der Fahrerlaubnis in die Strafzumessung Eingang gefunden hat.[307]

Der Revisionsführer könnte auch eine Freiheitsstrafe, deren Vollstreckung zur Bewährung ausgesetzt wurde, akzeptieren aber die in demselben Urteil verhängte Maßregel nach § 69 StGB isoliert anfechten.[308] Dabei darf nach dem allgemeinen Trennbarkeitsgrundsatz keine widersprüchliche Entscheidung entstehen und es dürfen keine doppelrelevanten Tatsachen angegriffen werden.[309]

Ob eine Wechselwirkung besteht, ist eine Frage des Einzelfalles.[310] Einerseits wird die isolierte Anfechtung der Entziehung der Fahrerlaubnis bei einer Verurteilung wegen Unfallflucht i. S. v. § 142 StGB regelmäßig als nicht möglich bezeichnet; die Feststellungen sind häufig zu eng verwoben.[311] Andererseits wird in einer solchen Konstellation eine Trennung für möglich gehalten.[312] Eine untrennbare Wechselwirkung besteht auch dann, wenn das Urteil nicht nur im Zusammenhang mit der Entziehung der Fahrerlaubnis Feststellungen zur „charakterlichen Eignung zum Führen von Kraftfahrzeugen" getroffen und verwendet hat, sondern diese etwa in die allgemeine Strafzumessung einfließen lässt.[313]

Eine Anfechtung lediglich der Dauer der Sperrzeit, § 69a Abs. 1 S. 1 StGB, dürfte ebenfalls regelmäßig unzulässig sein, da die Sperrfristbestimmung stets mit den Gründen des Zustandekommens der Entziehung untrennbar verbunden ist.[314] Entsprechendes dürfte für die Ablehnung einer Ausnahme nach § 69 Abs. 2 StGB gelten.

Auf die Möglichkeit einer Entziehung der Fahrerlaubnis ist der Angeklagte gegebenenfalls nach § 265 StPO in der Hauptverhandlung hinzuweisen. Enthält weder die Anklageschrift noch der Eröffnungsbeschluss einen Hinweis darauf, dass eine Entziehung der Fahrerlaubnis in Betracht kommt, muss das Tatgericht vor der Entziehung einen rechtlichen Hinweis nach § 265 StPO erteilen, um eine überraschende

[307] BGH Urt. v. 29. April 2021 – 4 StR 522/20 Rdn. 3; LG Potsdam Urt. v. 11. Oktober 2002 – 26 Ns 212/02.

[308] BGH Beschl. v. 15. Mai 2001 – 4 StR 306/00 Rdn. 8 ff.

[309] BGH Urt. v. 30. September 2021 – 4 StR 170/21 Rdn. 14.

[310] BGH Beschl. v. 13. September 2023 – 4 StR 132/23 Rdn. 9; BGH Urt. v. 7. Oktober 1992 – 2 StR 374/92 Rdn. 9.

[311] OLG Düsseldorf Beschl. v. 28. Januar 1991 – 2 Ss 1/91.

[312] OLG Zweibrücken Urt. v. 14. Juni 2021 – 1 OLG 2 Ss 1/21.

[313] KG Berlin Urt. v. 10. Dezember 2021 – 161 Ss 113/21 Rdn. 15; OLG Frankfurt Urt. v. 8. Mai 2023 – 1 Ss 276/22 Rdn. 2.

[314] OLG Frankfurt Beschl. v. 21. Mai 1996 – 3 Ss 114/96; LG Aachen Beschl. v. 9. Dezember 2020 – 60 Qs 56/20 Rdn. 19 (für die Berufung).

Entscheidung zu vermeiden.[315] Der unterlassene Hinweis ist mit der Verfahrensrüge geltend zu machen.[316]

Die Begründungsanforderungen an ein Urteil im Zusammenhang mit der Entziehung einer Fahrerlaubnis sind in § 267 Abs. 6 StPO näher geregelt. Wird die Entziehung der Fahrerlaubnis angeordnet, so muss dies im Urteil begründet werden, § 267 Abs. 1 S. 1 StPO. Auch ein Regelfall des § 69 StGB verlangt eine auf den „Einzelfall bezogene Begründung."[317]

Die Entziehung einer Fahrerlaubnis ohne Regelfall verlangt eine Gesamtabwägung der Tatumstände und der Täterpersönlichkeit, die schließlich die Ungeeignetheit zum Führen eines Kfz darlegt.[318] Hat das Tatgericht keine Entziehung der Fahrerlaubnis angeordnet, obwohl dies in Betracht kam, muss auch diese Entscheidung begründet werden, § 267 Abs. 6 S. 2 StPO. Der Umfang der Darlegungen hängt vom Einzelfall ab.[319] Liegt ein Regelfall des § 69 Abs. 2 StGB vor, muss nicht ohne Weiteres detailliert begründet werden, insbesondere dann nicht, wenn eine Ausnahme fern liegt.[320] Insbesondere die Dauer der Ungeeignetheit bedarf genauerer Erörterung.[321] Das Tatgericht besitzt regelmäßig eine ausreichende eigene Sachkunde zur Beurteilung der Ungeeignetheit, sodass Beweisanträge zur Vernehmung eines Sachverständigen nach § 244 Abs. 4 S. 1 StPO regelmäßig abgelehnt werden können.[322]

Die Maßregel unterliegt dem Verschlechterungsverbot des § 358 Abs. 1 StPO;[323] eine Ausnahme enthält § 358 Abs. 2 S. 3 StPO für die Unterbringung in einem psychiatrischen Krankenhaus. Hat der Tatrichter die Entziehung der Fahrerlaubnis im Urteil tenoriert, dabei aber vergessen den Führerschein einzuziehen, so kann dies in der Revisionsentscheidung – ohne Verstoß gegen das Verschlechterungsverbot aus § 358 Abs. 2 StPO – nachgeholt werden.[324] War bereits die Bestrafung auf die isolierte Prüfung der Entziehung der Fahrerlaubnis nach § 69 StGB beschränkt, so prüft das OLG von Amts wegen, ob die Beschränkung zulässig war.[325]

---

315 BGH Urt. v. 12. März 1963 – 1 StR 54/63 Rdn. 5; BGH Beschl. v. 30. März 1988 – 3 StR 78/88 Rdn. 2.

316 Schmitt (2024), § 265 Rdn. 47.

317 BGH Urt. v. 12. März 2020 – 4 StR 544/19 Rdn. 18.

318 BGH Urt. v. 12. März 2020 – 4 StR 544/19; BGH Beschl. v. 13. September 2018 – 1 StR 439/18 Rdn. 7.

319 BGH Urt. v. 12. März 2020 – 4 StR 544/19 Rdn. 18.

320 Fischer (2024), § 69 Rdn. 54.

321 BGH Urt. v. 12. März 2020 – 4 StR 544/19; OLG Zweibrücken Urt. v. 31. Mai 2021 – 1 OLG 2 Ss 15/21 Rdn. 19 (je länger die Frist, desto intensiver die Begründung).

322 Stegbauer (2019), S. 172.

323 Gericke (2023), § 358 Rdn. 23 f.

324 BGH Beschl. v. 22. Juni 2022 – 4 StR 53/22 Rdn. 2.

325 OLG Zweibrücken Urt. v. 31. Mai 2021 – 1 OLG 2 Ss 15/21 Rdn. 12.

5.11 Maßregelanordnung, §§ 63, 64 StGB

Der Angeklagte und die Staatsanwaltschaft können die Revision auch auf die Anordnung einer Maßregel nach §§ 63, 64 StGB[326] beschränken.[327] Die Beschränkung ist jedoch unwirksam, wenn die Maßregel und die Strafe ausweislich der Urteilsfeststellungen untrennbar verbunden sind.[328] Eine Untrennbarkeit von Strafzumessung und Maßregel liegt z. B. vor, wenn das Motiv des Drogenkonsums sowohl für die Maßregel als auch für eine Strafrahmenverschiebung nach § 21 StGB von Bedeutung ist.[329] Untrennbarkeit liegt auch vor, wenn die Argumente zur Versagung der Strafaussetzung zur Bewährung zum Teil identisch sind mit den Argumenten der Anordnung oder Nichtanordnung einer Maßregel.[330] Der Angeklagte kann auch nicht isoliert Revision einlegen nur mit dem Ziel eine Maßregel nach §§ 63, 64 StGB gegen ihn zu verhängen; ihm fehlt hierfür die Beschwer.[331] Der Revisionsführer müsste bei diesem Ziel den Rechtsfolgenausspruch insgesamt rügen.[332]

Ist der Revisionsführer unzufrieden mit der Strafzumessung, jedoch einverstanden mit der Nichtanordnung einer Maßregel nach §§ 63, 64 StGB, so ist dringend anzuraten, bei der Anfechtung der Rechtsfolgenentscheidung die Unterbringungsmaßregel ausdrücklich vom Revisionsangriff auszunehmen.[333] Die Revision verleiht dem Revisionsführer auch diesbezüglich eine Dispositionsbefugnis.[334] Wendet sich der Angeklagte auch gegen den Schuldspruch, kann auf Seiten der Rechtsfolgen nicht die Maßregel ausgenommen werden, da der Schuldspruch gerade die Grundlage der Maßregelanordnung bildet;[335] im Schuldspruch wird gerade die Symptomtat festgestellt.[336] Werden gegen den Verurteilten zwei Maßregeln verhängt, so kann die Revision nicht auf eine beschränkt werden.[337] Die Maßregelentscheidung ist eine Einheit. Außerdem ist § 72 StGB zu beachten, es ist stets die mil-

---

[326] Zur Neufassung der §§ 63, 64 StGB siehe Gesetz zur Überarbeitung des Sanktionsrechts – Ersatzfreiheitsstrafe, Strafzumessung, Auflagen und Weisungen sowie Unterbringung in einer Entziehungsanstalt vom 26. Juli 2023 (BGBl. I Nr. 203); Grundlegend zu den Neuerungen BGH Beschl. v. 17. Januar 2024 – 5 StR 509/23; Neu zur Dauer des Vorwegvollzuges BGH Beschl. v. 5. Februar 2024 – 3 StR 414/23; Neu zum Hang BGH Beschl. v. 23. Januar 2024 – 3 StR 455/23.

[327] BGH Beschl. v. 30. Januar 2924 – 5 StR 499/23 Rdn. 12 „keine Wechselwirkung"; BGH Urt. v. 7. Oktober 1992 – 2 StR 374/92 Rdn. 2 ff.; Schäfer et al. (2017), Rdn. 1326.

[328] BGH Urt. v. 6. August 2020 – 3 StR 66/20 Rdn. 16.

[329] BGH Beschl. v. 16. Februar 2012 – 2 StR 29/12 Rdn. 6.

[330] BGH Beschl. v. 23. Januar 2024 – 6 StR 1/24; BGH Urt. v. 8. Juli 2015 – 2 StR 139/15 Rdn. 8; BGH Beschl. v. 16. Februar 2012 – 2 StR 29/12 Rdn. 5.

[331] BGH Beschl. v. 23. Januar 2024 – 6 – StR 1/24; BGH Urt. v. 7. Oktober 1992 – 2 StR 374/92 Rdn. 6; Fischer (2024), § 64 Rdn. 28a m. w. N.

[332] Schäfer et al. (2017), Rdn. 1326c unter Hinweis auf BGH Urt. v. 19. Januar 2017 – 4 StR 443/16.

[333] Schäfer et al. (2017), Rdn. 1324a.

[334] BGH Urt. v. 7. Oktober 1992 – 2 StR 374/92 Rdn. 7 f.

[335] BGH Beschl. v. 19. Juli 2022 – 4 StR 116/22 Rdn. 12.

[336] BGH Beschl. v. 19. Januar 2010 – 4 StR 504/19 Rdn. 4.

[337] BGH Urt. v. 4. April 2019 – 3 StR 31/19 Rdn. 13.

deste Maßnahme zu verhängen.[338] Hat die beschränkte Revision Erfolg, erwächst der unangefochtene Teil in Rechtskraft.

Beispiel

Der Angeklagte rügt die Strafzumessung des Tatgerichts und nimmt von seinem Angriff die unterlassene Maßregel aus. Das Revisionsgericht hebt das Urteil wegen eines Fehlers in der Strafzumessung auf. In der neuen Verhandlung ist hinsichtlich der ausgeschlossenen Maßregel sog. horizontale Teilrechtskraft eingetreten.[339] Die Staatsanwaltschaft und der Angeklagte könnten nun nicht mehr vortragen, dass eine Maßregel verhängt werden soll.[340] Der Tenor der Revisionsentscheidung bestimmt den Umfang der Teilrechtskraft.[341] Der in Rechtskraft erwachsene Teil ist in der neuen Tatsacheninstanz unantastbar; es besteht insoweit ein Verfahrenshindernis.[342] Verstößt der neue Tatrichter gegen die Bindungswirkung ist eine Sachrüge hiergegen möglich.[343] Beweisanträge, die in der erneuten Hauptverhandlung darauf abzielen, die prozessuale Bindungswirkung der teilrechtskräftigen Entscheidung zu übergehen, sind unzulässig.[344] Die Anordnung einer Maßregel nach § 63 StGB[345] sowie nach § 64 StGB[346] ist strafmildernd zu berücksichtigen.

Unterbleibt die Erörterung einer Unterbringung, obwohl der Sachverhalt hierzu Anlass bietet – jahrelanger schwerwiegender Drogenkonsum –, kann dieses Versäumnis mit der Sachrüge zur Aufhebung führen.[347] ◀

5.12 Sicherungsverwahrung, § 66 StGB

Es ist grundsätzlich möglich die Revision auf die Maßregelanordnung zu beschränken.[348] Die Prüfung erfolgt von Amts wegen.[349] Der Verurteilte kann sich gegen die Anordnung der Sicherungsverwahrung,[350] § 66 StGB und die Staats-

[338] BGH Urt. v. 13. Dezember 2023 – 6 StR 142/23 lückenhafte Begründung von zwei Maßregeln.

[339] BGH Urt. v. 19. Januar 2017 – 4 StR 443/16 Rdn. 7.

[340] BGH Urt. v. 19. Januar 2017 – 4 StR 443/16 Rdn. 7.

[341] BGH Urt. v. 19. Januar 2017 – 4 StR 443/16 Rdn. 9; BGH Urt. v. 27. August 2009 – 3 StR 250/09

[342] Schäfer et al. (2017), Rdn. 1334.

[343] BGH Urt. v. 12. Mai 2021 – 5 StR 4/21 Rdn. 11 ff.; BGH Beschl. v. 10. Juni 2015 – 1 StR 217/15 Rdn. 3.

[344] BGH Urt. v. 14. Januar 1982 – 4 StR 642/81 Rdn. 8 ff.

[345] BGH Beschl. v. 22. Dezember 2011 – 3 StR 427/11 Rdn. 7.

[346] BayObLG Beschl. v. 27. März 2020 – 202 StRR 16/20 Rdn. 7; BGH Beschl. v. 5. März 2014 – 3 StR 12/14.

[347] BGH Beschl. v. 28. Februar 2024 – 5 StR 523/23.

[348] BGH Urt. v. 29. November 2018 – 3 StR 300/18 Rdn. 3.

[349] OLG Celle Beschl. v. 29. November 2021 – 2 Ss 132/21 Rdn. 7; BGH Beschl. v. 30. November 1976 – 1 StR 319/76 Rdn. 7.

[350] BGH Urt. v. 27. Januar 1955 – 4 StR 594/54.

anwaltschaft gegen die unterbliebene Anordnung der (vorbehaltenen) Sicherungsverwahrung[351] mit der Sachrüge wenden.

Eine Beschränkung kommt aus Sicht des Verurteilten in Betracht, wenn er mit dem Schuldspruch und der verhängten Freiheitsstrafe einverstanden ist, indes die Sicherungsverwahrung aufgehoben werden soll. Wird die Maßregel aufgehoben, darf die Strafe nicht erhöht werden, es gilt insoweit das Verbot der reformatio in peius, § 358 Abs. 2 StPO.[352] Hiervon zu unterscheiden ist die Konstellation, dass der Angeklagte zu einer Freiheitsstrafe verurteilt wurde und das Tatgericht von einer Anordnung der Sicherungsverwahrung abgesehen hat. Wendet sich der Angeklagte nun mit seiner Revision gegen die Höhe der Freiheitsstrafe empfiehlt es sich, die Nichtanordnung der Sicherungsverwahrung vom Revisionsangriff auszunehmen.[353] Würde der Revisionsführer die Nichtanordnung nicht ausnehmen, besteht die Möglichkeit, falls seine Revision Erfolg hat, dass das Urteil aufgehoben und zurückverwiesen wird, sodass das neue Tatgericht u. U. die Sicherungsverwahrung anordnet. Dieses ungewollte Ergebnis kann durch die Erklärung, dass die unterlassene Anordnung von der Revision ausgenommen ist, vermieden werden.

Die Zweispurigkeit des Sanktionssystems führt dazu, dass eine Trennung von Strafe und Nichtanordnung der Sicherungsverwahrung möglich ist; es besteht grundsätzlich keine Wechselwirkung.[354] Eine Ausnahme von diesem Grundsatz liegt vor, wenn in dem Urteil zwischen der verhängten Strafe und dem Unterlassen der Anordnung der Sicherungsverwahrung ein innerer Zusammenhang hergestellt wird.[355] Ob die Anordnung der Sicherungsverwahrung bei der Strafzumessung zu berücksichtigen ist, ist zwischen den Senaten des BGH streitig.

Der 4. Strafsenat vertritt die Auffassung, die Anordnung der Sicherungsverwahrung bleibe bei der Strafzumessung auch mit Blick auf § 46 Abs. 1 S. 2 StGB („die Wirkungen für das künftige Leben") außer Betracht. Die Sicherungsverwahrung ist mithin nicht strafmildernd zu berücksichtigen und sie ist kein bestimmender Strafzumessungsumstand i. S. v. § 267 Abs. 3 S. 1 StPO. Der Senat begründet dies mit der unterschiedlichen dogmatischen Einordnung: Während die Strafe dem Schuldgrundsatz unterliegt, will die Sicherungsverwahrung die Allgemeinheit vor der zu erwartenden Gefahr des Täters schützen.[356] Auch der 6. Strafsenat betont, eine angeordnete Sicherungsverwahrung sei bei der Strafzumessung nicht zu berücksichtigen.[357]

---

[351] BGH Urt. v. 29. November 2018 – 3 StR 300/18 Rdn. 3.

[352] Schäfer et al. (2017), Rdn. 1324b.

[353] Schäfer et al. (2017), Rdn. 1324a.

[354] BGH Urt. v. 9. September 2021 – 3 StR 327/20 Rdn. 11; BGH Urt. v. 6. August 2020 – 3 StR 66/20 Rdn. 16; Schäfer et al. (2017), Rdn. 433, 1320c ff.

[355] BGH Urt. v. 9. September 2021 – 3 StR 327/20 Rdn. 11; BGH Urt. v. 6. August 2020 – 3 StR 66/20 Rdn. 16; BGH Beschl. v. 19. Februar 2020 – 3 StR 415/19; BGH Urt. v. 6. April 2016 – 2 StR 478/15.

[356] BGH Beschluss vom 10. Mai 2022 – 4 StR 99/22 Rdn. 5; zu den unterschiedlichen Zielrichtungen vgl. BVerfG Urt. v. 5. Februar 2004 – 2 BvR 2029/01 Rdn. 119, 141 ff.

[357] BGH Beschl. v. 17. Oktober 2023 – 6 StR 227/23 Rdn. 6.

Demgegenüber vertreten der 1., 2., 3. und 5. Strafsenat die Auffassung, die Anordnung einer Maßregel der Besserung und Sicherung sei bei der Strafzumessung zu berücksichtigen.[358] Der 1. Strafsenat betont, beide Sanktionen – Strafe und Maßregel – müssten insgesamt angemessen sein.[359] Die Anordnung einer Maßregel habe Einfluss auf das künftige Leben des Verurteilten und sei daher nach § 46 Abs. 1 S. 2 StGB zu berücksichtigen. Es bestehe damit eine „Wechselwirkung" zwischen Strafe und Maßregel bei der Strafzumessung.[360] Ebenso argumentierte der 2. Strafsenat und hob auf die Sachrüge ein Urteil auf, dass die strafmildernde Wirkung der Anordnung der Sicherungsverwahrung in Ansehung des § 46 Abs. 1 S. 2 StGB unberücksichtigt ließ.[361] Der 3.[362] und 5.[363] Strafsenat sehen in der Anordnung der Sicherungsverwahrung ebenfalls einen Strafmilderungsgrund ohne dies näher zu begründen.

Liegen sämtliche Voraussetzungen zur Anordnung der Sicherungsverwahrung nach § 66 Abs. 3 S. 1 StGB vor, steht die Verhängung (trotzdem) noch im Ermessen des Tatgerichts. Das Urteil muß den Ermessensgebrauch erkennen lassen. Die Urteilsfeststellung, die Anordnung sei „unumgänglich" kann zur Aufhebung führen.[364] Der Ausdruck lässt besorgen, der Tatrichter habe gerade kein Ermessen ausgeübt.

5.13 Vergleichende Strafzumessung

Bei der Frage, ob eine vergleichende Strafzumessung zulässig ist, sind zwei Konstellationen zu unterscheiden: Die Verurteilung von Mittätern und Beteiligten ist in ein und demselben Urteil erfolgt, zum anderen ist es denkbar, dass Täter und Beteiligte in verschiedenen Entscheidungen verurteilt werden.

Liegt einem Urteil die Täterschaft oder Beteiligung mehrerer Personen zugrunde so müssen die Strafen „in einem gerechten Verhältnis zueinanderstehen."[365] Dies gilt auch für die Bemessung verschiedener Taten aus denen eine Gesamtstrafe gebildet

[358] BGH Beschl. v. 22. März 2022 – 1 StR 455/21 Rdn. 4; BGH Beschl. v. 30. März 2021 – 2 StR 18/21 Rdn. 4; BGH Beschl. v. 21. Januar 2021 – 2 StR 188/20 Rdn. 16; vgl. auch BVerfG Urt. v. 5. Februar 2004 – 2 BvR 2029/01 Rdn. 162.

[359] BGH Beschl. v. 22. März 2022 – 1 StR 455/21 Rdn. 3 f; BGH Beschl. v. 18. Oktober 2023 – 1 StR 285/23.

[360] BGH Beschl. v. 22. März 2022 – 1 StR 455/21 Rdn. 4.

[361] BGH Beschl. v. 21. Januar 2021 – 2 StR 188/20 Rdn. 16; so auch BGH Beschl. v. 30. März 2021 – 2 StR 18/21 Rdn. 4.

[362] BGH Urt. v. 4. August 2011 – 3 StR 175/11 Rdn. 15; BGH Urt. v. 3. Februar 2011 – 3 StR 466/10 Rdn. 17; BGH Urt. v. 14. Juli 1999 – 3 StR 209/99 Rdn. 20.

[363] BGH Urt. v. 29. November 2005 – 5 StR 339/09 Rdn. 7; BGH Urt. v. 9. Oktober 2001 – 5 StR 360/01 Rdn. 12.

[364] BGH Beschl. v. 12. Mai 2016 – 1 StR 103/16.

[365] BGH Urt. v. 7. Februar 2017 – 1 StR 231/16 Rdn. 21; BGH Beschl. v. 28. Juni 2011 – 1 StR 282/11 Rdn. 9 f.

wird. Der Tatrichter wird die Einzelstrafen im Verhältnis zueinander in den Blick nehmen müssen.[366] Auch auf das Verhältnis der verhängten Strafe für einen Täter, der nach Erwachsenenstrafrecht und der eines Mittäters, der nach Jugendstrafrecht verurteilt wird, ist Bedacht zu nehmen. Jeder Täter ist nach seiner Schuld zu bestrafen. Die unterschiedlich verhängten Strafen unter Mittätern ergeben sich regelmäßig aus den unterschiedlichen Strafzumessungserwägungen: Die Tatbeiträge der Täter können verschieden sein, ein Täter bestreitet, ein anderer gibt ein von Reue getragenes Geständnis ab, ein Täter ist bereits einschlägig vorbestraft, der andere ist Ersttäter. Ergeben sich die Unterschiede für die verhängten Strafen aus dem Urteil, bedürfen sie an sich keiner weiteren Inbezugsetzung. Folgt die unterschiedliche Strafe jedoch nicht aus der Sache selbst, bedarf sie eingehender Erörterung.[367]

Beispiel

Hat das Landgericht einen Täter wegen Steuerhehlerei zu einer Freiheitsstrafe von zwei Jahren und den Vortäter zu einer Freiheitsstrafe von zehn Monaten verurteilt, so ist es gehalten diese erhebliche Unterscheidung im Urteil näher zu begründen. Fehlt eine solche Auseinandersetzung ist das Urteil aufgrund einer Sachrüge aufzuheben.[368]

Ein weiteres Beispiel für eine erfolgreiche Revision aufgrund eines Vergleichs verhängter Strafen in einem Urteil ist folgende Entscheidung: X wird wegen Beihilfe zu Handeltreiben mit Betäubungsmitteln in nicht geringer Menge zu einer Freiheitsstrafe von drei Jahren und acht Monaten verurteilt. Y wird wegen Einfuhr von Betäubungsmitteln in nicht geringer Menge in Tateinheit mit Beihilfe zum Handeltreiben mit Betäubungsmitteln in nicht geringer Menge ebenfalls zu einer Freiheitsstrafe von drei Jahren und acht Monaten verurteilt. Der BGH konstatiert, dass die Strafzumessungserwägungen „nahezu wörtlich" übereinstimmen und eine Begründung für den identischen Strafausspruch im Urteil fehlt.[369] ◀

Eine entsprechende Begründungspflicht existiert auch, wenn ein Gericht in identischer Besetzung zwei Urteile gegen verschiedene Personen bezüglich einer Straftat verkündet. Dies ist etwa denkbar, wenn sich mehrere Personen zu einer Bande zur fortgesetzten Begehung von Diebstählen verbunden haben und zu unterschiedlichen Zeiten ergriffen oder bekannt wurden. Dabei kann die Konstellation eintreten, dass einige Bandenmitglieder schon verurteilt wurden, während andere in einem späteren Prozess vor Gericht stehen. Die neuerliche Strafzumessung muß dann in ein angemessenes Verhältnis zur bereits erfolgten Strafzumessung des ersten Verfahrens gesetzt werden.[370]

---

366 Schäfer et al. (2017), Rdn. 1407.

367 BGH Beschl. v. 18. Juli 2016 – 1 StR 315/15 Rdn. 3; BGH Beschl. v. 28. Juni 2011 – 1 StR 282/11.

368 BGH Beschl. v. 18. Juli 2016 – 1 StR 315/15 Rdn. 3.

369 BGH Beschl. v. 11. August 2010 – 2 StR 318/10.

370 BGH Beschl. v. 28. Juni 2011 – 1 StR 282/11 Rdn. 7.

Will der Revisionsführer rügen, dass in vergleichbaren Verfahren eines anderen Gerichts, zu einer anderen Zeit eine viel höhere oder mildere Strafe ausgeurteilt wurde, so ist damit der Erfolg in der Revision versagt; eine vergleichende Strafzumessung führt zur Unbegründetheit der Revision.[371] Es gibt kein Prinzip, das besagt, Täter bei anscheinend gleicher Tatbegehung zu einer identischen Strafe zu verurteilen. Dies ist praktisch unmöglich. Die innere Tatseite und das Maß der Schuld variieren regelmäßig. Ein Strafprozess kann es überdies auch nicht leisten, sämtliche vergleichbare Fälle zum Gegenstand der Hauptverhandlung zu machen, dies wäre völlig ausufernd. Demgemäß besteht dahingehend auch keine Aufklärungspflicht i. S. v. § 244 Abs. 2 StPO. Beweisanträge, die auf eine vergleichende Strafzumessung gerichtet sind, können als unzulässig abgelehnt werden.[372] Im Übrigen spricht gegen eine komparative Strafzumessung die Frage, welches Gericht sich anzupassen hat.[373] Es steht zu befürchten, dass sich eine Strafmaßspirale nach oben oder unten bildet.[374]

5.14 Verfahrensdauer

Eine lange Verfahrensdauer wirkt sich strafmildernd auf die Strafzumessung aus. Dabei sind drei Konstellationen denkbar:

- Es liegt ein langer Zeitraum zwischen Tat und Abschluss des Verfahrens.
- Es liegt ein langer Zeitraum zwischen der Kenntnis des Beschuldigten von dem gegen ihn geführten Ermittlungsverfahren und dem Abschluss des Verfahrens.
- Es liegt eine rechtsstaatswidrige Verfahrensverzögerung nach Art. 6 Abs. 1 S. 1 EMRK vor.

Ein Strafverfahren ist in angemessener Zeit zu beenden, Art. 6 Abs. 1 EMRK. Dabei ist es stets eine Frage des Einzelfalles welche Dauer angemessen ist.[375] Ein umfangreiches und rechtlich kompliziertes Verfahren darf länger dauern als ein Verfahren gegen einen Angeklagten, dem ein einfacher Sachverhalt mit einfachen rechtlichen Fragen zugrunde liegt. Die Verfahrensverzögerung ist als Strafzumessungsgrund im Rahmen der Strafzumessung gem. § 46 StGB zu berücksichtigen. Eine solche Milderung kommt nur in Betracht, wenn die Verzögerung in der Sphäre der Justiz zu vermeiden und damit zu verantworten ist.[376] Zu beachten ist

[371] BGH Urt. v. 1. Juli 2020 – 2 StR 547/19 Rdn. 7; BGH Urt. v. 7. Februar 2017 – 1 StR 231/16 Rdn. 21; BGH Beschl. v. 28. Juni 2011 – 1 StR 282/11 Rdn. 9 f.

[372] BGH Beschl. v. 28. Juni 2011 – 1 StR 282/11 Rdn. 18.

[373] BGH Beschl. v. 28. Juni 2011 – 1 StR 282/11 Rdn. 17 ff.

[374] BGH Beschl. v. 28. Juni 2011 – 1 StR 282/11 Rdn. 18.

[375] BVerfG Nichtannahmebeschl. v. 10. Januar 2023 – 1 BvR 1346/22 Rdn. 12.

[376] BGH Beschl. v. 9. Juni 2011 – 1 StR 21/11 Rdn. 14; BGH Beschl. v. 11. Januar 2007 – 3 StR 412/06; OLG Zweibrücken Beschl. v. 6. Oktober 2022 – 1 Ws 184/22 Rdn.15; zum Vermögensarrest und Verfahrensverzögerung OLG Frankfurt Beschl. v. 15. Februar 2022 – 3 Ws 34/22.

ferner, dass die Verzögerung den Angeklagten belastet hat.[377] Einwände gegen die Strafzumessung im Hinblick auf die Nichtbeachtung oder unzutreffende Würdigung der überlangen Verfahrensdauer sind mit der Sachrüge zu beanstanden.[378] Etwas anderes gilt für die rechtsstaatswidrige Verfahrensverzögerung nach Art. 6 Abs. 1 S. 1 EMRK.

Nicht jede Verzögerung ist ein Verstoß gegen Art. 6 Abs. 1 S. 1 EMRK. Ob eine Verzögerung gegen Art. 6 Abs. 1 EMRK verstößt, ist im Lichte der Rechtsprechung des EGMR zu beurteilen. Grundsätzlich gilt: Eine lange Verfahrensdauer kann strafmildernd sein, ohne dass ein Verstoß gegen Art. 6 EMRK vorliegt. Grob gesagt bedeutet dies, dass ein Konventionsverstoß eine schwerwiegendere Verzögerung verlangt. Zu den Kriterien die Art. 6 Abs. 1 S. 1 EMRK enthält und den Grundsätzen, die der EGMR diesbezüglich entwickelt hat und die von den Gerichten der Vertragsstaaten zu berücksichtigen sind, gehören „die Komplexität des Falles, das Verhalten des Beschwerdeführers und der zuständigen Behörden sowie die Bedeutung des Rechtsstreits für den Beschwerdeführer."[379] Zu beachten ist, dass zunächst die Gesamtdauer des Verfahrens in den Blick zu nehmen ist. Das bedeutet, dass vielleicht ein Teil des Verfahrens verzögert wurde, andererseits ist das Verfahren jedoch insgesamt in angemessener Zeit bearbeitet worden, sodass eine Verletzung des Art. 6 Abs. 1 S. 1 EMRK ausgeschlossen ist.[380] Stellt das Tatgericht fest, dass eine rechtsstaatwidrige Verfahrensverzögerung nach Art. 6 Abs. 1 S. 1 EGMR vorliegt, ist das Ausmaß der Verzögerung im Urteil festzustellen.[381] Der Kompensation ist nicht etwa die gesamte Verfahrensdauer zugrunde zu legen, sondern nur der verzögerte Zeitraum. Sodann stellt sich die Frage, ob es ausreicht die Verzögerung bloß festzustellen[382] oder ob eine Kompensation erforderlich ist. Wiegt die Verzögerung überaus schwer, ist nach der sog. Vollstreckungslösung[383] ein Teil der Strafe als vollstreckt zu erklären. Der Tenor lautet dann wie folgt:

- Der Angeklagte ist schuldig des Betruges.
- Er wird zu einer Freiheitsstrafe von drei Jahren verurteilt.
- Vier Monate gelten als vollstreckt.

---

[377] BVerfG Nichtannahmebeschl. v. 10. Januar 2023 – 1 BvR 1346/22.

[378] BGH Urt. v. 3. November 2022 – 3 StR 321/21; BGH Beschl. v. 4. Juni 2014 – 2 StR 31/14 Rdn. 3.

[379] Bericht über die Rechtsprechung des Europäischen Gerichtshofs für Menschenrechte und die Umsetzung seiner Urteile in Verfahren gegen die Bundesrepublik Deutschland im Jahr 2019, S. 15 abrufbar unter der Internetseite des BMJ; F gegen Deutschland, Urt. v. 24. Januar 2019, Nr. 16741/16; LG Aachen Urt. v. 11. März 2020 – 60 KLs 9/19; zur Bedeutung für den Beschwerdeführer gehört die Bedrohung seiner wirtschaftlichen Existenz Grässer v. Germany, Urt. v. 5. Oktober 2006, Antragsnr. 66491/09 Abs. 10, Abs. 56 ff.

[380] BGH Urt. v. 9. Oktober 2008 – 1 StR 238/08 Rdn. 9; BGH Beschl. v. 15. März 2005, 2 StR 320/04.

[381] BGH Beschl. v. 17. Januar 2008 – GSSt 1/07 Rdn. 55; BGH Beschl. v. 2. März 2022 – 2 StR 541/21 Rdn. 9.

[382] BGH Beschl. v. 17. Januar 2008 – GSSt 1/07 Rdn. 56; BGH Beschl. v. 16. April 2015 – 2 StR 48/15 Rdn. 14 f; BGH Beschl. v. 24. Januar 2012 – 1 StR 551/11 Rdn. 3.

[383] BGH Beschl. v. 17. Januar 2018 – GSSt 1/07.

Entsprechendes gilt für die Geldstrafe:[384]

- Der Angeklagte ist schuldig der Sachbeschädigung.
- Er wird zu einer Geldstrafe in Höhe von 80 Tagessätzen zu je 20,00 € verurteilt.
- Davon gelten 20 Tagessätze als vollstreckt.

Zu beachten ist, dass die Kompensation der rechtsstaatswidrigen Verfahrensverzögerung eine Frage der Vollstreckung ist und damit zum Rechtsfolgenausspruch gehört. Richtet sich die Revision etwa gegen das Maß der Kompensation ist die Aufhebung des Rechtsfolgenausspruchs zu beantragen. Bei der Kompensation ist zudem zu bedenken, dass die Verzögerung gleichwohl in die allgemeine Strafzumessung Eingang gefunden hat.[385] Eine Verzögerung aus „gerichtsorganisatorischen Gründen" liegt im Verantwortungsbereich der Justiz und kann zu einer Kompensation führen.[386] Der EGMR hat alle Mitgliedsstaaten angewiesen „ihr Justizsystem so zu organisieren, dass die Gerichte den an sie gestellten Anforderungen gerecht würden. Die chronische Überlastung des Gerichts könne die übermäßige Länge des Verfahrens daher nicht rechtfertigen."[387] Ergibt sich aus den Feststellungen des angefochtenen Urteils ein in allen Voraussetzungen vollständig dargelegter Verstoß gegen Art. 6 Abs. 1 EGMR, der indes in der Entscheidung unberücksichtigt geblieben ist, kann dies mit der Sachrüge beanstandet werden.[388]

Gleiches gilt, wenn der festgestellte Sachverhalt Anlass zur Erörterung einer rechtsstaatswidrigen Verzögerung gibt, dies jedoch im angefochtenen Urteil unterblieben ist – auch in dieser Variante kann mit der Sachrüge gegen das Urteil vorgegangen werden.[389] In anderen Konstellationen ist eine Verfahrensrüge zu erheben.[390] Für die Verfahrensrüge gilt – wie immer – der Maßstab des § 344 Abs. 2 S. 2 StPO. Es müssen alle Tatsachen vorgetragen werden, die die überlange Ver-

[384] BGH Beschl. v. 17. Januar 2008 – GSSt 1/07.

[385] BGH Beschl. v. 17. Januar 2008, GSSt 1/07 Rdn. 56 f; vgl. zum Verhältnis Verzögerung zur Kompensation die umfangreiche Tabelle in Schäfer et al. (2017), Rdn. 782.

[386] BGH Beschl. v. 21. April 2009 – 4 StR 98/09 Rdn. 4 ff.

[387] Deutscher Bundestag, Überlange Gerichtsverfahren (2008), S. 11; Probstmeier v. Germany, Urt. v. 1. Juli 1997 Antragsnr. 20950/92 Abs. 41 ff., 55 ff.; Wimmer v. Germany, Urt. v. 24. Februar 2005, Antragsnr. 60534/00 ABS. 24 ff.

[388] BVerfG Nichtannahmebeschl. v. 14. August 2007 – 2 BvR 1305/07 Rdn. 4; BGH Beschl. v. 22. Juli 2022 – 1 StR 132/20 Rdn. 7.

[389] BVerfG Nichtannahmebeschl. v. 14. August 2007, 2 BvR 1305/07 Rdn. 4; BGH Urt. v. 9. Oktober 2008 – 1 StR 238/08 Rdn. 4; BGH Beschl. v. 1. Juni 2015 – 4 StR 21/15 Rdn. 15 ff.; BGH Beschl. v. 30. Juni 2015 – 4 StR 173/15 Rdn. 5 f; BGH Beschl. v. 18. Februar 2015 – 2 StR 523/14 Rdn. 3; Schäfer et al. (2017), Rdn. 772.

[390] BayObLG Beschl. v. 24. April 2024 – 201 ObOWi 339/24 Rdn. 7 ff.; BGH Urt. v. 28. Februar 2024 – 5 StR 427/23 Rdn. 14; BVerfG Nichtannahmebeschl. v. 14. August 2007 – 2 BvR 1305/07 Rdn. 4; BGH Urt. v. 25. Oktober 2005 – 4 StR 139/05 Rdn. 8; BGH Beschl. v. 4. Januar 1999 – 3 StR 597/98.

fahrensdauer belegen.[391] Das Revisionsgericht muss anhand der Revisionsschrift den gerügten Verstoß gegen Art. 6 Abs. 1 S. 1 EMRK prüfen können.[392] Hier spielen regelmäßig Daten eine wichtige Rolle:[393]

- Wann wurde das Verfahren eröffnet bzw. bekannt gegeben?[394]
- Wann wurden welche Ermittlungen getätigt?
- Welches Datum tragen die Anklage und der Eröffnungsbeschluss?
- Wie lange benötigte der Sachverständige für die Erstattung seines Gutachtens bzw. Fertigung seines Gutachtens? Verzögerungen durch einen Sachverständigen könnten der Justiz angelastet werden.[395]
- Welche Anträge stellte der Angeklagte?
- Zu welchem Zeitpunkt stellte der Angeklagte Anträge?
- Gab es Probleme mit der Auffindung und Ladung von Zeugen?
- Befanden sich die Ermittlungsakten für einen langen Zeitraum in einer Behörde oder einem Gericht, ohne, dass eine Verfahrensförderung erkennbar ist?

Die Einlegung von Rechtsmitteln führt grundsätzlich zur Verlängerung des Verfahrens. Eine solche Verlängerung ist zu berücksichtigen, wenn offensichtlich ein Fehler vorliegt, den die Justiz zu vertreten hat.[396] Eine Verzögerung durch die Vorlage des Verfahrens an den EuGH, das BVerfG oder den Großen Senat des BGH ist daher keine Verfahrensverzögerung, die die Justiz zu vertreten hat.[397] Hat der Verurteilte durch die Verzögerung Vorteile, etwa in Form längerer Zahlungen von Ruhestandsbezügen erfahren, so ist dieser Umstand bei der Kompensation zu dessen Ungunsten zu berücksichtigen.[398] Beruht die Verzögerung nur auf einer erfolgreichen Revision des Angeklagten, die jede Aufhebung und Zurückweisung mit sich bringt, ist die weitere Dauer nicht rechtsstaatswidrig.[399] Die Kompensation kann mit der

---

[391] BGH Beschl. v. 10. Januar 2017 – 3 StR 216/16 Rdn. 27 ff.; BGH Beschl. v. 1. Juni 2015 – 4 StR 21/15 Rdn. 14 ff.; BGH Beschl. v. 28. August 1998 – 3 StR 142/98 Rdn. 4 ff.

[392] BGH Beschl. v. 14. Mai 2020 – 5 StR 672/19 sehr instruktiv; BGH Beschl. v. 17. Juli 2019 – 5 StR 195/19 Rdn. 4.

[393] BGH Urt. v. 25. Oktober 2005 – 4 StR 139/05 Rdn. 8 verhält sich ausführlich zu den inhaltlichen Anforderungen einer Verfahrensrüge im Zusammenhang mit einer rechtsstaatswidrigen Verfahrensverzögerung; BGH Beschl. v. 18. November 2008 – 1 StR 568/08.

[394] Auch für die Sachrüge von Bedeutung vgl. BGH Urt. v. 24. Januar 2023 – Urt. v. 6 StR 407/22 Rdn. 11.

[395] Schäfer et al. (2017), Rdn. 759; OLG Hamm Urt. v. 21. Oktober 2022 – 11 EK 6/21 Rdn. 112.

[396] BVerfG Beschl. v. 25. Juli 2003 – 2 BvR 153/03; BGH Beschl. v. 9. Juni 2011 – 1 StR 21/11 Rdn. 14.

[397] Schäfer et al. (2017), Rdn. 761.

[398] BGH Beschl. v. 10. Januar 2006 – 1 StR 541/05 Rdn. 7; zum Vortrag in der Verfahrensrüge zu den Belastungen des Angeklagten durch eine lange Verfahrensdauer KG Urt. v. 22. Juli 2020 – 161 Ss 66/20.

[399] BGH Urt. v. 27. August 2009 – 3 StR 250/09 Rdn. 12; BGH Beschl. v. 11. September 2008 – 3 StR 358/09; ist die rechtsstaatswidrige Verfahrensverzögerung erst im Revisionsverfahren eingetreten, ist ebenfalls zu kompensieren BGH Beschl. v. 3. April 2024 – 1 StR 257/22.

Sachrüge isoliert angefochten werden.[400] Dies ist insbesondere der Fall, wenn die Staatsanwaltschaft zu Ungunsten des Verurteilten Revision einlegt und die Kompensation als zu hoch bemessen rügt.[401] Führt eine Revision, die auf die Strafzumessung beschränkt war zur Aufhebung des Strafausspruchs und Neuverhandlung, so bleibt eine Kompensation hiervon unberührt.[402] Strafausspruch und Kompensation sind getrennt in der Revision zu behandeln.[403] Dies hängt mit den verschiedenen Zwecken – Schuldausgleich und Entschädigung – zusammen. Tritt nach der Teilrechtskraft eine neue Verzögerung ein, so kann diese im weiteren Verlauf in der erneuten Hauptverhandlung berücksichtigt und gegebenenfalls kompensiert werden.[404] Erfolgt eine Verfahrensverzögerung nach dem Urteil des Tatrichters, etwa durch sehr verspätete Aktenübersendung an das Revisionsgericht, so ist diese Verzögerung von Amts wegen zu berücksichtigen.[405] Es wäre dann die Bestimmung einer Kompensation durch das Revisionsgericht gem. § 354 Abs. 1a S. 2 StPO analog möglich.[406] Für die Zulässigkeit dieser Kompensation wäre die Erhebung der allgemeinen Sachrüge im Hinblick auf das angefochtene Urteil ausreichend; dies würde den Weg für die Prüfung der Verzögerung von Amts wegen eröffnen.[407] Die Rechtsprechung des EGMR ist für deutsche Gerichte (und alle anderen Mitgliedsstaaten) verbindlich. Die EMRK ist Bundesrecht. Folgende Internetseiten veröffentlichen Entscheidungen und Urteile des EGMR:

- http://hudoc.echr.coe.int/eng#
- www.bmjv.de/egmr (mit Archiv)
- www.menschenrechte.ac.at

Eine Beschwerde vor dem EGMR ist nach Erschöpfung des Rechtsweges statthaft. Im Falle einer pflichtwidrigen, schuldhaften Verzögerung vermag ein Schadensersatzanspruch aus Art. 34 GG i. V. m. § 839 BGB vorliegen. Zudem sei darauf hingewiesen, mit § 198 GVG existiert eine sog. Verzögerungsrüge, die zu einer finanziellen Kompensation führen kann. Allerdings ist Art. 6 Abs. 1 EMRK vorrangig, sodass eine Verzögerungsrüge nur bei Freispruch in Betracht kommt.[408]

---

400 BGH Urt. v. 18. Juni 2009 – 3 StR 89/09 Rdn. 26.

401 BGH Urt. v. 18. Juni 2009 – 3 StR 89/09.

402 BGH Urt. v. 27. August 2009 – 3 StR 250/09 Rdn. 7 ff.

403 BGH Beschl. v. 12. Februar 2020 – 4 StR 631/19 Rdn. 3; BGH Urt. v. 18. Juni 2009 – 3 StR 89/09 Rdn. 27.

404 BGH Urt. v. 27. August 2009, 3 StR 250/09 Rdn. 9 ff.

405 BGH Beschl. v. 27. Oktober 2021 – 4 StR 214/21 Rdn. 4 f; Schäfer et al. (2017), Rdn. 752.

406 BGH Beschl. v. 12. März 2024 – 5 StR 88/24 Rdn. 3; BGH Beschl. v. 21. Oktober 2021 – 4 StR 214/21 Rdn. 7; BGH Beschl. v. 20. Dezember 2016 – 1 StR 617/16 Rdn. 5.

407 BGH Beschl. v. 21. Oktober 2021 – 4 StR 214/21, Rdn. 5; BGH Beschl. v. 20. Dezember 2016 – 1 StR 617/16 Rdn. 4; BGH Beschl. v. 6. März 2008 – 3 StR 376/07 Rdn. 6.

408 Lohse und Jakobs (2023), Art. 6 Rdn. 34.

5.15 Verwarnung mit Strafvorbehalt

Die Verwarnung mit Strafvorbehalt ist in den §§ 59 bis 59c StGB geregelt. Sie ist ein „Rechtsinstitut eigener Art.“[409] Einerseits wird der Täter nicht bestraft, andererseits soll die Spezialprävention ihren Sinn entfalten.[410] Der Tenor lautet wie folgt:

- Der Angeklagte ist des Siegelbruchs schuldig.
- Er wird verwarnt.
- Die Verurteilung zu einer Geldstrafe von 20 Tagessätzen zu je 60,00 € bleibt vorbehalten.

Diese Regelung ähnelt einer Freiheitsstrafe deren Vollstreckung zur Bewährung nach § 56 StGB ausgesetzt wird. Die Verwarnung mit Strafvorbehalt kann auch mit Nebenentscheidungen in einem gesonderten Beschluss verbunden werden. Darin ist zunächst die Dauer der „Bewährung“ festzulegen; diese liegt zwischen einem und zwei Jahren, § 59a Abs. 1 StGB. Außerdem kann die Verwarnung mit Auflagen i. S. v. § 59a Abs. 2 StGB etwa einer Geldauflage zugunsten einer gemeinnützigen Einrichtung oder der Staatskasse verbunden werden. Sollte in der Praxis eine Einstellung nach § 153a Abs. 1 oder Abs. 2 StPO an der Zustimmung eines Prozessbeteiligten scheitern, könnte das Tatgericht eine Verwarnung mit einer Geldauflage verbinden. Eine Verwarnung mit Strafvorbehalt wird gem. § 32 Abs. 2 Ziff. 1 BZRG nicht in das Führungszeugnis aufgenommen. Der Verwarnte wird zu der vorbehaltenen Strafe verurteilt, wenn die Voraussetzungen des Widerrufs einer Strafaussetzung vorliegen, § 59b Abs. 1 StGB i. V. m. § 56 f StGB. Begeht der Verwarnte indes in der „Bewährungszeit“ keine Straftat und erfüllt die Anweisungen aus § 59a Abs. 2 StGB, so stellt das Gericht nach der „Bewährungszeit“ durch Beschluss gem. § 453 Abs. 1 StPO fest, dass es bei der Verwarnung sein Bewenden hat, § 59b Abs. 2 StGB.

Die Verurteilung zu der vorbehaltenen Strafe erfolgt nach Anhörung der Staatsanwaltschaft und des Verwarnten durch Beschluss; hierfür ist gem. § 462 Abs. 2 StPO das erkennende Gericht 1. Instanz zuständig.[411] Eine Verwarnung mit Strafvorbehalt kann ausgesprochen werden, wenn folgende drei Voraussetzungen des § 59 Abs. 1 StGB vorliegen:

- Berechtigte Erwartung künftig straffreien Lebens (Ziff. 1)
- Besondere Umstände von Tat und Täter machen eine Strafe „entbehrlich“ (Ziff. 2)
- Verteidigung der Rechtsordnung steht nicht entgegen

[409] Schäfer et al. (2017), Rdn. 24.

[410] Schäfer et al. (2017), Rdn. 24.

[411] Meyer-Goßner und Appl (2021), Rdn. 118; Fischer (2024), § 59b Rdn. 1.

Die Anwendung einer Verwarnung kann zu bemerkenswerten Feststellungen führen: Der Täter einer Nötigung gem. § 240 StGB wird verwarnt, eine Strafe wird nach § 59 StGB vorbehalten. Ein solches Ergebnis enthält einerseits die Feststellung, dass der Täter „verwerflich" i. S. v. § 240 Abs. 2 StGB[412] handelte andererseits ist trotz der verwerflichen Handlung eine Strafe entbehrlich.

Der Gesetzeswortlaut macht § 59 Abs. 1 StGB zu einer „Kann-Vorschrift". Allerdings ist bei Vorliegen der Voraussetzungen des § 59 Abs. 1 Ziff. 1 bis 3 StGB die Verwarnung mit Strafvorbehalt obligatorisch auszusprechen, ein Beurteilungsspielraum besteht insoweit nicht.[413] Demgemäß ist es dem Revisionsgericht gestattet eine verhängte Geldstrafe aufzuheben und eine Verwarnung mit Strafvorbehalt auszusprechen, sofern sich aus dem Urteil die jeweiligen Voraussetzungen ergeben.[414] Das Revisionsgericht prüft also sämtliche Voraussetzungen des § 59 StGB. Bei Verkennung eines Rechtsbegriffs, z. B. „Verteidigung der Rechtsordnung", wird aufgrund der Sachrüge aufgehoben.[415] Wurde in der Hauptverhandlung eine Verwarnung mit Strafvorbehalt beantragt, muss sich das Urteil hierzu nach § 267 Abs. 3 S. 4 StPO verhalten. Grundsätzlich ist eine Verfahrensrüge wegen Verletzung des § 267 Abs. 3 S. 4 StPO möglich.[416]

Des Weiteren wäre ein Urteil mit der Sachrüge aufzuheben, wenn die Feststellungen ergeben, dass sich eine Auseinandersetzung mit § 59 Abs. 1 StGB geradezu aufdrängt, eine Erörterung jedoch fehlt.[417] Der Entscheidung des OLG Hamm[418] lag die Verurteilung eines Vaters, der seinen 13 Jahre alten Sohn geohrfeigt hatte, zugrunde. Das Amtsgericht hatte ihn wegen Körperverletzung zu 20 Tagessätzen verurteilt. Die Berufung wurde verworfen. Das Revisionsgericht hob die Verurteilung auf, da die Strafzumessungserwägungen lückenhaft waren, eine Auseinandersetzung mit § 59 StGB drängte sich unter Berücksichtigung sämtlicher festgestellter Umstände auf, diese erfolgte jedoch nicht.

---

[412] Vgl. OLG Zweibrücken Beschl. v. 24. Oktober 1989 – 1 Ss 150/89 Rdn. 14 am Beispiel der Sitzblockade; ähnlich bei BayObLG Urt. v. 9. Juni 1989 – RReg 2 St 133/89. Auch im Fall einer Freiheitsentziehung durch Polizeibeamte gegenüber mehreren hundert Demonstranten, sog. „Hamburger Kessel" wurden Polizeibeamte mit Strafvorbehalt verwarnt, LG Hamburg Urt. v. 23. Oktober 1991 – 830 Js 182/86.

[413] OLG Celle Beschl. v. 5. Januar 1988 – 3 Ss 221/87.

[414] BGH Urt. v. 7. Februar 2001 – 5 StR 474/00 Rdn. 30 „Ermessensreduzierung auf Null".

[415] OLG Hamm Beschl. v. 24. Februar 2022, 5 RVs 20/20 Rdn. 5 ff.

[416] OLG Hamm Beschl. v. 4. September 2008, 3 Ss 370/08 Rdn. 14.

[417] OLG Hamm Beschl. v. 27. Mai 2021 – 4 RVs 54/21 Rdn. 7 „Lückenhafte Strafzumessungserwägungen"; vgl. auch hierzu die Anm. Lubini, JurisPR-StrafR 7/2022 Anm. 2.

[418] OLG Hamm Beschl. v. 27. Mai 2021 – 4 RVs 54/21.

5.16 Absehen von Strafe, § 60 StGB

§ 60 StGB regelt das obligatorische Absehen von Strafe.[419] Der Tenor[420] lautet z. B.:

- Der Angeklagte ist der fahrlässigen Körperverletzung schuldig.
- Von Strafe wird abgesehen.

Der Täter wird schuldig gesprochen, er hat die Verfahrenskosten zu tragen, § 465 Abs. 1 S. 2 StPO; aber er wird nicht bestraft. Dies ist der Fall, wenn

- die Folgen der Tat, die den Täter getroffen haben, schwer sind und
- die Verhängung einer Straftat deswegen offensichtlich verfehlt wäre.

Die Anwendung des § 60 S. 1 StGB ist jedoch ausgeschlossen, wenn der Täter für die Tat eine Freiheitsstrafe von mehr als einem Jahr verwirkt hätte, § 60 S. 2 StGB. Hat den Täter also eine „poena naturalis" i. S. v. § 60 StGB getroffen, entfällt das Strafbedürfnis; es hat bereits eine Kompensation stattgefunden. Diese Regelung hat „Ausnahmecharakter."[421] Eine schwere Folge liegt etwa vor, wenn der Vater sein geliebtes Kind fahrlässig getötet hat.[422] Zu den schweren Folgen der Tat können auch Ereignisse während der Strafverfolgung gehören, sog. mittelbare Folgen,[423] wie etwa zwei Schlaganfälle, die durch die Strafverfolgung verursacht wurden.[424]

„Offensichtlich verfehlt" i. S. v. § 60 S. 1 StGB bedeutet, „dass das Verfehltsein von Strafe so ins Auge springt, dass dieses Ergebnis jedem ernsthaften Zweifel entrückt ist."[425] Das Ergebnis muss sich „unmittelbar aufdrängen."[426] Bestehen Zweifel auf Seiten des Tatgerichts über die Anwendung von § 60 StGB, so kann nicht von Strafe abgesehen werden. Der Grundsatz in dubio pro reo ist hier unanwendbar.[427] Die Beurteilung der Voraussetzung „offensichtlich verfehlt" ist anhand einer Gesamtabwägung sämtlicher Umstände, die für die Strafzumessung bedeutsam sind, vorzunehmen.[428]

---

[419] § 60 StGB gilt auch im Jugendstrafrecht, BayObLG Beschl. v. 26. Juni 1991 – RReg 1 St 119/91.

[420] Vgl. Stegbauer (2019), S. 11; zeichnet sich ein Absehen von Strafe bereits im Ermittlungsverfahren ab, kann von der weiteren Verfolgung abgesehen werden, wenn die Staatsanwaltschaft und das Gericht zustimmen, § 153b Abs. 1 StPO; nach Anklageerhebung und vor Beginn der Hauptverhandlung müsste zudem der Angeschuldigte zustimmen, § 153b Abs. 2 StPO.

[421] BGH Urt. v. 4. November 2021 – 6 StR 12/20 Rdn. 52; BGH Urt. v. 20. August 2020 – 3 StR 40/20 Rdn. 9; BT-Drucks. – V/4095, S. 7.

[422] BGH Urt. v. 14. Januar 2015 – 5 StR 494/14.

[423] BGH Beschl. v. 4. Mai 2004 – 5 StR 588/03 Rdn. 9.

[424] BGH Beschl. v. 4. Mai 2004 – 5 StR 588/03 Rdn. 9.

[425] BGH Urt. v. 23. November 1977 – 3 StR 397/77 Rdn. 8.

[426] BGH Urt. v. 23. November 1977 – 3 StR 397/77 Rdn. 5.

[427] BGH Urt. v. 23. November 1977 – 3 StR 397/77 Rdn. 8.

[428] BGH Urt. v. 20. August 2020 – 3 StR 40/20 Rdn. 13 ff.; BGH Urt. v. 14. Januar 2015 – 5 StR 494/14 Rdn. 8; BGH Beschl. v. 3. September 1996 – 1 StR 475/96.

Der Täter dürfte zudem für die begangene Tat eine Strafe von nicht mehr als einem Jahr Freiheitsstrafe zu erwarten haben, § 60 S. 2 StGB; anderenfalls ist ein Absehen ausgeschlossen. Die exakte Strafe muss der Tatrichter im Urteil nicht feststellen. Es genügt die Feststellung, dass die Strafe unter einem Jahr bemessen würde.[429] Bei der Bemessung der hypothetischen Strafe sind sämtliche Strafzumessungsumstände einzubeziehen; das Doppelverwertungsverbot aus § 50 StGB greift hier nicht.[430]

Die Anwendung oder Nichtanwendung des § 60 StGB kann in der Revision mit der Sachrüge angefochten werden. Auch ist eine Beschränkung der Revision auf die Strafzumessung zulässig, um § 60 StGB zur Prüfung zu stellen.[431] Hat der Angeklagte im Verfahren einen Antrag auf Absehen von Strafe i. S. v. § 60 StGB gestellt und hat das Tatgericht demgegenüber eine Strafe verhängt, so muss das Tatgericht im Urteil darlegen und begründen, warum es dem Antrag entgegengetreten ist, § 267 Abs. 3 S. 4 StPO.[432] Dabei muss der Tatrichter sich mit den Feststellungen und dem Für und Wider auseinandersetzen; eine formelhafte Wiedergabe des Gesetzeswortlauts oder eine einfache Negation wird diesen Anforderungen nicht gerecht.[433] Liegt ein Verstoß gegen § 267 Abs. 3 S. 4 StPO vor, ist auch eine Verfahrensrüge möglich.[434] Allerdings führt die Pflicht, dem Revisionsgericht eine Prüfung des Urteils in materiell-rechtlicher Hinsicht zu ermöglichen, regelmäßig zum Vorzug einer Sachrüge.[435]

Das Revisionsgericht prüft sämtliche Voraussetzungen des § 60 StGB,[436] ohne jedoch eine eigene Beurteilung etwa des offensichtlichen Verfehltseins von Strafe vorzunehmen und diese gar an Stelle der tatrichterlichen Bewertung zu setzen.[437] Das Revisionsgericht prüft vielmehr, „(…) ob sich der Tatrichter aufgrund einer lückenlosen Gesamtabwägung aller sich nach Sachlage aufdrängenden erheblichen Gesichtspunkte bei der Bewertung des Merkmals des offensichtlichen Verfehltseins (…) in rechtsfehlerfreier Weise innerhalb seines Beurteilungsspielraums gehalten hat (…).“[438] Das Revisionsgericht prüft also, ob der Tatrichter alle strafzumessungsrelevanten Umstände in die Gesamtabwägung einbezogen hat. Wurden alle Umstände berücksichtigt, ist die Wertung des Tatgerichts hinzunehmen.[439] Dabei prüft das Revisionsgericht auch die Strafzumessung, die für die Beurteilung der Frage, ob

[429] BT-Drucks. V/4094, S. 7.

[430] BGH Beschl. v. 4. Mai 2004 – 5 StR 588/03 Rdn. 10; BGH Urt. v. 23. November 1977 – 3 StR 397/77 Rdn. 4.

[431] BGH Urt. v. 20. August 2020 – 3 StR 40/20 Rdn. 1.

[432] Meyer-Goßner und Appl (2021), Rdn. 531.

[433] Meyer-Goßner und Appl (2021), Rdn. 533.

[434] BGH Beschl. v. 13. Mai 2020 4 StR 533/19 Rdn. 15.

[435] BGH Urt. v. 30. November 1971 – 1 StR 485/71.

[436] AG Tiergarten Urt. v. 13. September 2005 – 1 Kap Js 2655/04 Rdn. 72 ff. sehr instruktiv.

[437] OLG Hamm Urt. v. 28. September 1988 – 3 Ss 614/88.

[438] OLG Hamm Urt. v. 28. September 1988 – 3 Ss 614/88.

[439] BGH Urt. v. 14. Januar 2015 – 5 StR 494/14 Rdn. 11.

eine Strafe unter einem Jahr verwirkt wäre, von Bedeutung ist. Dieser Vorgang entspricht der revisionsrechtlichen Prüfung der allgemeinen Strafzumessung – liegt ein Verstoß gegen § 46 StGB vor? Wurde ein zutreffender Strafrahmen gewählt? Etc.

Nimmt das Tatgericht etwa zu Unrecht einen Verbotsirrtum nach § 17 StGB an, so kann aufgrund der erfolgten Milderung das Urteil aufgehoben werden, da nicht auszuschließen ist, dass bei zutreffender Ablehnung des § 17 StGB eine Freiheitsstrafe über einem Jahr angemessen wäre, sodass ein Absehen von Strafe gem. § 60 S. 2 StGB ausgeschlossen wäre.[440] Eine Gesamtabwägung ist fehlerhaft, wenn ihr lediglich strafmildernde und nicht auch strafschärfende Aspekte zugrunde gelegt werden.[441] Strafschärfende Umstände, wie z. B. ein fremdenfeindliches Tatmotiv, können einem Absehen von Strafe zuwiderlaufen.[442] Das Fehlen maßgeblicher Umstände, ist eine Lücke in der Gesamtabwägung.[443] Einer Erörterung des § 60 StGB bedarf es trotz Antragsstellung i. S. v. § 267 Abs. 3 S. 4 StPO nicht, wenn seine Anwendung offensichtlich abwegig ist, etwa wenn der Täter zu einer Freiheitsstrafe von drei Jahren vier Monaten verurteilt wurde.[444]

Das Revisionsgericht kann auch ein angefochtenes Urteil im Rechtsfolgenausspruch abändern und von Strafe absehen.

Beispiel[445]

Das Landgericht hatte den Angeklagten zu einer Freiheitsstrafe von neun Monaten verurteilt. Der Angeklagte hatte ein Geständnis abgelegt sowie zwei Schlaganfälle aufgrund der Strafverfolgung in der U-Haft erlitten und er litt an einer schweren Depression. Außerdem wurde eine rechtsstaatswidrige Verfahrensverzögerung festgestellt. Vor diesem Hintergrund änderte der BGH den Rechtsfolgenausspruch. Seit Einführung des § 354 StPO ist dabei das Antragserfordernis der Staatsanwaltschaft zu beachten. Die festgestellten Tatsachen erfüllten die Voraussetzungen des § 60 StGB – seine Anwendung ist dann zwingend. ◀

5.17 Adhäsionsverfahren, §§ 403 ff. StPO

Ein Angeklagter, der schuldig gesprochen wurde und zugleich im Adhäsionsverfahren zu Schadensersatz oder einer Schmerzensgeldzahlung verurteilt wurde, kann gegen die Verurteilung und die Adhäsionsentscheidung gleichzeitig oder nur gegen die Verurteilung oder nur gegen die Adhäsionsentscheidung Revision einlegen. Die

[440] BGH Urt. v. 4. November 2021 – 6 StR 12/20 Rdn. 51.
[441] BGH Urt. v. 20. August 2020 – 3 StR 40/20 Rdn. 13.
[442] BGH Urt. v. 20. August 2020 – 3 StR 40/20 Rdn. 17.
[443] BGH Urt. v. 20. August 2020 – 3 StR 40/20 Rdn. 17.
[444] BGH Beschl. v. 13. Mai 2020 – 4 StR 533/19 Rdn. 15.
[445] BGH Beschl. v. 4. Mai 2004 – 5 StR 588/03.

Rechtsmittel im Adhäsionsverfahren sind in § 406a Abs. 2 und 3 StPO bestimmt. Auf Seiten des Revisionsgerichts kommen sodann mehrere Entscheidungsmöglichkeiten in Betracht:

1. Der Verurteilte ficht die Entscheidung insgesamt an, d. h. seine Revision wendet sich gegen den Schuld- und Strafausspruch sowie die Adhäsionsentscheidung.

Hat die Revision Erfolg, hebt das Revisionsgericht den Schuld- und Strafausspruch sowie die Adhäsionsentscheidung auf und weist die Sache zur erneuten Entscheidung zurück. Der Tatrichter muss dann den Fall neu verhandeln und auch über den Adhäsionsantrag neu entscheiden.[446] Dieser Konstellation dürfte die größte praktische Bedeutung zukommen, da Verurteilte ihre Revision oft gegen „alles" (Schuld, Strafe, Zahlung) richten.

2. Ficht der Angeklagte die Verurteilung insgesamt einschließlich Adhäsionsantrag an oder nur isoliert die Adhäsionsentscheidung und betrachtet das Revisionsgericht nur die Adhäsionsentscheidung als fehlerhaft, dann erwachsen der Straf- und Schuldspruch in Rechtskraft und die Adhäsionsentscheidung wird aufgehoben, § 406 Abs. 3 StPO. Von einer weiteren Entscheidung über den Adhäsionsantrag wird abgesehen.[447] Der Adhäsionskläger müsste dann den Zivilrechtsweg beschreiten. Dabei ist es dem Revisionsgericht möglich – wenn die Voraussetzungen vorliegen – die Adhäsionsentscheidung dem Grunde nach zu bestätigen und nur hinsichtlich der Höhe aufzuheben,[448] § 406 Abs. 1 StPO.

Das Revisionsgericht prüft mithin den Zahlungsausspruch dem Grunde und der Höhe nach. Hält nur die Bestimmung der Höhe rechtlicher Prüfung nicht stand, ist nur dieser Teil aufzuheben.[449] Das heißt, das Revisionsgericht muss die Schmerzensgeldbemessung überprüfen. Die Höhe könnte dann ein Zivilgericht festlegen,[450] § 406 Abs. 3 S. 4 StPO.

3. Führt das Rügevorbringen der Staatsanwaltschaft zur Aufhebung des Schuld- und Rechtsfolgenausspruchs, bleibt eine Adhäsionsentscheidung hiervon zunächst unberührt. Der neue Tatrichter muss dann nach dem Ergebnis der weiteren Hauptverhandlung erneut über den Adhäsionsantrag unter Zugrundelegung der neuen Feststellungen entscheiden.[451]

---

[446] BGH Beschl. v. 28. Juni 2022 – 3 StR 142/22; vgl zum Verhältnis Adhäsionsverfahren und § 830 BGB (Mittäter und Beteiligte) grundlegend BGH Beschl. v. 8. November 2005 – 4 StR 321/05.

[447] BGH Beschl. v. 18. Juli 2018 – 4 StR 170/18 Rdn. 36; BGH Beschl. v. 27. März 1987 – 2 StR 106/87; BT-Drucks. 10/5305, S. 16.

[448] BGH Beschl. v. 11. Mai 2017 – 2 StR 337/14 Rdn. 13; BGH Beschl. v. 14. Oktober 1998 – 2 StR 436/98.

[449] KG Berlin Beschl. v. 29. Oktober 2018 – 161 Ss 147/18.

[450] BGH Beschl. v. 14. Oktober 1998 – 2 StR 436/98 Rdn. 4; vgl. auch BGH Beschl. v. 11. Mai 2017 – 2 StR 337/14; BT-Drucks. 10/5305, S. 16.

[451] BGH Urt. v. 28. November 2007 – 2 StR 477/07 mit Anm. Herbst und Plüür (2008), S. 250.

4. Spricht das Revisionsgericht frei, hebt es auch die Adhäsionsentscheidung auf, selbst wenn die Adhäsionsentscheidung nicht angefochten wurde, § 406a Abs. 3 StPO. Es folgt also eine Durchbrechung der Rechtskraft hinsichtlich des zivilrechtlichen Teils der Verurteilung.

Für den Nebenkläger ist gegen die Adhäsionsentscheidung die Revision nicht statthaft,[452] § 406a Abs. 1 S. 2 StPO. Dies gilt auch für den Fall, dass das Tatgericht im Urteil weniger als vom Nebenkläger beantragt zuspricht.[453] Allerdings könnte der Adhäsionskläger den Differenzbetrag erneut geltend machen, denn es erwächst nur der Tenor in Rechtskraft mit dem einem Adhäsionsantrag stattgegeben wurde.[454]

Beispiel[455]

Beantragt der Adhäsionskläger, den Angeklagten auf Schmerzensgeld nicht unter 5000,00 € zu verurteilen und spricht ihm das Tatgericht lediglich 2000,00 € zu, so erwächst die Verurteilung über 2000,00 € in Rechtskraft. Eine Revision gegen den Betrag von 2000,00 € ist unzulässig, da der Adhäsionskläger nicht beschwert ist. Allerdings kann er vor dem Zivilgericht unter Anrechnung der bereits erfolgten 2000,00 € einen höheren Betrag erneut einklagen, da seinem Begehren nicht vollständig entsprochen wurde. Der unberücksichtigte Teil erwächst nicht in Rechtskraft, ein Strafgericht weist nicht den zivilrechtlichen Teil als „unbegründet" ab. Das heißt, der Adhäsionskläger könnte – falls es der Instanzenzug im Strafrecht ermöglicht – erneut den Antrag stellen oder vor einem Zivilgericht klagen.[456] ◀

Sieht das Tatgericht im Urteil von einer Entscheidung über das Adhäsionsverfahren ab, steht dem Antragsteller kein Rechtsmittel zur Verfügung, § 406a Abs. 1 S. 2 StPO. Hat das Amtsgericht von einer Entscheidung abgesehen, steht es dem Adhäsionskläger frei Berufung einzulegen und den Adhäsionsantrag erneut zu stellen; ebenso kann er vor dem Zivilgericht seine Anträge erneut verfolgen.[457]

Die Staatsanwaltschaft kann gegen die Adhäsionsentscheidung kein Rechtsmittel einlegen, da sie nicht Partei ist und daher durch den zivilrechtlichen Teil nicht beschwert ist.[458] Legt die Staatsanwaltschaft Revision ein, so bleibt die Adhäsions-

[452] BGH Beschl. v. 20. Dezember 2022 – 3 StR 417/22 Rdn. 1.

[453] BGH Beschl. v. 18. Dezember 2007 – 5 StR 578/07 Rdn. 3.

[454] BGH Urt. v. 15. Dezember 2022 – 3 StR 245/22 Rdn. 18; BGH Beschl. v. 30. Juli 2019 – 4 StR 245/19 Rdn. 6 ff.

[455] Fall nach BGH Beschl. v. 30. Juli 2019 – 4 StR 245/19.

[456] BGH Beschl. v. 30. Juli 2019 – 4 StR 245/19; KG Beschl. v. 7. März 2007 – 4 Ws 22/07.

[457] BGH Urt. v. 15. Dezember 2022 – 3 StR 245/22 Rdn. 18.

[458] BGH Urt. v. 15. Dezember 2022 – 3 StR 245/22 Rdn. 17; BGH Beschl. v. 11. Mai 2016 – 5 StR 456/15 Rdn. 6 f.

entscheidung hierüber (zunächst) unberührt.[459] Hebt das Revisionsgericht die Entscheidung auf und verweist zurück, muss der Tatrichter über die Adhäsion nach Maßgabe der neuen Feststellungen eine Entscheidung treffen.[460] Das Tatgericht kann von einer Entscheidung über einen Adhäsionsantrag absehen, wenn er ungeeignet ist. Dies ist vornehmlich der Fall, wenn der Antrag zu einer erheblichen Verfahrensverzögerung führen würde,[461] § 406 Abs. 1 S. 5 StPO.

Das Gesetz unterscheidet zwischen Schadensersatz und Schmerzensgeld. Die Geltendmachung von Schadensersatz im Adhäsionsverfahren kann ungeeignet sein, wenn der zivilrechtliche Teil das Verfahren erheblich verzögern würde.[462] Dies ist bei besonders schwierigen Fragen, z. B. mit Auslandsbezug der Fall.[463] Außerdem kann ein Adhäsionsverfahren abgelehnt werden, wenn der Antrag unzulässig[464] ist oder unbegründet erscheint, § 406 Abs. 1 S. 3 StPO.

Im Rahmen der Schmerzensgeldbemessung sind die persönlichen Verhältnisse der Parteien grundsätzlich nicht zu berücksichtigen. Etwas anderes gilt ausnahmsweise, wenn die persönlichen Verhältnisse dem Fall ein „besonderes Gepräge" geben.[465]

5.18 Täter-Opfer-Ausgleich, § 46a StGB

§ 155a StPO verpflichtet das Gericht und die Staatsanwaltschaft in jedem Verfahrensstadium auf einen Täter-Opfer-Ausgleich hinzuwirken, nach dem Gesetzeswortlaut sollen sie „prüfen", „erreichen" und „hinwirken". Grund für die Einführung der Vorschrift im Jahr 1999 war das Ziel, mehr Verfahren mit einem Täter-Opfer-Ausgleich gem. § 46a StGB zu beenden. Aus diesem Grund soll die Strafjustiz „initiativ werden."[466]

Die Motive sind deutlich: „Die Pflicht zur Prüfung und zum Hinwirken auf einen Ausgleich in geeigneten Fällen gilt ausdrücklich für jedes Stadium des Verfahrens."[467] Der Tatrichter könnte etwa die Hauptverhandlung unterbrechen, um in geeigneten Fällen einen Täter-Opfer-Ausgleich herbeizuführen.[468] Der Angeklagte

[459] BGH Urt. v. 15. Dezember 2022 – 3 StR 245/22 Rdn. 17.

[460] BGH Urt. v. 15. Dezember 2022 – 3 StR 245/22 Rdn. 17 f.

[461] Zur Ungeeignetheit im Spannungsfeld von Prozessökonomie und Verfahrensverzögerung LG Berlin Beschl. v. 1. November 2021 – 245 Js 397/20; zur willkürlichen Ablehnung BVerfG Stattgebender Kammerbeschl. v. 27. Mai 2020 – 2 BvR 2054/19 Rdn. 36, 41.

[462] BT-Drucks. 10/5305, S. 15.

[463] BGH Beschl. v. 19. November 2002 – 3 StR 395/02 (IPR); LG München I Beschl. v. 22. August 2018 – 5 KLs 401 Js 160054/14 Rdn. 58 erheblicher Zeitaufwand, Rdn. 62 Schweizer Recht.

[464] BGH Beschl. v. 18. Juli 2018 – 4 StR 170/18 zur Bestimmtheit eines Schmerzensgeldantrags.

[465] BGH Beschl. v. 19. Oktober 2021 – 6 StR 413/21 Rdn. 2; BGH Beschl. v. 17. Oktober 2018 – 2 StR 259/18 m. w. N.; BGH Beschl. v. 16. September 2016 – VGS 1/16 Rdn. 72.

[466] BT-Drucks. 14/1928, S. 6.

[467] BT-Drucks. 14/1928, S. 6.

[468] Diemer (2023), § 155a Rdn. 19.

könnte also in der Verhandlungspause zur Sparkasse gehen, Geld von seinem Konto abheben, um sodann Schmerzensgeld und Schadensersatz zu zahlen mit dem Ziel, die Voraussetzungen des § 46a StGB vor Urteilsverkündung zu erfüllen.

Die Strafjustiz soll den Beschuldigten und den Verletzten auf diese Möglichkeit hinweisen; Gericht und Staatsanwaltschaft können selbst unmittelbar vermitteln oder eine Ausgleichsstelle i. S. v. § 155b StPO einschalten.[469] § 155a StPO ist eine prozessuale Vorschrift, die zu einer (verstärkten) Anwendung des § 46a StGB führen soll. In der Praxis findet § 155a StPO leider kaum Beachtung. Der Verteidiger organisiert regelmäßig den Täter-Opfer-Ausgleich und präsentiert das Ergebnis – anderenfalls findet der friedensstiftende Ausgleich, die Strafmilderung oder die Entstehung eines Verfahrenshindernisses nach § 153a Abs. 1 S. 5 StPO nicht statt.

Die Verletzung des § 155a StPO ist revisibel.[470] Zwar wird die Meinung vertreten, § 155a StPO sei irreversibel.[471] Allerdings dient die Vorschrift dem Schutz des Angeklagten, sodass eine Verletzung zu überprüfen ist. Die Formulierung als Soll-Vorschrift schließt eine Revision nicht aus, zumal § 337 StPO Soll-Vorschriften von der Revision nicht ausschließt.[472]

Die Verfahrensrüge zu § 155a StPO verlangt den Vortrag zur Eignung der Taten einen Täter-Opfer-Ausgleich herbeizuführen. So hat der Beschluß des OLG Karlsruhe vom 16. November 2015 – 2 (7) Ss 571/15 folgende Kriterien zum Vortrag einer Rüge gem. § 155a StPO formuliert:

1. Der Revisionsführer muss vortragen können, der Angeklagte habe ein Geständnis abgelegt. Hat er wesentliche Teile der Anklage bestritten, scheidet eine Einigung und damit eine Rüge nach § 155a StPO aus.
2. Außerdem muss vorgetragen werden können, dass der Wille des Opfers zum Täter-Opfer-Ausgleich nicht entgegensteht, § 155a S. 3 StPO. Lehnt das Opfer einen Täter-Opfer-Ausgleich ab, ist für eine Rüge nach § 155a StPO kein Raum.
3. Das OLG weist darauf hin, dass ein Beruhen auf der unterlassenen Handlung nur vorliegen kann, wenn feststeht, dass der Angeklagte ohne die Mitwirkung der Strafjustiz keinen Täter-Opfer-Ausgleich erzielt hätte. Dazu gehört, dass der Angeklagte in einen Kommunikationsprozess mit dem Opfer eingetreten sein muss. Dieser Versuch müsste erfolglos geblieben sein; dann erst könnte die Möglichkeit bestehen, dass das Urteil auf dem „Nichtstun" beruht. Es müsste vorgetragen werden können: Hätte das Gericht vermittelt, wäre ein Täter-Opfer-Ausgleich nicht auszuschließen gewesen.

An dieser Stelle soll dafür eingetreten werden, die Revisibilität des § 155a StPO zu erweitern. Es ist die Pflicht der Strafjustiz in geeigneten Fällen einen Täter-Opfer-Ausgleich herbeizuführen. Das heißt, das Gericht und die Staatsanwaltschaft

[469] BT-Drucks. 14/1928, S.8.

[470] BGH Beschl. v. 4. November 2010 – 1 StR 551/10; OLG Karlsruhe Beschl. v. 16. November 2015 – 2 (7) Ss 571/15 Rdn. 5 ff.

[471] Schmitt (2024), § 155a Rdn. 6.

[472] OLG Karlsruhe Beschl. v. 16. November 2015 – 2 (7) 571/15 Rdn. 4.

müssen aktiv auf den Angeklagten und das Opfer zugehen und zumindest nach der Bereitschaft zum Täter-Opfer-Ausgleich fragen. Lehnt einer der Beteiligten ab, ist § 155a StPO genüge getan. Insbesondere sind Beteiligte ohne Rechtsanwalt auf das Institut des Täter-Opfer-Ausgleichs und seiner Wirkungen hinzuweisen, anders ist der gewünschte Zweck nicht zu erreichen.

Zeigen Täter und Opfer demgegenüber Interesse an einem Täter-Opfer-Ausgleich, müssen das Gericht oder die Staatsanwaltschaft weitervermitteln, d. h. weitere Gespräche führen oder Vorschläge unterbreiten. Für den Fall, das ein Gericht nicht so weit gehen möchte – etwa um den Anschein von Befangenheit zu vermeiden – sieht das Gesetz in § 155b StPO die Möglichkeit vor, eine Ausgleichsstelle einzuschalten.

Der Täter-Opfer-Ausgleich will Rechtsfrieden herstellen.[473] Vornehmlich bei Gewalt- und Sexualdelikten ist jedenfalls die Frage, ob ein Ausgleich in Betracht kommt, angebracht. Zwar mag sich aus der Akte ergeben, dass sich die Parteien unversöhnlich gegenüberstehen, allerdings kann nicht ohne weiteres ausgeschlossen werden, dass – auch durch den Einfluss von Zeitablauf – ein Entschuldigen, ein Vergeben und damit eine innere Befriedung und Erleichterung auf allen Seiten eintritt. Dieses Ziel trägt gerade dem Opferschutz Rechnung.

Eine Außerachtlassung dieses Weges soll der Rechtskontrolle zugänglich sein. Demgegenüber muss die Nichtanwendung des § 46a StGB im Urteil erörtert werden, wenn der Täter-Opfer-Ausgleich naheliegt.[474] Die unterlassene Auseinandersetzung mit dem Täter-Opfer-Ausgleich kann im Rahmen der Strafzumessung mit der Sachrüge beanstandet werden. Enthält das Urteil Feststellungen zu einer Entschuldigung, Schadenswiedergutmachung oder jedenfalls diesbezügliche Bemühungen des Angeklagten oder gar den Hinweis, das Opfer habe sich mit dem Täter versöhnt und wünsche keine Bestrafung, muss das Urteil die Ablehnung des § 46a StGB darlegen, anderenfalls hebt das Revisionsgericht den Strafausspruch mit seinen Feststellungen auf.[475]

5.19 Aufklärungshilfe, § 46b StGB

§ 46b StGB regelt die sog. Aufklärungshilfe. Dabei gibt es zwei Möglichkeiten:

- § 46b Abs. 1 S. 1 Ziff. 1 StGB (aufgedeckt): Der Täter hat durch freiwilliges Offenbaren seines Wissens wesentlich dazu beigetragen, dass eine Tat, die mit seiner Tat im Zusammenhang[476] steht, gem. § 100a Abs. 2 StPO aufgedeckt werden konnte.
- § 46b Abs. 1 S. 1 Ziff. 2 StGB (verhindert): Der Täter hat freiwillig sein Wissen so rechtzeitig einer Dienststelle offenbart, dass eine Tat nach § 100a Abs. 2 StPO,

[473] BGH Beschl. v. 9. Mai 2000 – 1 StR 106/00 Rdn. 33; OLG München Urt. v. 2. August 2007 – 5 St RR 113/07 Rdn. 26.

[474] BGH Beschl. v. 22. Februar 2001 – 3 StR 41/01 Rdn. 3; BGH Beschl. v. 30. Januar 2024 – 5 StR 463/23 Rdn. 6; BGH Urt. v. 7. September 2022 – 6 StR 225/22 Rdn. 21.

[475] BGH Beschl. v. 22. Februar 2001 – 3 StR 41/01 Rdn. 3.

[476] Zum Begriff des Zusammenhangs siehe BGH Urt. v. 9. Februar 2023 – 3 StR 440/22.

die mit seiner Tat im Zusammenhang steht und von deren Planung er weiß, noch verhindert werden kann.

Hat der Täter also Hilfe zur Aufklärung oder Verhinderung von schweren Tatstrafen geleistet, kann das Gericht die Strafe nach § 49 Abs. 1 StGB mildern. An Stelle ausschließlich angedrohter lebenslanger Freiheitsstrafe, tritt möglicherweise Freiheitsstrafe nicht unter zehn Jahren, § 46b Abs. 1 S. 1 StGB. Das Gericht kann sogar von Strafe absehen, wenn die Strafe ausschließlich mit zeitiger Freiheitsstrafe bedroht ist und der Täter keine Freiheitsstrafe von mehr als drei Jahren verwirkt hat. Der Tenor könnte lauten:

- Der Angeklagte ist des Meineids schuldig.
- Von Strafe wird abgesehen.

Damit sind Strafen von „null" bis zur Höchststrafe denkbar! Zu beachten ist, dass die Aufklärungshilfe vor Eröffnung des Hauptverfahrens, § 207 StPO, erfolgen muss, um eine entsprechende Milderung zu erreichen, § 46b Abs. 3 StGB. In die Entscheidung, ob eine Milderung oder ein Absehen von Strafe dem Urteil zugrunde gelegt werden kann, sind folgende Kriterien nach § 46b Abs. 2 StGB einzubeziehen:

- Art und Umfang der offenbarten Tatsachen
- ihre Bedeutung für die Aufklärung oder Verhinderung der Tat
- der Zeitpunkt der Offenbarung
- das Ausmaß der Unterstützung der Strafverfolgungsbehörden durch den Täter
- die Schwere der Tat, auf die sich seine Angaben beziehen

Schließlich muss das Tatgericht vorstehende Umstände in Beziehung zur Schwere der Tat und zur Schuld des Täters setzen. Eine Hilfe zur Aufklärung ist wesentlich, „wenn die Tat ohne den Aufklärungsbeitrag nicht oder nicht im gegebenen Umfang aufgeklärt worden wäre, die Aussage des Täters jedenfalls aber eine sichere Grundlage für die Aburteilung des Tatbeteiligten schafft, indem sie den Strafverfolgungsbehörden die erforderliche Überzeugung vermittelt, dass ihre bisherigen Erkenntnisse zutreffen (…)."[477]

Eine Mitteilung ist freiwillig i. S. v. § 46 Abs. 1 StGB, wenn sie „frei von Zwang" erfolgte, das Motiv für die Offenbarung ist an dieser Stelle unbeachtlich.[478] Das Motiv kann jedoch in die Gesamtwürdigung einfließen und u. U. für eine Versagung der Strafmilderung (mit-) ursächlich sein.

Um von Strafe abzusehen, müsste festgestellt werden können, dass der Täter keine Freiheitsstrafe von mehr als drei Jahren verwirkt hätte; eine exakte Bemessung

[477] BGH Urt. v. 29. September 2021 – 2 StR 313/20 Rdn. 24; BGH Beschl. v. 15. März 2016 – 5 StR 26/16; BGH Beschl. v. 3. Februar 2021 – 4 StR 305/20 Rdn. 6.

[478] BGH Urt. v. 29. September 2021 – 2 StR 313/20 Rdn. 26.

ist nicht erforderlich. Damit wird grundsätzlich die Möglichkeit eröffnet, auch bei Verbrechenstatbeständen von Strafen abzusehen; andererseits ist ein Absehen unzulässig bei Tätern, die eine höhere Strafe – namentlich über drei Jahre – zu erwarten haben. Bei schwerer Kriminalität ist ein Absehen von Strafe daher ausgeschlossen.

In der Revision überprüft das Gericht die Voraussetzungen des § 46b StGB; beispielsweise, ob eine wesentliche Aufklärungshilfe vorliegt, ob die Angaben rechtszeitig und freiwillig erfolgt sind etc.[479] Liegen diese Voraussetzungen vor, ist die weitere Ermessensentscheidung des Tatrichters durch das Revisionsgericht nur eingeschränkt überprüfbar.[480] Bejaht der Tatrichter die Voraussetzungen des § 46b Abs. 1 StGB ist er gehalten in einem zweiten Schritt eine Gesamtwürdigung vorzunehmen in die sämtliche Umstände des § 46b Abs. 2 StGB einzubeziehen sind. Liegen mehrere Einzelstrafen vor, ist für jede Einzelstrafe gesondert zu prüfen, ob eine Strafrahmenverschiebung wegen Aufklärungshilfe in Betracht kommt.[481] Dabei übt er Ermessen aus, um zu entscheiden, ob eine Strafrahmenverschiebung oder ein Absehen von Strafe zur Anwendung gelangt.[482] Legt der Täter bereits im Ermittlungsverfahren ein Teilgeständnis ab und trifft dabei Aussagen über Tatbeteiligte, muss das Tatgericht im Urteil Einzelheiten des Teilgeständnisses mitteilen, um dem Revisionsgericht die Prüfung zu ermöglichen, ob und gegebenenfalls für wie viele Taten eine Strafrahmenmilderung vorliegt oder in Betracht kommt. Fehlen derartige Ausführungen, ist das Urteil aufzuheben.[483] Ebenso rechtsfehlerhaft ist es, § 46b Abs. 1 StGB nicht zu prüfen, obwohl sich eine solche Erörterung nach den Urteilsfeststellungen aufdrängt,[484] etwa weil der Täter bislang unbekannte Mittäter rechtzeitig namhaft machte.[485]

So prüft das Revisionsgericht, ob überhaupt eine Gesamtabwägung der Kriterien des § 46b Abs. 2 StGB und damit eine Ermessensentscheidung vorgenommen wurde. Bejaht das angefochtene Urteil lediglich die Voraussetzungen des § 46b Abs. 1 StGB und sagt nichts über eine Gesamtabwägung nach § 46b Abs. 2 StGB, so ist das Urteil aufgrund der Sachrüge, die auf den Rechtsfolgenausspruch beschränkt werden kann, aufzuheben.[486] In der vorbezeichneten Entscheidung (BGH Urt. v. 20. Dezember 2012 – 3 StR 426/12) hatte die Staatsanwaltschaft zu Ungunsten des Angeklagten Revision eingelegt. Der BGH stellte in der Beruhensprü-

[479] BGH Urt. v. 29. September 2021 – 2 StR 313/20 Rdn. 22 ff.

[480] BGH Urt. v. 21. Januar 2024 – 1 StR 189/23 Rdn. 28; BGH Urt. v. 29. September 2021 – 2 StR 313/20 Rdn. 28 ff.

[481] BGH Beschl. v. 7. Dezember 2022 – 2 StR 361/22 Rdn. 2 ff.

[482] BGH Urt. v. 29. September 2021 – 2 StR 313/20 Rdn. 29 f; BGH Beschl. v. 14. April 2011 – 2 StR 34/11; BGH Beschl. v. 18. Dezember 2018 – 1 StR 512/18.

[483] BGH Beschl. v. 19. Mai 2022 – 1 StR 98/22 Rdn. 2 ff.

[484] BGH Beschl. v. 12. Dezember 2023 – 3 StR 422/23 Rdn. 15; BGH Beschl. v. 31. Januar 2023 – 4 StR 281/22 Rdn. 6.

[485] BGH Beschl. v. 31. März 2023 – 4 StR 281/22 Rdn. 6; BGH Beschl. v. 7. September 2017 – 5 StR 357/17 Rdn. 4.

[486] BGH Urt. v. 20. Dezember 2012 – 3 StR 426/12 Rdn. 3; BGH Beschl. v. 19. Mai 2010 – 5 StR 182/10 Rdn. 10 f.

fung fest, dass das Tatgericht möglicherweise von einer Milderung abgesehen hätte, wenn es eine Gesamtabwägung insbesondere im Verhältnis zur Schwere der Tat und zur Schuld des Täters vorgenommen hätte. Das Tatgericht hatte den Angeklagten wegen Mordes zu vierzehn Jahren Freiheitsstrafe verurteilt; es hatte die Strafe aufgrund von Aussagen des Täters nach § 46b Abs. 1 Ziff. 1 StGB gemildert.[487] Dieses Beispiel belegt, dass ein Täter Aufklärungshilfe leistet und dennoch zur Höchststrafe verurteilt werden kann – die Strafmilderung ist nur fakultativ. Eine fakultative Strafrahmenverschiebung kann versagt werden, wenn die Hilfe zur Aufklärung oder Prävention verhältnismäßig unbedeutend ist oder der Täter „besonders schweres Unrecht“ begangen hat.[488]

5.20 Aufklärungshilfe, § 31 BtMG

§ 31 BtMG regelt die Aufklärungshilfe speziell für Verstöße im Zusammenhang mit dem Betäubungsmittelgesetz. Die Aufdeckung und Verhinderung von Straftaten gegen das BtMG kann zu einer Strafrahmenverschiebung gem. § 49 Abs. 1 StGB führen. Hat der Täter keine Freiheitsstrafe von mehr als drei Jahren verwirkt, kann sogar von Strafe abgesehen werden. Der Täter muss stets sein Wissen freiwillig offenbaren. Dies ist der Fall, wenn er ohne Zwang aussagt. Die Anwendung der Milderung nach § 31 BtMG verlangt kein moralisch wertvolles Motiv.[489] Der Täter vermag aus Angst oder auf Drängen eines Vernehmungsbeamten aussagen; es kommt maßgeblich auf den Aufklärungserfolg an.[490] § 31 S. 1 Ziff. 1 BtMG verlangt, dass eine Straftat nach den §§ 29 bis 30a BtMG aufgedeckt wird, die wiederum im Zusammenhang mit der verfolgten Tat des Aufklärungsgehilfen steht. Die Offenbarung einer Straftat i. S. v. § 31 S. 1 Ziff. 2 BtMG muss sich auf eine Verhinderung einer Straftat gem. § 29 Abs. 3 BtMG, § 29a Abs. 1 BtMG, § 30 Abs. 1 BtMG oder § 30a Abs. 1 BtMG beziehen; diese Tat muss ebenfalls im Zusammenhang mit der Tat des Aufklärungsgehilfen stehen. Es unterfällt mithin nicht jede Tat der Kronzeugenregelung, sondern nur die gesetzlich festgelegten Tatbestände.

Zu dem Begriff des Zusammenhangs hat sich eine umfangreiche Kasuistik entwickelt. Grundsätzlich gilt, „dass es sich bei der offenbarten Tat um eine rechtlich selbstständige Tat handeln kann, die nicht Gegenstand des anhängigen Verfahrens sein muss. Für den notwendigen Zusammenhang ist also nicht erforderlich, dass die offenbarte Tat Teil der prozessualen Tat nach § 264 StPO ist, wegen der der ‚Kronzeuge‘ angeklagt ist. Denn der prozessuale Tatbegriff stellt allein auf den jeweiligen Angeklagten ab und betrifft daher auch nur den diesen betreffenden einheitlichen

[487] BGH Urt. v. 20. Dezember 2012 – 3 StR 426/12.

[488] BT-Drucks. 16/62868, S. 13.

[489] BGH Beschl. v. 22. März 2023 – 6 StR 445/22 Rdn. 6; BGH Beschl. v. 26. August 2020 – 2 StR 197/20 Rdn. 5.

[490] BGH Beschl. v. 26. August 2020 – 2 StR 197/20 Rdn. 5.

geschichtlichen Lebensvorgang (...).“[491] Ein Zusammenhang ist beispielsweise anzunehmen, wenn der Aufklärungsgehilfe „seine mit seiner Einfuhr- oder Handelstätigkeit im Zusammenhang stehenden Bezugsquellen oder Vertriebswege aufdeckt (...), etwa wenn er alle seine im Auftrag und nach Anweisungen eines Auftraggebers durchgeführten Kuriertätigkeiten und die dazugehörigen Abnehmer offenbart (...), unabhängig davon, ob er an den aufgedeckten Taten selbst beteiligt war (...).“[492] Der Umfang der Offenbarung muss zudem wesentlich sein. Dies ist der Fall, wenn die Tat anderenfalls gar nicht oder nur unvollständig aufgeklärt werden könnte.[493] Ein Aufklärungserfolg ist demgemäß ausgeschlossen, wenn die preisgegebenen Tatsachen nichts Neues für die Ermittlungsbehörde enthält, diese also schon bekannt waren.[494] „Ein wesentlicher Aufklärungserfolg gem. § 31 S. 1 Ziff. 1 BtMG setzt weder den Erlass eines Haftbefehls gegen die von dem Täter belastete Person voraus noch deren Verurteilung oder Festnahme (...). Erforderlich ist aber, dass der Täter – nach der Eröffnung des Hauptverfahrens – die von ihm belastete Person so genau bezeichnet hat, dass diese identifiziert und zur Festnahme ausgeschrieben werden könnte (...).“[495] Ein wesentlicher Aufklärungserfolg ist auch zu bejahen, wenn der Täter kein umfassendes Geständnis abgelegt hat; dies gehört nicht zu den Tatbestandsvoraussetzungen des § 31 StGB. Ratio legis ist die Aufdeckung und Verhinderung von (weiteren) Straftaten.[496]

Zu beachten ist ferner, dass nach § 31 S. 2 BtMG die Vorschrift des § 46b Abs. 2 und 3 StGB entsprechend Anwendung findet.[497] Das heißt, die Offenbarung – will der Täter in den Genuss der Strafrahmenverschiebung oder des Absehens von Strafe kommen – muss u. a. vor der Eröffnung des Hauptsacheverfahrens erfolgen. Erfolgt die Aussage danach, ist ihr Wert in der allgemeinen Strafzumessung zu berücksichtigen.[498] § 31 Abs. 2 BtMG i. V. m. § 46 Abs. 2 StGB gibt dem Tatgericht Kriterien an die Hand, die bei der Ermessensentscheidung im Rahmen der Strafmilderung zu beachten sind. Der Tatrichter hat im Zusammenhang mit der Ermessensausübung

[491] BT-Drucks. 17/9695, S. 8; BGH Urt. v. 9. Februar 2023 – 3 StR 440/22 Rdn. 6; BGH Urt. v. 20. Februar 1991 – 2 StR 608/90; BGH Beschl. v. 2. November 1993 – 1 StR 602/93; BGH Beschl. v. 15. März 1995 – 3 StR 77/95.

[492] BT-Drucks. 17/9695, S. 8; BGH Beschl. v. 2. November 1993 – 1 StR 602/93; BGH Beschl. v. 15. März 1995 – 3 StR 77/95; BGH Urt. v. 20. Februar 1991 – 2 StR 608/90; BGH Beschl. v. 1. Dezember 1994 – 1 StR 965/94.

[493] Malek (2015), S. 254 ff.

[494] Malek (2015), S. 260.

[495] BGH Urt. v. 20. Mai 2021 – 6 StR 406/20 Rdn. 4; vgl. auch BGH Beschl. v. 14. November 2023 – 6 StR 345/23 Rdn. 13; BGH Beschl. v. 12. Januar 2017 – 1 StR 587/16; BGH Urt. v. 16. Februar 2000 – 2 StR 532/99.

[496] BGH Urt. v. 20. März 2014 – 3 StR 429/13 Rdn. 16; BGH Urt. v. 28. November 1984 – 2 StR 608/84 Rdn. 6 ff.; zur Unverwertbarkeit eines Geständnisses nach unzulässigem Versprechen über Absehen von Strafe siehe OLG Hamm Beschl. v. 20. August 1984 – 6 Ws 266/84.

[497] BGH Urt. v. 30. November 2023 – 3 StR 243/23 Rdn. 14 zum Verhältnis des § 31 BtMG zu § 46b StGB.

[498] BGH Urt. v. 25. September 2018 – 5 StR 251/18 Rdn. 20; BGH Beschl. v. 13. Februar 2024 – 2 StR 485/23 Rdn. 17.

sämtliche Umstände des Einzelfalles abzuwägen.[499] Ein Urteil würde aufgrund einer Sachrüge aufgehoben, wenn der Tatrichter lediglich aufklärungsspezifische Aspekte zur Strafrahmenverschiebung beachtet ohne belastende Umstände wie z. B. Vorstrafen, laufende Bewährung, harte Drogen in der Ermessensausübung gegenüber zu stellen.[500] Eine unterlassene Erörterung einer Strafmilderung nach § 31 BtMG i. V. m. § 49 Abs. 1 StGB führt aufgrund einer Sachrüge zur Urteilsaufhebung, wenn sich nach den Feststellungen eine Auseinandersetzung aufdrängt.[501] Hat der Täter z. B. „im Ermittlungsverfahren Angaben zur arbeitsteiligen Vorgehensweise der Bande, zur Rolle der Mitangeklagten oder eines gesondert Verfolgten sowie zur Anzahl und Menge der Betäubungsmittellieferungen" gemacht und wurde dies in die Hauptverhandlung eingeführt, so stellt die Nichterörterung des § 31 S. 1 Ziff. 1 BtMG einen materiell – rechtlichen Fehler dar, der mit der Sachrüge zum Erfolg der Revision führt.[502]

Lehnt es das Tatgericht ab, der Strafzumessung den vertypten Strafmilderungsgrund aus § 31 BtMG i. V. m. § 49 Abs. 1 StGB zugrunde zu legen, muss das Urteil die Offenbarung des Angeklagten, die er über seinen Tatbeitrag hinaus erklärt hat, vollständig benennen, um dem Revisionsgericht eine Kontrolle zu ermöglichen.[503] Die Feststellung „weder der Umfang noch die Qualität der Angaben des Angeklagten" hätten den Voraussetzungen des § 31 BtMG genügt, reicht zur Begründung der Ablehnung nicht aus.[504] Es kann ferner ein materiell – rechtlicher Fehler vorliegen, wenn bei wechselhaften Aussagen des einzigen Belastungszeugen, dessen Aussage im Hinblick auf § 31 BtMG große Bedeutung zukommt, „Inhalt, Entstehung und Entwicklung der Angaben des Zeugen" noch nicht einmal „in ihren wesentlichen Zügen im Urteil" dargestellt werden.[505]

Das Vorliegen der Voraussetzungen des § 31 BtMG führt nicht zwingend zur Strafrahmenverschiebung. Es sind Fälle denkbar, in denen auch ein minder schwerer Fall in Betracht kommt. Hier besteht sodann eine Prüfungsreihenfolge:[506] Es ist daher zunächst zu prüfen, ob ein minder schwerer Fall aufgrund der allgemeinen Umstände – ohne Einbeziehung der Aufklärung oder Verhinderung i. S. v. § 31 BtMG vorliegt. Ist der minder schwere Fall abzulehnen, sind nun die Umstände der Kronzeugenregelung hinzuzunehmen, um evtl. einen minder schweren Fall zu begründen. Führen die Voraussetzungen des § 31 BtMG zur Annahme eines minder

[499] BGH Urt. v. 25. September 2018 – 5 StR 251/18 Rdn. 11; BGH Beschl. v. 28. März 2023 – 4 StR 488/22 Rdn. 2 ff.

[500] BGH Urt. v. 25. September 2018 – 5 StR 251/18 Rdn. 12 ff.

[501] BGH Urt. v. 20. Juli 2022 – 3 StR 390/21 Rdn. 8; BGH Beschl. v. 10. Juni 2021 – 2 StR 144/21; BGH Urt. v. 15. März 2017 – 2 StR 23/16.

[502] BGH Beschl. v. 12. Januar 2022 – 3 StR 394/21 Rdn. 4 ff.

[503] BGH Beschl. v. 18. September 1987 – 2 StR 462/87 Rdn. 3 f.

[504] BGH Beschl. v. 18. September 1987 – 2 StR 462/87 Rdn. 3.

[505] BGH Beschl. v. 31. August 2021 – 5 StR 223/21 Rdn. 7.

[506] Die Prüfungsreihenfolge ist ausführlich dargestellt in BGH Beschl. v. 15. März 2022 – 4 StR 18/22; vgl. auch BGH Beschl. v. 11. April 2023 – 5 StR 78/23 Rdn. 5.

schweren Falles ist § 31 BtMG verbraucht; es kommt dann nicht etwa zu einer weiteren Strafmilderung. Führen die Umstände nicht zur Bejahung eines minder schweren Falles, bleibt Raum für eine Milderung nach § 31 BtMG i. V. m. § 49 Abs. 1 StGB.

Die Bedeutung dieser Prüfungsreihenfolge wird am nachstehenden Beispiel deutlich:[507] Der Angeklagte hat 1 kg Kokain verkauft und bei weiteren im Zusammenhang stehenden Straftaten wesentliche Aufklärungshilfe geleistet. Er ist schuldig des unerlaubten Handeltreibens in nicht geringer Menge gem. § 29a Abs. 1 Ziff. 2 BtMG. § 29a Abs. 1 BtMG sieht eine Freiheitsstrafe nicht unter einem Jahr vor. Der Strafrahmen beträgt mithin Freiheitsstrafe von einem Jahr bis 15 Jahre. Würde man § 31 i. V. m. § 49 Abs. 1 StGB sogleich anwenden, würde der vertypte Strafmilderungsgrund zu einem Strafrahmen von drei Monaten bis elf Jahre drei Monate führen. Darüber hinaus existiert ein minder schwerer Fall, dessen Strafrahmen mit Freiheitsstrafe von drei Monaten bis zu fünf Jahren in § 29 Abs. 2 BtMG angegeben ist. Diese Konstellation würde den Täter weitaus mehr begünstigen. Deswegen ist sie – sofern die Voraussetzungen vorliegen – vorzuziehen. Verkennt ein Tatgericht die Prüfungsreihenfolge, ist das Urteil nach geltend gemachter Sachrüge aufzuheben.

5.21 Nichteinhaltung einer Zusage

Konsensuale Verfahrensabsprachen werden häufig schon vor Prozessbeginn getroffen. Der Angeklagte verpflichtet sich ein Geständnis abzulegen und es wird eine Strafobergrenze zugesagt, vereinzelt verspricht der Staatsanwalt im Hinblick auf bestimmte Taten eine Einstellung zu beantragen oder der Angeklagte verpflichtet sich einen Einspruch gegen einen Strafbefehl zurückzunehmen während der Staatsanwalt erklärt, eine bestimmte Tat nicht weiter zu verfolgen. Die Erfahrung zeigt, dass das gesetzte Vertrauen in die Zusage von allen Verfahrensbeteiligten nicht enttäuscht wird – Absprachen funktionieren. Es gibt jedoch zwei BGH-Entscheidungen in denen Zusagen nicht erfüllt wurden:

BGH Urteil vom 18. April 1990 – 3 StR 252/88
Der Staatsanwalt hat erklärt, er werde eine bestimmte Tat nicht weiterverfolgen, § 154 Abs. 1 oder 2 StPO, wenn der Angeklagte den Einspruch gegen einen Strafbefehl zurücknimmt. Der Angeklagte hat den Einspruch zurückgenommen. Der Nachfolger des Staatsanwalts, der die Vereinbarung getroffen hatte, war damit nicht einverstanden und verfolgte die andere Tat.[508] Der Senat ließ die Frage, ob hierin ein Verstoß gegen den Grundsatz des fairen Verfahrens und des Rechtsstaatsprinzips zu erkennen ist,[509] offen. Er stellte jedoch fest, dass der Tatrichter zutreffend das Verhalten der Staatsanwaltschaft als wesentlichen Strafmilderungsgrund berücksichtigt

[507] Das Beispiel ist angelehnt an die Entscheidung BGH Beschl. v. 15. März 2022 – 4 StR 18/22.

[508] BGH Urt. v. 18. April 1990 – 3 StR 252/88 Rdn. 3.

[509] BGH Urt. v. 18. April 1990 – 3 StR 252/88 Rdn. 6; an anderer Stelle heißt es in der Entscheidung, das Tatgericht sei zutreffend von einem Verstoß gegen den Grundsatz des fairen Verfahrens durch die Staatsanwaltschaft ausgegangen, BGH Urt. v. 18. April 1990 – 3 StR 252/88 Rdn. 11.

hat.[510] Die Entscheidung lehnte ein Verfahrenshindernis bezogen auf die weitere Tat anlässlich des enttäuschten Vertrauens ab. Der Verstoß hat ein solches Ausmaß nicht erreicht.[511]

BGH Urteil vom 12. März 2008 – 3 StR 433/07
In einer weiteren Entscheidung[512] treffen der Angeklagte, die Staatsanwaltschaft und das Gericht in der Hauptverhandlung folgende Übereinkunft: Der Angeklagte gesteht die angeklagten Taten 1 und 2. Die angeklagte Tat 3 wird eingestellt, § 154 Abs. 2 StPO. Die Strafobergrenze wurde auf zwei Jahre festgelegt. Die Vollstreckung der Freiheitsstrafe soll nicht zur Bewährung ausgesetzt werden, so die Absprache.

Nachdem der Angeklagte die Taten 1 und 2 eingeräumt hatte, wechselte er den Verteidiger. Dieser erklärte am folgenden Hauptverhandlungstag, sein Mandant werde Rechtsmittel einlegen, falls die Vollstreckung der Freiheitsstrafe nicht zur Bewährung ausgesetzt werde. Das Gericht und die Staatsanwaltschaft fühlten sich nicht mehr an die Absprache gebunden. Der Angeklagte wurde schließlich unter Einbeziehung der Tat 3 zu einer Jugendstrafe von drei Jahren verurteilt.

In der Revisionsentscheidung stellte der BGH aufgrund einer Verfahrensrüge[513] klar, dass es den Prozessbeteiligten freistehe, trotz konsensualer Absprache ein Rechtsmittel einzulegen. Aus diesem Grund darf sich kein Prozessbeteiligter von dem gesetzten Vertrauenstatbestand lösen.[514] Der BGH stellte zudem fest, dass das unrechtmäßige Abweichen von einer Zusage einen Strafmilderungsgrund darstellt.[515] Des Weiteren änderte das Revisionsgericht gem. § 354 Abs. 1 StPO analog den Strafausspruch von drei auf zwei Jahren Freiheitsstrafe und verwies die Sache zurück, um über die Strafaussetzung zur Bewährung zu befinden.[516] Der BGH erkannte in der Vorgehensweise des Tatgerichts einen Verstoß gegen den Grundsatz des fairen Verfahrens, Art. 6 Abs. 1 S. 1 MRK und des Rechtsstaatsgebots, Art. 20 Abs. 3 GG.[517] Ferner stellte der BGH fest, der Verstoß wiege nicht so schwer, um ein Verfahrenshindernis zu bejahen.[518] Der Senat hat die Strafe von drei auf zwei Jahren reduziert, „(…) die Strafe, die das Landgericht nach der getroffenen Absprache höchstens hätte verhängen dürfen."[519] Der BGH stellt den Angeklagten mithin (fast) so als wäre die ursprüngliche Entscheidung absprachegemäß zustande gekommen. Diesem Vorgehen steht jedoch der Gedanke entgegen, dass der Tatrichter für die Be-

[510] BGH Urt. v. 18. April 1990 – 3 StR 252/88 Rdn. 6, 10 f.

[511] BGH Urt. v. 18. April 1990 – 3 StR 252/88 Rdn. 7.

[512] BGH Urt. v. 12. März 2008 – 3 StR 433/07 Rdn. 3.

[513] BGH Urt. v. 12. März 2008 – 3 StR 433/07 Rdn. 4; vgl. zu den Feststellungen einer Absprache im Freibeweisverfahren BGH Beschl. v. 19. Oktober 1999 – 4 StR 86/99 Rdn. 3 ff.

[514] BGH Urt. v. 12. März 2008 – 3 StR 433/07 Rdn. 9 f.

[515] BGH Urt. v. 12. März 2008 – 3 StR 433/07 Rdn. 17.

[516] BGH Urt. v. 12. März 2008 – 3 StR 433/07 Rdn. 21 f.

[517] BGH Urt. v. 12. März 2008 – 3 StR 433/07 Rdn. 15.

[518] BGH Urt. v. 12. März 2008 – 3 StR 433/07 Rdn. 17.

[519] BGH Urt. v. 12. März 2008 – 3 StR 433/07 Rdn. 21.

gehung der Taten 1 und 2 zwei Jahre Freiheitsstrafe zugrunde gelegt hat. Dies entsprach seiner Bestimmung des Spielraums und seiner konkreten Festlegung. Demgegenüber bemisst der BGH drei Taten mit zwei Jahren in Ansehung der Absprache. Diese Absprache hat aber gerade die Tat 3 nicht einbezogen.

Die Anerkennung solchen Verhaltens als Verfahrenshindernis mit der Folge, dass die betroffene Tat nicht weiterverfolgt werden dürfte, erscheint vorzugswürdig. Es ist ein wertender Akt, den anerkannten Verstoß gegen den Grundsatz des fairen Verfahrens als Verfahrenshindernis einzustufen, zumal in vielen Fällen der „Schaden" (z. B. Prozesserklärungen) nicht mehr wiedergutzumachen ist. Ferner würde somit auch nicht noch tiefer in die Domäne der Strafzumessung als ureigene Aufgabe des Tatrichters – hier sogar durch Analogie – eingegriffen.

Literatur

Bruns, M., & Güntge, G.-F. (2019). *Das Recht der Strafzumessung*, 3. Aufl.

Detter, K. (2022). Zum Strafzumessungsrecht Teil 1/2. *NStZ*, 150.

Deutscher Bundestag. (2008). *Verurteilungen wegen überlanger Gerichtsverfahren gegen die Bundesrepublik Deutschland vor dem Europäischen Gerichtshof für Menschenrechte, (WD 2 – 3000 – 190/07).*

Diemer, H. (2023). *Karlsruher Kommentar zur StPO*, 9. Aufl.

Fischer, T. (2024). *Kommentar zum Strafgesetzbuch*, 71. Aufl.

Gericke, J. (2023). *Karlsruher Kommentar zur StPO*, 9. Aufl.

Herbst, K.-U., & Plüür, G. (2008). Rechtsmittel gegen die streitige Adhäsionsentscheidung im Urteil. *HRRS*, 250.

Krumm, C. (2010). Die BAK-Bestimmung anhand von Trinkmengen. *NJW*, 1577.

Küpper, W. (2006). Im Dickicht der Beteiligung an Mord und Totschlag. *JZ*, 1157.

Li, Y. (2023). Die Rechtsfolgen der Tat. In Y. Li & F. Ruppert (Hrsg.) *Die Tagessatzhöhe bei vermögenslosen und sehr vermögenden Verurteilten.*

Lohse, K., & Jakobs S. (2023). *Karlsruher Kommentar zur EMRK*, 9. Aufl.

Malek, K. (2015). *Betäubungsmittelstrafrecht*, 4. Aufl.

Meier, B.-D. (2019). *Strafrechtliche Sanktionen,* 5. Aufl.

Meyer-Goßner, L., & Appl E. (2021). *Die Urteile in Strafsachen*, 30. Aufl.

Schäfer, G., Sander, G., & van Gemmeren, G. (2017). *Praxis der Strafzumessung*, 6. Aufl.

Schmitt, B. (2024). *Meyer-Goßner, Lutz/Schmitt, Bertram Kommentar zur Strafprozessordnung*, 67. Aufl.

Stegbauer, A. (2019). *Das Urteil in Straf- und Bußgeldsachen*, 4. Aufl.

6 Entscheidungsmöglichkeiten des Revisionsgerichts

6.1 Aufhebung und Zurückverweisung

Dem Revisionsgericht stehen zur abschließenden Entscheidung der Beschluss oder das Urteil zur Verfügung. Das Urteil erfolgt nach mündlicher Hauptverhandlung vor dem Bundesgerichtshof oder dem Oberlandesgericht. Der Beschluss ergeht nach Beratung des Senats ohne Hauptverhandlung. Das Revisionsgericht kann die Revision als offensichtlich unbegründet durch Beschluss verwerfen, wenn der Senat einstimmig die Unbegründetheit und die Offensichtlichkeit festgestellt hat und die Staatsanwaltschaft einen Antrag auf Verwerfung gestellt hat. Liegen diese Voraussetzungen nach § 349 Abs. 2 und 3 StPO vor, bedarf der Beschluss keiner Begründung.[1] Eine Hauptverhandlung wird durchgeführt, wenn das Abstimmungsergebnis im Senat nicht einstimmig ist[2] oder die Staatsanwaltschaft Revision eingelegt hat. Legt der Angeklagte oder sein Verteidiger Revision ein, kann eine mündliche Hauptverhandlung angesetzt werden, wenn z. B. ungeklärte entscheidungserhebliche Rechtsfragen diskutiert werden sollen, um diese Erörterungen gegebenenfalls bei der Entscheidungsfindung berücksichtigen zu können.[3]

Ausnahmsweise kommt eine Teilentscheidung in Betracht. Danach kann über einen Teil der Revision entschieden werden, während über den anderen Teil zu einem späteren Zeitpunkt eine Entscheidung ergeht. Dies gebietet z. B. in Haftsachen das „Zügigkeitsgebot" aus Art. 6 Abs. 1 S. 1 MRK. Instruktiv ist der Beschluss des BGH vom 22. Juli 2004 – 5 StR 241/04: Hier hat der Bundesgerichtshof verschiedene Fälle gem. § 154 Abs. 2 StPO eingestellt, den Gesamtstrafenausspruch aufgehoben und an eine andere Kammer des Landgerichts zurückverwiesen, zwei

[1] vgl. zu den Entscheidungsmöglichkeiten des Revisionsgerichts Gericke (2023), § 349 Rdn. 1 f; BGH Beschl. v. 8. Oktober 2019 – 2 StR 101/18 Rdn. 4 m. w. N.

[2] Schmitt (2024), § 349 Rdn. 11

[3] BGH Beschl. v. 24. Januar 2001 – 3 StR 389/00 Rdn. 5

A. Hohnel, *Die Strafzumessung in der Revision*,
https://doi.org/10.1007/978-3-662-66688-3_6

Fälle hat der Bundesgerichtshof abgetrennt und die weitergehende Revision als unbegründet verworfen. Vorstehende Entscheidung konnte aufgrund einer teilweise erfolgreichen Sachrüge getroffen werden. Die Abtrennung erfolgte in dieser Haftsache, da eine unvorhersehbare lange Verfahrensverzögerung im Raum stand.[4] Offen war, ob hier ein Verfahrenshindernis aus Art. 54 SDÜ (ne bis in idem) zur Anwendung kommt. Diesbezüglich bestand „weiterer tatsächlicher Aufklärungsbedarf"[5] und eine Vorlage an den Gerichtshof der Europäischen Gemeinschaften schien überdies wahrscheinlich.

Liegt in der Revision ein Verfahrenshindernis vor, wird der davon betroffene Teil eingestellt. Ist z. B. nur eine Tat angeklagt und das Revisionsgericht stellt fest, diese ist verjährt, so wird das Verfahren (insgesamt) eingestellt.[6] Liegen dem angefochtenen Urteil mehrere Taten, die in Tateinheit nach § 52 StGB zueinanderstehen, zugrunde und ist hier nur eine Tat verjährt oder fehlt z. B. für eine Tat ein Strafantrag, so wird nur der Teil eingestellt, der von dem Verfahrenshindernis betroffen ist.[7] Entsprechendes gilt für Taten, die in Tatmehrheit nach § 53 StGB zueinanderstehen.[8]

Denkbar ist zudem, dass ein Verfahrenshindernis für einen Angeklagten besteht, nicht jedoch für einen Mittäter.

Beispiel

Ein Angeklagter wurde für die Kurierfahrt von den Niederlanden über Deutschland nach Italien schon einmal in Italien verurteilt. Dann steht einer erneuten Verurteilung in Deutschland wegen derselben Tat im prozessualen Sinne der Grundsatz ne bis in idem, in der konkreten Ausgestaltung des Art. 54 SDÜ, entgegen. Während die Bestrafung des Mittäters, der für diese Tat noch nicht bestraft wurde, von dem Verfahrenshindernis seines Komplizen unberührt bleibt.[9] ◀

Dem Revisionsgericht ist es zudem gestattet unter Opportunitätsgesichtspunkten Taten nach § 153 Abs. 2 StPO oder § 153a Abs. 2 StPO (vorläufig) einzustellen sowie den Prozessstoff nach § 154 Abs. 2 StPO oder § 154a Abs. 2 StPO vorläufig einzustellen und zu beschränken. Mit diesen Möglichkeiten an der Hand, kann das Revisionsgericht das Verfahren vereinfachen und beschleunigen.[10]

[4] vgl. zur Teilentscheidung in der Revision und Zügigkeitsgebot nach Art. 6 Abs. 1 S. 1 MRK, BGH Beschl. v. 5. April 2017 – 5 StR 50/17 Rdn. 3

[5] BGH Beschl. v. 22. Juli 2004 – 5 StR 241/04 Rdn. 9

[6] BayObLG Beschl. v. 30. September 2021 – 201 ObOWi 1165/21 Rdn. 2

[7] BGH Beschl. v. 24. Mai 2022 – 2 StR 394/21 Rdn 11 ff.; OLG Nürnberg Beschl. v. 29. Januar 2015 – 1 OLG 8 Ss 99/14 Rdn. 5 f; KG Berlin Beschl. v. 25. Oktober 2000 – (4) 1 Ss 293/00

[8] BGH Urt. v. 11. September 2007 – 5 StR 213/07

[9] ähnlicher Sachverhalt: OLG Brandenburg Beschl. v. 26. Januar 2012 – 2 Ws 20/12; KG Berlin Beschl. v. 30. Januar 2023 – 3 Ws 4/23

[10] BT-Drucks. 18/11277, S. 14, 29 f

Erachtet das Revisionsgericht die Revision für begründet, hebt es das Urteil auf. Das Wort „soweit begründet, ist aufzuheben" in § 353 Abs. 1 StPO eröffnet die Möglichkeit, Teile der angefochtenen Entscheidung soweit sie rechtsfehlerfrei sind, bestehen zu lassen und andere aufzuheben. Bezogen auf die Strafzumessung bedeutet dies, dass der Schuldspruch bestehen bleiben kann, während etwa der unzutreffende Rechtsfolgenausspruch aufgehoben wird.[11] § 353 Abs. 2 StPO verpflichtet das Revisionsgericht auch eine Entscheidung über die Feststellungen in dem angefochtenen Urteil zu treffen. Nach der Rechtsprechung soll das angefochtene Urteil aus Gründen der Beschleunigung und des schonenden Umgangs mit Ressourcen den „größtmöglichen" Bestand behalten.[12]

Bei dieser Abwägung gelten die Grundsätze der Trennbarkeit und der Widerspruchsfreiheit. Es ist stets im Einzelfall zu prüfen. Trennbarkeit ist möglich, „(...) wenn die verbleibenden Beschwerdepunkte sich auf Entscheidungsteile beziehen, die nach dem inneren Zusammenhang des Urteils losgelöst von seinem nicht angegriffenen Teil rechtlich und tatsächlich selbstständig beurteilt werden können, ohne eine Prüfung der Entscheidung im Übrigen erforderlich zu machen."[13] Es ist stets im Einzelfall zu prüfen, ob Urteilsfeststellungen isoliert einen Sinn ergeben, eine Subsumtion ermöglichen, die den Schuldspruch oder Rechtsfolgenausspruch (noch) tragen oder ob die Argumentation bei Wegfall eines Teils juristisch nicht mehr nachvollziehbar ist.[14] Typisch für eine teilweise Aufhebung ist die Trennung von Schuld- und Rechtsfolgenausspruch. Im Rahmen der Feststellungen zum Schuldspruch kann zwischen den „Feststellungen zum äußeren Tathergang" und der „inneren Einstellung des Täters" getrennt werden.

Hebt das Revisionsgericht den Rechtsfolgenausspruch auf, weil rechtsfehlerhafte Feststellungen hierzu getroffen wurden, ist der Rechtsfolgenausspruch mit den dazugehörigen Feststellungen aufzuheben.[15] Der neue Tatrichter darf an dieser Stelle neue Feststellungen treffen, allerdings dürfen diese neuen Feststellungen nicht im Widerspruch zu dem bereits in Rechtskraft erwachsenen Teil des Urteils stehen, denn das Urteil soll eine „aus zwei Erkenntnissen zusammengefügte Gesamtentscheidung frei von inneren Widersprüchen" sein.[16]

Für die Kostenentscheidung kann folgender Umstand Bedeutung erlangen: War die Revision auf die Strafzumessung beschränkt und dringt die Rüge durch, so hat die Revision in vollem Umfang Erfolg. Hat der Revisionsführer nicht beschränkt

[11] BGH Urt. v. 19. Januar 2017 – 4 StR 443/16 Rdn. 7

[12] BVerfG Nichtannahmebeschl. v. 3. Februar 2006 – 2 BvR 1765/05 Rdn. 6 f

[13] HansOLG Beschl. v. 9. Juni 2021 – 2 Rev 8/21 Rdn. 11 m. w. N.

[14] OLG Brandenburg Urt. v. 10. August 2022 – 1 OLG 53 Ss 65/22 Rdn. 10 ff.

[15] BGH Beschl. v. 17. Januar 2023 – 4 StR 229/22; OLG Karlsruhe Urt. v. 18. Januar 2023 – 2 Rv 34 Ss 589/22; möglich ist auch, dass der Strafausspruch aufgehoben wird und die Feststellungen bestehen bleiben OLG Zweibrücken Urt. v. 13. Februar 2023 – 1 ORs 2 Ss 1/23 Rdn. 14

[16] HansOLG Beschl. v. 9. Juni 2021 – 2 Rev 8/21 – 1 Ss 12/21 Rdn. 11; BGH Beschl. v. 17. März 2022 – 2 StR 157/21 Rdn. 17

und hat z. B. die allgemeine Sachrüge erhoben, die zur Aufhebung der Rechtsfolgenentscheidung führt, hat die Revision einen Teilerfolg erzielt.[17]

Aber auch innerhalb des Rechtsfolgenausspruchs kann nochmal differenziert werden. Einerseits ist es möglich den Rechtsfolgenausspruch insgesamt aufzuheben, besteht aber die Möglichkeit, dass Teile der Strafe von anderen trennbar sind, die rechtsfehlerfrei zustande gekommen sind und auch isoliert Bestand haben können, bleiben diese aufrechterhalten.[18] Dies ist z. B. denkbar, wenn eine Freiheitsstrafe fehlerfrei bemessen wurde und die angeordnete Entziehung der Fahrerlaubnis allerdings zu Unrecht erging. Die Trennbarkeit von Rechtsfolgen ist ebenfalls stets eine Einzelfallprüfung und das Maß der Aufhebung ist in der Revisionsentscheidung deutlich zu erklären.[19]

Ist die Revision unzulässig, so wird sie im Tenor als unzulässig verworfen. Enthält das angefochtene Urteil keinen Rechtsfehler zum Nachteil des Angeklagten wird die unbegründete Revision ebenfalls verworfen. Zulässig ist auch eine Schuldspruchänderung und sodann wird die Revision verworfen.[20] Eine Schuldspruchänderung zulasten des Angeklagten ist zulässig, wenn Revision zu seinen Ungunsten eingelegt wurde – etwa durch die Staatsanwaltschaft – ein rechtlicher Hinweis, § 265 StPO in der Instanz nicht erforderlich war, der Sachverhalt erschöpfend geklärt wurde und lediglich ein Subsumtionsfehler vorliegt.[21]

Jeder Verteidiger kennt die Situation, auf eine umfangreiche und sorgfältig gefertigte Revisionsschrift antwortet das Revisionsgericht: „Offensichtlich unbegründet“. Es empfiehlt sich, den Mandanten bei Mandatsbegründung auf diese „Redewendung“ hinzuweisen. Das Bundesverfassungsgericht definiert wie folgt:

Eine Revision ist offensichtlich unbegründet, „wenn für jeden Sachkundigen ohne längere Prüfung erkennbar ist, dass das Urteil in sachlich-rechtlicher Hinsicht keine Fehler aufweist und die Revisionsrügen des Beschwerdeführers dem Rechtsmittel nicht zum Erfolg verhelfen können (...).“[22]

Zuweilen betreffen Tatsachenfeststellungen den Schuldspruch und den Rechtsfolgenausspruch; man spricht von doppelrelevanten Tatsachen.[23] Wird nun lediglich der Rechtsfolgenausspruch samt seinen Feststellungen aufgehoben und erwächst der Schuldspruch mit seinen Feststellungen in Rechtskraft, so entsteht eine sog. horizontale Teilrechtskraft.[24] D. h. diese rechtskräftigen Feststellungen dürfen im

[17] BGH Urt. v. 27. August 2009 – 3 StR 250/09 Rdn. 7

[18] BGH Urt. v. 27. August 2009 – 3 StR 250/09 Rdn. 7 f

[19] BGH Urt. v. 27. August 2009 – 3 StR 250/09 Rdn. 7

[20] BGH Beschl. v. 14. Februar 2024 – 2 StR 373/23 kein Verstoß gegen § 358 StPO, Verbot der reformatio in peius

[21] OLG Frankfurt Urt. v. 6. Juli 2020 – 3 Ss 107/20 Rdn. 16

[22] BVerfG Nichtannahmebeschl. v. 21. Januar 2002 – 2 BvR 1225/01 Rdn. 11

[23] BGH Beschl. v. 9. November 2022 – 4 StR 383/22 Rdn. 5; BGH Urt. v. 14. Januar 1982 – 4 StR 642/81; vgl. zu doppeltrelevanten Tatsachen im Verhältnis Strafe und Maßregel BGH Urt. v. 23. November 2022 – 2 StR 305/22 Rdn. 17; BGH Urt. v. 19. Januar 2017 – 4 StR 443/16

[24] BGH Beschl. v. 27. Oktober 2022 – 4 StR 416/21 Rdn. 5

Zusammenhang mit der Korrektur des Rechtsfolgenausspruchs nicht verändert werden; es dürfen keine widersprüchlichen Feststellungen getroffen werden. In Teilrechtskraft erwachsen in der vorbezeichneten Konstellation die „Feststellungen zum Tatgeschehen im Sinne eines geschichtlichen Vorgangs und die Tatsachen, aus denen der Beweis abgeleitet wird."[25] Die Doppelrelevanz von Tatsachen ist eine Frage des Einzelfalles.[26]

Der neue Tatrichter ist an die in Rechtskraft erwachsenen Teile des angefochtenen Urteils gebunden.[27] Verstößt er hiergegen kommen Verfahrensrügen nach § 353 Abs. 2 StPO und § 261 StPO in Betracht. Aber auch die Sachrüge dürfte sodann erfolgreich sein. Die Bindungswirkung ist weitreichend: Wird ein Urteil ausschließlich wegen fehlerhafter Strafzumessung aufgehoben, so ist dem neuen Tatrichter „eine Beweisaufnahme über Behauptungen, die den Schuldspruch tragen und damit bindenden Feststellungen in Zweifel ziehen könnten" verwehrt.[28]

Wird ein Urteil lediglich im Strafausspruch mit seinen Feststellungen aufgehoben, der Schuldspruch rechtskräftig, sind die aufgehobenen Feststellungen nicht mehr existent; d. h. der neue Tatrichter darf auf die „alten" Feststellungen weder verweisen noch Bezug nehmen.[29] Der neue Tatrichter müsste etwa die persönlichen Verhältnisse des Angeklagten erneut feststellen.[30] Ein Verstoß hiergegen begründet einen sachlich-rechtlichen Fehler.[31]

6.2 Eigene Sachentscheidung, § 354 StPO

§ 354 Abs. 1 StPO erlaubt dem Revisionsgericht eine eigene Entscheidung in der Sache zu treffen. Dies stellt eine Ausnahme dar, in der Regel wird ein Urteil aufgehoben und die Sache zur erneuten Entscheidung zurückverwiesen, § 354 Abs. 2 StPO. Grundsätzlich gilt nach § 337 StPO, liegt ein Rechtsfehler vor und beruht das Urteil darauf, so ist aufzuheben und die Sache zurückzuverweisen. § 354 Abs. 1 StPO spezifiziert diese Verfahrensweise wie folgt:

1. Das Revisionsgericht erkennt eine Gesetzesverletzung, die auf der Anwendung des festgestellten Sachverhalts im Urteil beruht.[32]
2. Weitere Feststellungen sind nicht erforderlich[33]

[25] KG Berlin Beschl. v. 15. Dezember 2021 – (5) 121 Ss 150/21 (48/21) Rdn. 19

[26] KG Berlin Beschl. v. 9. April 2020 – (5) 121 Ss 1/20 (12/20) Rdn. 24

[27] BGH Beschl. v. 15. November 2018 – 3 StR 463/18 Rdn. 5

[28] BGH Urt. v. 24. März 1981 – 1 StR 688/80 Rdn. 19

[29] BGH Beschl. v. 22. August 2018 – 3 StR 128/18 Rdn. 5 ff.

[30] BGH Beschl. v. 9. März 2021 – 6 StR 48/21 Rdn. 7

[31] BGH Beschl. v. 24. Oktober 2019 – 4 StR 528/19 Rdn. 3; BGH Beschl. v. 22. August 2018 – 3 StR 128/18 Rdn. 15

[32] BGH Beschl. v. 19. August 2021 – 5 StR 238/21

[33] BGH Beschl. v. 19. August 2021 – 5 StR 238/21

3. Anhand des festgestellten Sachverhalts des Tatgerichts kann das Revisionsgericht folgende Entscheidung treffen:[34]
   - Freispruch
   - Einstellung aufgrund eines Prozesshindernisses
   - Absolut bestimmte Strafe (lebenslänglich)
   - Die gesetzlich niedrigste Strafe auf Antrag der Staatsanwaltschaft festsetzen
   - Absehen von Strafe

Beispiel

In der Entscheidung BGH Urteil vom 2. November 2011 – 2 StR 375/11 hat der 2. Senat eine Verurteilung wegen Mordes zu lebenslanger Freiheitsstrafe durch das Landgericht aufgehoben und den Angeklagten freigesprochen. Das Landgericht verneinte u. a. die Voraussetzungen der Notwehr i. S. v. § 32 StGB. Der BGH demgegenüber stellte fest, dass die Ausführungen in der schriftlichen Urteilsbegründung einen Erlaubnistatbestandsirrtum gerade belegen und selbst eine fahrlässige Tötung nach den Urteilsfeststellungen nicht vorliegt. Der Angeklagte wurde unverzüglich aus der Haft entlassen. ◀

Das Justizmodernisierungsgesetz aus dem Jahr 2004 hat die Möglichkeit, ein Urteil trotz Rechtsfehler in der Strafzumessung zu halten „behutsam erweitert"[35] § 354 Abs. 1a S. 1 StPO erlaubt eine Revision trotz eines Mangels in der Strafzumessung zu verwerfen, wenn die Rechtsfolge „angemessen" ist. Ein Beruhen i. S. v. § 337 Abs. 1 StPO ist hier keine Voraussetzung mehr.[36]

Darüber hinaus darf das Revisionsgericht, wenn die Staatsanwaltschaft dies beantragt, die Rechtsfolgen angemessen herabsetzen. Das Revisionsgericht entscheidet dann durch Urteil. Der Antrag der Staatsanwaltschaft entfaltet keine Bindungswirkung an ein eventuelles Strafmaß, er ist lediglich eine Art Zulässigkeitsvoraussetzung um nach § 354 Abs. 1a S. 2 StPO überhaupt vorgehen zu können. Die Anwendung des § 354 Abs. 1a S. 2 StPO ist nicht zwingend, sondern liegt im Ermessen;[37] es darf also auch aufheben und zurückverweisen

§ 354 Abs. 1b S. 1 StPO greift, wenn ein Fehler im Zusammenhang mit der Gesamtstrafenbildung festgestellt wird. Dann kann das Revisionsgericht beschließen, dass der neue Tatrichter lediglich durch Beschluss die Gesamtstrafe neu zu bilden hat. Es soll damit eine „kostenintensive Hauptverhandlung"[38] vermieden werden. Gegen den Beschluss des neuen Tatgerichts ist die sofortige Beschwerde, § 462 Abs. 3 StPO statthaft. § 354 Abs. 1b S. 2 StPO verbindet die Möglichkeit des § 354

[34] Schmitt (2024), § 354 Rdn. 2 ff.
[35] BT-Drucks. 15/3482, S. 22
[36] BT-Drucks. 15/3482, S. 21 f; BVerfG Beschl. v. 14. Juni 2007 – 2 BvR 136/05 Rdn. 8, 74 ff.
[37] BVerfG Beschl. v. 14. Juni 2007 – 2 BvR 1447/05 Rdn. 109
[38] BT-Drucks. 15/3482, S. 22

Abs. 1, 1a mit 1b StPO. D. h. im Rahmen der Gesamtstrafenbildung ist mindestens ein Fehler enthalten. Das Revisionsgericht kann den Fehler i. S. v. Abs. 1 oder 1b selbst korrigieren und die Sache zur erneuten Gesamtstrafenbildung an das Tatgericht, das nach § 462a StPO zuständig ist, verweisen. Das Tatgericht entscheidet durch Beschluss und bezieht dabei die modifizierte Einzelstrafe in die Gesamtstrafe ein.

Grundsätzlich ist Strafzumessung „ureigene" Aufgabe des Tatrichters. Die vorbezeichneten Ausnahmen verlangen jedoch vom Revisionsgericht eine eigene Strafe zu bestimmen, obwohl es keinen persönlichen Eindruck vom Angeklagten hat und den Fall nur durch das Urteil und das Protokoll kennengelernt hat.[39] Das BVerfG hat § 354 Abs. 1a S. 1 StPO als verfassungskonform bewertet und Voraussetzungen zur Handhabung aufgestellt:

- Danach muss ein vollständiger und aktueller Strafzumessungssachverhalt vorliegen.[40]
- Außerdem muss das Revisionsgericht den Angeklagten über die angedachte Vorgehensweise mit Begründung informieren und es muss ihm Gelegenheit geben sich hierzu schriftlich zu äußern.[41]

Hinweis und Anhörung dienen u. a. dem Gebot von Verfassungsrang des schuldangemessenen Strafens.[42] Durch die abschließende Aufzählung von fünf Entscheidungsmöglichkeiten des Revisionsgerichts in § 354 Abs. 1 StPO sollen die Kompetenzen zwischen Tat- und Revisionsgericht trennscharf an dieser Stelle gekennzeichnet werden. Die Unterscheidung von Tat- und Rechtsfrage bestimmt das Wesen der Revision. Die Regelungen der §§ 354 Abs. 1a, 1b StPO verschieben jedoch die Grenzen der Revision in das Gebiet des Tatrichters.[43] Die Legitimation wird dem Grundgesetz entnommen, das Motiv ist Ökonomie.

6.3 Reformatio in peius

Legt nur der Angeklagte Revision ein, kann er sich verbessern oder sein Urteil gilt unverändert fort – eine Verschlechterung ist ausgeschlossen,[44] § 358 Abs. 2 StPO. Ohne diese Regelung würden wohl viele Angeklagte niemals Revision einlegen, da sie im Rahmen ihrer Abwägung riskieren müssten am Ende „noch schlechter" dazustehen. Dieser Konflikt wird dem Angeklagten durch § 358 Abs. 2 StPO genommen. Das Verbot der Schlechterstellung gilt jedoch nicht, wenn die

[39] BVerfG Beschl. v. 14. Juni 2007 – 2 BvR 1447/05 Rdn. 74 ff.

[40] BVerfG Beschl. v. 14. Juni 2007 – 2 BvR 1447/05 Rdn. 92

[41] BVerfG Beschl. v. 14. Juni 2007 – 2 BvR 1447/05 Rdn. 95 ff.

[42] BVerfG Beschl. v. 14. Juni 2007 – 2 BvR 1447/05 Rdn. 102

[43] vgl. ähnlich BVerfG Nichtannahmebeschl. v. 7. Januar 2004 – Rdn. 15 ff.

[44] BGH Beschl. v. 9. März 2021 – 6 StR 48/21 Rdn. 5 f

Staatsanwaltschaft zu Ungunsten des Angeklagten Revision einlegt. Hier ist oftmals das Ziel, eine höhere Bestrafung zu erreichen. § 358 StPO ist nicht verletzt, wenn lediglich der Schuldspruch erschwert wird.[45] Demgegenüber darf ein einmal auch zu Unrecht erlangter Vorteil, etwa im Zusammenhang mit der Gesamtstrafenbildung, dem Angeklagten nicht entzogen werden.[46]

Eine Besonderheit gilt im Zusammenhang mit dem Maßregelvollzug: Wurde etwa von einer Unterbringung nach §§ 63, 64 StGB abgesehen und eine Strafe ausgeurteilt, so ist es nach § 358 Abs. 2 S. 3 StPO kein Verstoß gegen das Verschlechterungsverbot, wenn der neue Tatrichter von Strafe absieht oder sie bestehen lässt und eine Unterbringung (zusätzlich) anordnet.[47] § 358 Abs. 2 S. 2 StPO gestattet nach einer Aufhebung der Unterbringung in einem psychiatrischen Krankenhaus eine Strafe zu verhängen. Dies ist der Fall, wenn sich in der erneuten Hauptverhandlung die Schuldfähigkeit des Angeklagten im Zeitpunkt der Tat herausstellt.[48] Manch ein Angeklagter bevorzugt die Haft gegenüber einer Unterbringung in einem Krankenhaus und wünscht gleichwohl eine niedrigere Strafe. In einer derartigen Konstellation soll es dem Angeklagten grundsätzlich möglich sein, die Nichtanwendung des § 63 StGB oder § 64 StGB von seiner Revision ausnehmen zu können.[49]

Es wäre ein Verstoß gegen das Verschlechterungsverbot, wenn der neue Tatrichter erstmalig eine Sperrfrist nach § 69a StGB anordnen würde. Allerdings ist es zulässig, nachträglich die Entziehung der Fahrerlaubnis anzuordnen, wenn im angefochtenen Urteil die zwingenden Voraussetzungen des § 69 Abs. 3 S. 2 StGB bejaht wurden; eine Nachholung verstößt nicht gegen das Verschlechterungsverbot.[50] Eine Verschlechterung i. S. v. § 358 Abs. 2 StPO wäre es, nach Ablehnung der Voraussetzungen der §§ 63, 64 StGB, stattdessen eine Sicherungsverwahrung anzuordnen.

Verstößt der neue Tatrichter gegen das Verschlechterungsverbot, so wird in der neuerlichen Revision das Urteil aufgrund eines Verfahrenshindernisses aufgehoben. Nach einer Urteilsaufhebung durch das Revisionsgericht darf der neue Tatrichter dieselbe Strafe verhängen wie der ursprüngliche Tatrichter, wenn er nach Korrektur des Rechtsfehlers zu einer entsprechenden Überzeugung gelangt. Allerdings muss er diese Identität im Strafmaß „eingehend" begründen.[51] Dies gilt im besonderen Maß, wenn in dem folgenden Urteil neue Strafmilderungsgründe festgestellt wer-

[45] BGH Beschl v. 30. November 2022 – 3 StR 230/22 Rdn. 66; BGH Beschl. v. 7. September 2022 – 3 StR 165/22 Rdn. 30

[46] BGH Beschl. v. 12. Juli 2022 – 3 StR 121/22 Rdn. 11; BGH Beschl. v. 24. November 2020 – 3 StR 360/20

[47] BGH Urt. v. 13. April 2022 – 2 StR 310/21

[48] BGH Beschl. v. 29. April 2014 – 3 StR 171/14 Rdn. 13; LG Köln Urt. v. 19. Juni 2020 – 322 Ns 17/20 Rdn. 20

[49] BGH Beschl. v. 11. April 2022 – 4 StR 445/21 Rdn. 5; BGH Urt. v. 7. Oktober 1992 – 2 StR 374/92; BGH Beschl. v. 22. Juli 1971 – 4 StR 184/71; HansOLG Beschl. v. 9. Juni 2021 – 2 Rev 8/21 -1 Ss 12/21 Rdn. 7 ff.

[50] vgl. zur Wechselwirkung von Entziehung der Fahrerlaubnis und Fahrverbot KG Berlin Urt. v. 10. Dezember 2021 – (3) 161 Ss 113/21 Rdn. 15 f

[51] BGH Beschl. v. 8. Juli 2020 – 1 StR 196/20 Rdn. 6

den und trotzdem dieselbe Strafe ausgeurteilt werden soll.[52] Auch bei Wegfall eines Strafschärfungsgrundes und Festsetzung einer gleich hohen Strafe ist eine besondere Begründung erforderlich.[53]

6.4 Anhörungsrüge, § 356a StPO

§ 356a StPO geht auf einen Plenarbeschluss des BVerfG vom 30. April 2003 – 1 PBvU 1/02 zurück. Danach muss jede Verfahrensordnung mindestens eine geschriebene Regelung vorsehen, die eine Prüfung der Verletzung des rechtlichen Gehörs durch ein Fachgericht – und nicht sogleich durch das BVerfG – ermöglicht. Entsprechende Vorschriften existierten bereits,[54] z. B. § 321a ZPO, §§ 33a, 311a StPO.

Die Lücke für das strafrechtliche Revisionsverfahren soll § 356a StPO schließen; im Ordnungswidrigkeitenverfahren gilt § 356a StPO i. V. m. §§ 46 Abs. 1, 79 Abs. 3 OWiG.[55] Für das JGG verschaffen die §§ 2, 55 Abs. 4 JGG der Anhörungsrüge Geltung. Das rechtliche Gehör ist im Revisionsverfahren verletzt, wenn Verfahrensstoff einbezogen wurde, zu dem der Revisionsführer nicht gehört wurde oder zu berücksichtigender Vortrag unbeachtet blieb.[56] Nach BT-Drucks. 15/3706, S. 17 könnte dies der Fall sein, wenn über die Revision entschieden wird, obwohl die Frist zur Gegenerklärung i. S. v. § 349 Abs. 3 S. 2 StPO noch nicht abgelaufen war oder die Gegenerklärung dem Angeklagten nicht zugestellt wurde oder der Termin zur Hauptverhandlung nicht oder nicht rechtzeitig mitgeteilt wurde. Eine erfolgreiche Anhörungsrüge durchbricht die Rechtskraft.[57]

Rechtliches Gehör i. S. v. Art. 103 Abs. 1 GG ist nicht augenblicklich verletzt, wenn ein Beschluss nach § 349 Abs. 2 StPO ergeht; die Formel „Die Revision wird als offensichtlich unbegründet verworfen“ bedeutet nicht zugleich, dass Prozessstoff übergangen wurde.[58] Rechtliches Gehör ist in ausreichendem Maße gewährt, wenn dem Revisionsführer die Antragsschrift der Staatsanwaltschaft beim Revisionsgericht, § 349 Abs. 3 S. 1 StPO übermittelt wurde und dieser mithin die Gelegenheit zur Gegenerklärung, § 349 Abs. 3 S. 2 StPO hatte.

Entscheidungserheblich ist eine Verletzung des rechtlichen Gehörs, wenn das Urteil oder der Beschluss des Revisionsgerichts ohne den Fehler anders ausgefallen wären.[59] Zur Auslegung des Begriffs „entscheidungserheblich“ kann die Recht-

[52] BGH Beschl. v. 8. Juli 2020 – 1 StR 196/20

[53] BGH Beschl. v. 5. Dezember 2023 – 2 StR 446/23

[54] vgl. BT-Drucks. 15/3709, S. 13

[55] BT-Drucks. 15/3709, S. 14

[56] BGH Beschl. v. 3. April 2024 – 6 StR 11/24 Rdn. 4; BGH Beschl. v. 11. Januar 2023 – 1 StR 389/22 Rdn. 3; BGH Beschl. v. 4. Februar 2021 – 1 StR 143/20 Rdn. 4

[57] BGH Beschl. v. 19. März 2024 – 3 StR 141/23 Rdn. 4; BGH Beschl. v. 9. November 2020 – 4 StR 597/19 Rdn. 6 f

[58] BGH Beschl. v. 24. Oktober 2005 – 5 StR 269/05 Rdn. 3; vgl. auch BVerfG Nichtannahmebeschl. v. 21. Januar 2002 – 2 BvR 1225/01

[59] BT-Drucks. 15/3709, S. 18

sprechung zu § 33a StPO und § 321a ZPO, die ebenfalls Entscheidungserheblichkeit verlangen, herangezogen werden.[60] Die Anhörungsrüge muss begründet werden, § 356a S. 2 StPO. Aufgrund der Nähe zur Verfassungsbeschwerde kann eine Anhörungsrüge nur von einem Grundrechtsträger – jedermann, Art. 93 Abs. 1 Nr. 4a GG – erhoben werden. Eine Rüge der (General-) Staatsanwaltschaft ist daher unzulässig.[61] Liegt ein derartiger Rechtsfehler vor, wird das Verfahren in die Lage versetzt, die vor Erlass der Entscheidung bestand, § 356a S. 1 StPO. Dieser außerordentliche Rechtsbehelf weist damit Elemente einer Wiedereinsetzung in den vorigen Stand auf.

Der Antrag ist innerhalb einer Woche ab Kenntniserlangung beim iudex a quo zu stellen.[62] Der Zeitpunkt der Kenntniserlangung ist glaubhaft zu machen.[63] Dem betroffenen Gericht wird mithin selbst die letzte Gelegenheit vor der Verfassungsbeschwerde eingeräumt, um einen Gehörsverstoß zu beseitigen.[64] Versäumt der Verteidiger die Wochenfrist, wird der Fehler dem Antragsteller zugerechnet, § 93 Abs. 2 S. 6 BVerfGG gilt entsprechend.[65] Liegt ein Haftbefehl vor, kann gem. § 356a S. 5 StPO i. V. m. § 47 Abs. 2 StPO Vollstreckungsaufschub angeordnet werden. Die Anhörungsrüge lässt die Frist zur Begründung einer Verfahrensrüge, § 345 Abs. 1 StPO unberührt. D. h. ein Nachschieben von Gründen oder Rügen wird nicht eröffnet.[66]

Eine Rechtsmittelbelehrung zur Anhörungsrüge ist grundsätzlich nicht erforderlich.[67] Nach § 356a S. 4 StPO besteht eine Belehrungspflicht des Revisionsgerichts über die Anhörungsrüge, wenn eine Revisionshauptverhandlung ohne den Angeklagten und seinen Verteidiger stattgefunden hat.[68] Dabei ist zu beachten, dass der Verteidiger vor der Verhandlung in Abwesenheit seine Vertretungsvollmacht nachgewiesen hatte, §§ 350 Abs. 2 S. 1, 356a S. 4 StPO.[69] Ehe das Revisionsgericht nach erfolgreicher Anhörungsrüge eine neue Entscheidung in der Sache trifft, sind sämtliche Beteiligten anzuhören, § 33 Abs. 2 und 3 StPO.[70] Eine Verfassungsbeschwerde, die sich gegen die Verletzung des Anspruchs auf rechtliches Gehör im Revisionsverfahren wendet, setzt eine Anhörungsrüge nach § 356a StPO zur Rechtswegerschöpfung i. S. v. § 90 Abs. 2 BVerfGG voraus.[71]

[60] BT-Drucks. 15/3706, S. 17

[61] OLG Frankfurt Beschl. v. 22. September 2020 – 1 Ss – OWi 72/20

[62] BGH Beschl. v. 20. März 2024 – 1 StR 315/23 Rdn. 3

[63] BGH Beschl. v. 10. Januar 2023 – 1 StR 325/22 Rdn. 2; BVerfG Nichtannahmebeschl. v. 7. Juli 2021 – 2 BvR 2200/18 Rdn. 3

[64] BGH Beschl. v. 27. Januar 2021 – 6 StR 238/20 Rdn. 3

[65] BGH Beschl. v. 27. Januar 2021 – 6 StR 238/20 Rdn. 6

[66] BGH Beschl. v. 12. Juli 2017 – 1 StR 513/11 Rdn. 3; BGH Beschl. v. 10. August 2005 – 2 StR 544/04 Rdn. 5

[67] BT-Drucks. 15/3706, S. 18

[68] Verfassungsgerichtshof für das Land Nordrhein-Westfalen Beschl v. 29. Oktober 2020 – 131/20. VB-2 Rdn. 13

[69] BGH Beschl. v. 26. Juni 2019 – 3 StR 575/18 Rdn. 3; vgl. auch BT-Drucks. 15/3706, S. 17

[70] BT-Drucks. 15/3706, S. 18

[71] BVerfG Nichtannahmebeschl. v. 2. August 2006 – 2 BvR 1518/06 Rdn. 17

Literatur

Allgayer, A. (2023). *Karlsruher Kommentar zur Strafprozessordnung*, 9. Aufl.

Andoor, G. (2019). *Tatfragen in der strafrechtlichen Revision.* Diss.

Bartel, L. (2014). *Das Verbot der Rekonstruktion der Hauptverhandlung*. Diss.

Bruns, H.-J., & Güntge, G.-F. (2019). *Das Recht der Strafzumessung*, 3. Aufl.

Detter, K. (2011). *Revision im Strafverfahren.*

Detter, K. (2022). Zum Strafzumessungsrecht Teil 1/2. *NStZ*, 150.

Deutscher Bundestag. (2008). *Verurteilungen wegen überlanger Gerichtsverfahren gegen die Bundesrepublik Deutschland vor dem Europäischen Gerichtshof für Menschenrechte, (WD 2 – 3000 – 190/07).*

Diemer, H. (2023). *Karlsruher Kommentar zur Strafprozessordnung*, 9. Aufl.

Erhard, C. (1991). *Strafzumessung bei Vorbestraften unter dem Gesichtspunkt der Strafzumessungsschuld.* Diss.

Fischer, T. (2024). *Kommentar zum Strafgesetzbuch*, 71. Aufl.

Gericke, J. (2023). *Karlsruher Kommentar zur Strafprozeßordnung*, 9. Aufl.

Grosse-Wilde, T. (2017). *Erfolgszurechnung in der Strafzumessung.*

Güntge, G.-F. (2018). Die Spielraumtheorie – Dominanz einer „unwissenschaftlichen Strafzumessungslehre? *ZIS*, 384.

Herbst, K.-U., & Plüür, G. (2008). Rechtsmittel gegen streitige Adhäsionsentscheidung im Urteil. *HRRS*, 250.

Hohnel, A. 2013. *Kapitalmarktstrafrecht.*

Hohnel, A. (1998). *Die Abgrenzung von Tatfrage und Rechtsfrage in der Rechtsprechung der Strafsenate des Bundesgerichtshofs*. Diss.

Kästle, N. (2018). *Das Wesen der strafprozessualen Revision.* Diss.

Kett-Straub, G., & Kudlich, H. (2021). *Sanktionenrecht*, 2. Aufl.

Krumm, C. (2010). Die BAK-Bestimmung anhand von Trinkmengen. *NJW*, 1577.

Küpper, W. (2006). Im Dickicht der Beteiligung an Mord und Totschlag. *JZ*, 1157.

Li, Y., & Ruppert, F. (Hrsg.) (2023). *Die Rechtsfolgen der Tat, Die Tagessatzhöhe bei vermögenslosen und sehr vermögenden Verurteilten.*

Lohse, K., & Jakobs, S. (2023). *Karlsruher Kommentar zur EMRK*, 9. Aufl.

Malek, K. (2015). *Betäubungsmittelstrafrecht*, 4. Aufl.

Meier, B.-D. (2019). *Strafrechtliche Sanktionen*, 5. Aufl.

Meier, B.-D. (2015). Nachtatverhalten und Strafzumessung. *GA*, 443.

Meyer-Goßner, L. (2011). *Prozessvoraussetzungen und Prozesshindernisse.*

Meyer-Goßner, L., & Appl, E. (2021). *Die Urteile in Strafsachen*, 30. Aufl.

Meyer-Goßner, L., & Schmitt, B. (2024). *Kommentar zur Strafprozessordnung*, 67. Aufl.

Mitsch, W. (2018). *Karlsruher Kommentar zum Ordnungswidrigkeitenrecht*, 5. Aufl.

Neumann, U. (1988). Die Abgrenzung von Rechtsfrage und Tatfrage und das Problem des revisionsrechtlichen Augenscheinbeweises. *GA*, 387.

A. Hohnel, *Die Strafzumessung in der Revision*,
https://doi.org/10.1007/978-3-662-66688-3

Paul, C. (2023). *Karlsruher Kommentar zur Strafprozessordnung*, 9. Aufl.
von Prittwitz, C. (2007). Scheinbegünstigung und Scheinfürsorge, zur Erstreckung begünstigender Revisionsentscheidungen auf frühere nach JGG verurteilte Mitangeklagte, §§ 357 StPO, 55 Abs. 2 JGG. *StV*, 52.
Reichenbach, C. (2016). *Die Anforderungen an die Strafzumessungsbegründung im Urteil*. Diss.
Schäfer, G., Sander, G., & van Gemmeren, G. (2017). *Praxis der Strafzumessung*, 6. Aufl.
Schletz, J. (2020). *Die erweiterte Revision in Strafsachen*. Diss.
Schmitt, B. (2024). *Meyer-Goßner, Lutz/Schmitt, Bertram, Kommentar zur Strafprozessordnung*, 67. Aufl.
Stegbauer, A. (2019). *Das Urteil in Straf- und Bußgeldsachen*, 4. Aufl.
Stam, F. (2023). Die Rechtsfolgen der Tat. In Y. Li & F. Ruppert (Hrsg.), *Die Strafmilderung beim Versuch nach § 23 Abs. 2 StGB – Linie (?) der BGH-Rechtsprechung*.
Ventzke, K.-U., & Mosbacher, A. (2008). Negativtatsachen im Revisionsverfahren. *NStZ*, 262.
Zieger, M., & Nöding, T. (2018). *Verteidigung in Jugendstrafsachen*, 7. Aufl.

GPSR Compliance

The European Union's (EU) General Product Safety Regulation (GPSR) is a set of rules that requires consumer products to be safe and our obligations to ensure this.

If you have any concerns about our products, you can contact us on ProductSafety@springernature.com

In case Publisher is established outside the EU, the EU authorized representative is:

Springer Nature Customer Service Center GmbH
Europaplatz 3
69115 Heidelberg, Germany

Batch number: 08572283

Printed by Printforce, the Netherlands